Bernd Oberhoff
Heinrich Schütz

IMAGO
Psychosozial-Verlag

Bernd Oberhoff

Heinrich Schütz

Eine musikpsychoanalytische Studie

Psychosozial-Verlag

Bibliografische Information der Deutschen Nationalbibliothek
Die Deutsche Nationalbibliothek verzeichnet diese Publikation in der Deutschen Nationalbibliografie; detaillierte bibliografische Daten sind im Internet über <http://dnb.d-nb.de> abrufbar.

E-Mail: info@psychosozial-verlag.de
www.psychosozial-verlag.de

Umschlagabbildung: Musizierende Engel. Hochaltar v. Hans Baldung Grien, 1512–1516 (Freiburger Münster)
Umschlaggestaltung nach Entwürfen
des Ateliers Warminski, Büdingen.
Lektorat: Dagmar Kühnle
Printed in Germany
ISBN 978-3-89806-437-8

Inhalt

Einleitung

Komponisten haben es schon immer gewusst, dass die Eingebungen für ihre genialen Schöpfungen weniger ein Verdienst ihrer Verstandeskräfte sind, sondern ihnen aus Räumen jenseits ihres Bewusstseins, von »der allmächtigen alles durchdringenden Kraft« (Brahms) zugeflossen sind. Sigmund Freud hat sich in solche Räume allmächtiger Kraft und grenzenloser kreativer Potenz hineingewagt und dieser unsichtbaren Welt, die er das Unbewusste nannte, einige Konturen abgerungen. Es wäre sicherlich äußerst aufschlussreich, auch die musikalischen Kompositionen bis in jene geheimnisvollen Räume ihres Ursprungs zurückzuverfolgen. Und wenn es auf diese Weise gelingen könnte, ihre ergreifende Wirkung besser zu verstehen, so wäre es mehr als lohnend, in der Nachfolge des Orpheus solch einen Abstieg in die Unterwelt zu wagen.

Eine Psychoanalyse der Musik wird vermutlich dann am ergiebigsten sein, wenn es sich um Kompositionen handelt, die durch seelischen Tiefgang gekennzeichnet sind. Dies gilt nach meinem Dafürhalten in hohem Maße für die Musik von Heinrich Schütz, jenem ersten großen deutschen Komponisten, der 1585 als Gastwirtssohn im sächsischen Köstritz geboren wurde und hochbetagt im Alter von 87 Jahren als ein weithin bekannter und hoch geschätzter kurfürstlich-sächsicher Hofkapellmeister im Jahre 1672 in Dresden verstarb. Schütz hat in der Vorhalle der alten Frauenkirche seine letzte Ruhestätte gefunden.

Es war nicht nur die hohe Wertschätzung für die Motetten und Konzerte von Schütz, die ich als Kammerchorleiter des öfteren aufgeführt habe und die einen nachhaltigen Eindruck bei mir hinterlassen haben, sondern es war die besondere Art und Intensität, mit der mich einige seiner Vokalwerke angerührt haben, die in mir den Wunsch entstehen ließen, dem Ergreifenden dieser Musik einmal nachzuspüren. Weit über 10 Jahre lang habe ich Material für diese Studie gesammelt. Ich hatte einerseits das deutliche Gefühl, dass es bei Schütz etwas bislang noch Unbekanntes und Verborgenes zu entdecken gibt. Andererseits vermochte ich über lange Zeit dieses Unbekannte nicht wirklich auf den Begriff zu bringen. Es entzog sich allen meinen Erkenntnisbemühungen, sodass ich des öfteren an den Punkt gelangte, mein Unternehmen aufzugeben, weil es mir als zu schwierig und ohne Aussicht auf wirklich zufriedenstellende und relevante Ergebnisse erschien.

Etliche Buchautoren haben die Schützsche Musik als Ausdruck eines göttlichen, ewigen Seins beschrieben, als »Durchbruch unmittelbarer Beziehung zum Göttlichen« (Huch 1912) und dementsprechend Schütz als einen »Sendboten aus einer anderen Welt« (Blume 1974) bezeichnet. Solche Charakterisierungen klingen erhaben und ehrfürchtig, verbleiben aber letztlich in einer unbefriedigenden Abstraktheit, die mir bei dem Bemühen, meine Ergriffenheit beim Anhören Schützscher Musik zu verstehen, nicht unbedingt hilfreich waren.

Da die verborgenen Wirkkräfte in Schützens Musik meinen nachhaltigen Forschungsbemühungen lange Zeit widerstanden und sich nicht so ohne Weiteres zu offenbaren gedachten, wandte ich mich zunächst anderen Musikwerken zu, bei denen mir ein Einstieg leichter gelang. Das waren vor allem Opern aus der klassischen und romantischen Ära von Gluck, Mozart und v. Weber (Oberhoff 2003a,b; 2004a,b; 2005). Meine musikpsychoanalytischen Untersuchungen im Bereich der Oper haben meine Annahme immer mehr zu einer Gewissheit werden lassen, dass sich die großen, genialen Werke der Musikgeschichte dadurch auszeichnen, dass sie neben der manifesten, offenkundigen Sinnebene noch eine zweite, latente Sinnebene besitzen. Beim Musikhören rezipieren wir beide Musikebenen, ohne uns dessen bewusst zu sein. Während sich die manifeste Sinnebene mit Hilfe musikwissenschaftlicher Termini analysieren und beschreiben lässt, können wir über die verborgene unbewusste Ebene oftmals nichts weiter aussagen, als dass sie uns »tief bewegt« oder dass sie »sehr ergreifend« ist.

Die Opernanalysen zeigten mir, dass es sich in den von mir analysierten Werken vor allem um jenseits unserer Erinnerungsschranke liegende frühkindliche unbewusste Phantasien handelt, die die psychische Entwicklung in den ersten Lebensmonaten und -jahren begleiten. Das brachte mich auf die Fährte, auch bei Schütz das Anrührende seiner Musik nicht in einem transzendenten Jenseits, sondern in einem ontogenetischen »Jenseits« zu suchen, also auf einer Tiefenebene unbewussten frühkindlichen Erlebens. Diese Überlegungen waren nützlich, sie lieferten jedoch nicht unmittelbar verwertbare Ergebnisse, sondern das »Jenseits« in Schützens Musik erschloss sich mir erst dann, als ich begann, seine Musik als ein Glied in der Kette der musikgeschichtlichen Entwicklung von der Renaissance zum Frühbarock und der in dieser Musik enthaltenen unbewussten Dynamik zu verorten.

Wie kommt man in Kontakt mit dem unbewussten Sinngehalt eines künstlerischen Werkes? Weit davon entfernt, hier bereits einen Königsweg anbieten zu können, ist es mir bislang als sinnvoll erschienen, dieses Unterfangen in ähnlicher Weise anzugehen, wie es der klinische Analytiker mit dem Unbewussten seines Analysanden versucht. Er hört ihm zu und achtet dabei auf seine inneren Resonanzgefühle, die ihm signalisieren, wo es etwas zu verstehen gilt. Die Achtsamkeit für seine Resonanzgefühle – auch Gegenübertragungsgefühle genannt – ist umso ergiebiger, je mehr sich der Analytiker auf die Beziehung zu seinem Analysanden einlässt und je freier und weniger kontaminiert er selbst gegenüber der unbewussten Dynamik seines Gegenübers ist.

Nicht viel anders verhält es sich mit der Psychoanalyse eines Musikstücks. Auch hierbei spielt das Zuhören und die Achtsamkeit für die Resonanzgefühle im eigenen Inneren eine wichtige Rolle. Auch hier ist es von Vorteil, wenn man sich ganz auf die Musik einlässt, d.h. wenn man eine intensive Beziehung zum Werk eines Komponisten entwickelt. Denn man wird nur dort in Kontakt mit den unbewussten Gehalten einer Musik gelangen, wo man sich von ihr wirklich berühren lässt.

Ausgangspunkt und wesentliche wissenschaftliche Erkenntnisquelle einer psychoanalytischen Musikanalyse ist deshalb das subjektive Erleben. Da wir gemeinhin von einer wissenschaftlichen Methodik Objektivität erwarten, ist ein subjektives Erleben als Erkenntnisinstrument zunächst einmal suspekt. Der subjektive Faktor im Akt der Rezeption bringt ohne Zweifel einige Unwägbarkeiten in eine wissenschaftliche Analyse. Es wäre jedoch töricht, ihn deswegen als unbrauchbar zu verwerfen und beiseite zu schieben, denn das wäre gleichbedeutend mit einem Verzicht auf die Frage nach seelischen Sinnstrukturen in der Musik. Wollen wir das Unbewusste in der Musik erforschen, so kann dies nur als eine Analyse subjektiven Empfindens geschehen, denn – wie Alfred Lorenzer sagt, »nur als ›subjektive‹ Analyse lässt sich modo psychoanalytico der latente Sinn erschließen« (Lorenzer 1986, S. 68). Und das gilt sowohl für die analytische Situation wie auch für das Musikerleben.

Es geht also nicht darum, vor der Subjektivität auszuweichen und sie als unzuverlässig abzuqualifizieren, sondern im Gegenteil, sie als wichtiges Erkenntnisinstrument ernst zu nehmen und entsprechend zu entwickeln. So wie der Psychotherapeut durch jahrelange Erfahrung – vor allem Selbsterfahrung – einen zunehmend freieren Zugang zu seinen Gegenübertragungsfühlen gewinnt, die ihn für die paraverbalen und atmosphärischen Elemente der analytischen Situation empfänglich machen, in analoger Weise entfaltet sich auch eine psycho-ästhetische Wahrnehmungsfähigkeit, die für die latenten Botschaften in Werken der Musik sensibilisiert.

Damit aus einem psycho-ästhetischen Erleben einer Musik eine psychoanalytische Erkenntnis wird, gehört allerdings noch einiges mehr dazu. Die Verarbeitung und Einordnung von Wahrnehmungen geschieht nicht unabhängig von theoretischen Vorstellungen. Entsprechend werden auch musikalische Sinneseindrücke auf dem Hintergrund bestimmter psychoanalytischer Theorien und Konzepte wahrgenommen, bewertet und gedeutet. Freud hat zwar seinen Kollegen sehr eindringlich eine Haltung der gleichschwebenden Aufmerksamkeit anempfohlen, damit sie nicht zu schnell ihre theoretischen Vorannahmen an das Wahrgenommene anlegen und dadurch ihre Offenheit für das Unbekannte und Überraschende verlieren, mit dem das Unbewusste mitunter aufwartet. Aber diese unfokussierte und weit gespannte Aufmerksamkeit gilt vor allem für die Phase der unmittelbaren Rezeption. Was die Verarbeitung dieser Erfahrungsdaten angeht, so sollte man nicht vergessen, dass es nichts praktischeres und wertvolleres gibt als eine gute Theorie. Theorien haben nicht nur eine wahrnehmungseinschränkende Wirkung, sondern auch das Gegenteil ist richtig: Theorien öffnen die Wahrnehmung für bestimmte Phänomene, von deren Existenz man erst durch sie Kenntnis erlangt hat. Denn man nimmt nur wahr, was man kennt.

Im Laufe ihrer gut 100-jährigen Geschichte sind innerhalb der Psychoanalyse eine Fülle an theoretischen Konzepten zur Beschreibung unbewusster Konfigurationen und Vorgänge erarbeitet und ausformuliert worden, auf die eine Musikpsychoanalyse bei der Entschlüsselung des Unbewussten in der Musik mit Gewinn zurückgreifen kann (vgl. Oberhoff 2002).

Darüber hinaus ist die Erkenntnisgewinnung aus einem psycho-ästhetischen Erleben nicht nur auf psychoanalytische Konzepte, sondern auch auf musikalisches und musiktheoretisches Wissen angewiesen. Kenntnisse bezüglich formaler und struktureller Eigenarten bestimmter Musikstücke und Musikstile sind ebenso unerlässlich wie ein Wissen über zeitbedingte Kompositionsgewohnheiten oder Gepflogenheiten der Aufführungspraxis u.ä.; psychoanalytische Deutungen im Feld der Musik bedürfen einer Untermauerung durch musikwissenschaftliche Daten, sonst laufen sie Gefahr, die Bodenhaftung zu verlieren.

Die musikwissenschaftliche Literatur bietet zudem einen Fundus an Analysen und Stellungnahmen von Musikern, Musikwissenschaftlern und Musikrezensenten zu einzelnen Musikstücken. Diese Einschätzungen sind für eine Musikpsychoanalyse von großer Bedeutung, da in ihnen vielfach psycho-ästhetische Wahrnehmungen enthalten sind, die wertvolle Hinweise auf das Unbewusste einer Musik liefern können. Und da diese Fachleute sehr musikerfahren sind und ein hoch sensibles Musikerleben besitzen, treffen ihre Empfindungen intuitiv die Essenz eines Stücks oftmals sehr genau. Damit stellen sie eine Erkenntnisquelle ersten Ranges für die deutende Erschließung des latenten Sinngehalts einer Musik dar, auf die kein Forscher verzichten sollte.

Wo sich Musik mit Text verbindet, besteht eine größere Chance, einen Zugang zur Tiefenebene eines Musikstückes zu bekommen. Denn am Text, zumal, wenn er vom Komponisten frei gewählt ist, hat sich auch seine Phantasie und musikalische Inspiration entzündet, sodass von hier aus oftmals eine aufschlussreiche Fährte zum unbewussten Sinn gelegt ist. Dass Schütz ausschließlich Vokalwerke komponiert hat und die Wahl seiner Texte überwiegend in seiner Entscheidung lag, kommt meinem Vorhaben einer Musikpsychoanalyse sehr entgegen. Besonders aufschlussreich sind oftmals diejenigen Stellen, wo der Komponist in einen vorgegebenen Text verändernd eingegriffen hat. Im Schaffen von Heinrich Schütz gibt es dazu etliche Beispiele, die uns entsprechend beschäftigen werden.

Psychoanalytische Deutungen begegnen oftmals dem Vorwurf einer reduktionistischen Engführung, indem sie den unbewussten Sinn als die eigentliche und wahre Erklärungsgrundlage herausstellen. Vor dieser Gefahr des Monokausalen wird mich – so hoffe ich – sowohl meine grundsätzliche Überzeugung von der Vieldeutigkeit der Musik als auch mein genügend ausgeprägter Respekt vor der empirischen Musikwissenschaft bewahren. Wenn ich mich in diesem Buch darum bemühe, einen unbewussten Sinn Schützscher Musik zu benennen, so geschieht das nicht in der Absicht, in Konkurrenz zur bestehenden, allseits vertrauten musikwissenschaftlichen Deutung seiner Musik zu treten. Das in über drei Jahrhunderten erarbeitete musikalische und musikwissenschaftliche Verständnis seiner Musik behält seine volle Gültigkeit. Es soll bei meinen Forschungen auf der Ebene des unbewussten Sinnes vielmehr darum gehen, ergänzende, zusätzliche Aspekte in Schützens Musik aufzuzeigen. Meine Absicht ist also nicht eine reduktionistische Engführung, sondern das genaue Gegenteil, nämlich eine Ausweitung und Bereicherung des Erlebens seiner Musik um die unbewusste Dimension. Dabei bin ich in der Nachfolge Sigmund Freuds allerdings der Ansicht, dass das Unbewusste gegenüber dem Bewusstsein die dominantere psychische Kraft im Menschen ist. Für diese Überzeugung werden sich auch in dieser Studie beeindruckende Belege finden lassen.

Die Gefahr eines Reduktionismus ist im Übrigen in beiderlei Richtrungen gegeben. Auch das Nicht-zur-Kenntnisnehmen-Wollen einer unbewussten Sinnebene in der Musik kann eine reduktionistische Verkürzung darstellen. Auf welcher Seite man auch steht, man ist nie davor gefeit, sich gegenüber bestimmten Aspekten eines Kunstwerkes zu verschließen und sich mit einer eingeschränkten Rezeption zu begnügen. Um es noch einmal auszusprechen: Die bewusste Absicht und das Bemühen dieser Studie liegt nicht in einem Reduktionismus auf den unbewussten Sinn. Sollte es mir trotz allen Bemühens um Ausgewogenheit der Perspektiven hier und da passieren, dass ich die Zuständigkeit des Unbewussten in unberechtigter Weise überdehne, so möge man mir das nachsehen und meiner Begeisterung für die verborgene Sinnperspektive zurechnen. Es geht ja immerhin darum, eine bislang völlig vernachlässigte Perspektive überhaupt erst einmal ins Blickfeld zu rücken und ihren Erklärungswert und ihre Relevanz aufzuzeigen.

Im Feld der Psyche, zumal der unbewussten Psyche, können wir nicht mit markierten Wegen und deutlich abgegrenzten Konfigurationen rechnen. Dem Unbewussten ist eine Vielschichtigkeit, Vieldeutigkeit und in gewissem Sinne Grenzenlosigkeit eigen. Das gilt sowohl innerhalb der individuellen Psyche als auch für die Interaktion von individueller und kollektiver Psyche. Künstlerische Schöpfungen sind oftmals dadurch inspiriert, dass sie unbewusste Themen einer Epoche aufgreifen und ihnen eine künstlerisch-symbolische Gestalt verleihen, da der Künstler in sehr vitaler Weise an dem gesellschaftlichen Sein seiner Zeit teilnimmt, ja in gewisser Weise eine symbiotische Einheit mit ihr bildet. Nicht nur der Künstler, sondern auch die Gesellschaft will sich im Kunstwerk spiegeln. Und da der Künstler sich wünscht, von den Menschen seiner Zeit Applaus und Anerkennung für seine Schöpfungen zu erlangen, gibt es hier enge Verflechtungen. Die Gebundenheit an seine Zeitepoche macht sich auch daran kenntlich, dass der Komponist gezwungen ist, mit den in dieser Zeit zur Verfügung stehenden kompositorischen Mitteln seine musikalischen Ideen auszudrücken. Kurzum, jedes Kunstwerk ist weder nur Ausdruck der Person des Künstlers noch ausschließlich Träger eines kollektiven Geistes. Es ist eher ein Erzeugnis eines Dazwischen, eines Zwischenraums, der sich durch die wechselseitige Einwirkung von Künstler und gesellschaftlichem Umfeld ausbildet.

In diesem Spannungsfeld ist auch die Musik von Heinrich Schütz zu sehen, die nicht nur Spiegel seiner Person sein kann, sondern auch bewusste und unbewusste Themen der Zeitenwende von der Renaissance zum Barock aufgreift. Wie es stilistische Voraussetzungen für seine Werke gibt, so gibt es auch bewusste und unbewusste psycho-soziale Voraussetzungen, die zur Ausbildung bestimmter musiktheoretischer und kompositorischer Konzepte wie auch musikalischer Formen geführt haben. So steht Schütz nicht nur in der Tradition handwerklicher Kompositionstechniken, sondern auch in der Tradition des Ausdrucks eines unbewussten Sinnes in der Musik. Zur Verdeutlichung dieser Zusammenhänge ist es unumgänglich, auf die beim Übergang von der Renaissance zum Barock vorherrschenden musikalischen Formen und deren verborgener Tiefenebene einzugehen, mit denen Schütz sich auseinander gesetzt hat und die für sein eigenes kompositorisches Schaffen eine zentrale Bedeutung erlangt haben. Dazu zählen ohne Frage jene musikalischen Gattungen, die Schütz auf seiner ersten und zweiten Italienreise kennen gelernt hat. Ich werde deshalb mit einer psychoanalytischen, in gewissem Sinne psychohistorischen Betrachtung dieser Musikformen beginnen.

I. Die unbewusste Sinnebene in der Musik der Renaissance und des Barock

Inwiefern in der Musik der Renaissance und des Barock unbewusstes Erleben einen Ausdruck erfahren hat, ist eine nicht leicht zu beantwortende Frage. Wie bereits erwähnt, habe ich in meinen Forschungsarbeiten für einige Opern der Klassik und der Romantik solch eine latente Sinnebene aufspüren können. Diese Werke übermitteln auf einer zweiten, unteren Sinnebene Facetten von nicht erinnerbaren Dramen der frühen Kindheit. Interessanterweise kreisen die klassischen Opern um präödipale Schlüsselszenen, während bei der romantischen Oper eine ödipale Thematik vorherrschend ist. Diese bemerkenswerten Befunde lassen natürlich die Frage auftauchen, ob es auch für die Musikwerke der Renaissance und des Barock solch eine unbewusste Bedeutungsebene gibt und wenn das zutreffen sollte, um welche Themen oder Szenen es sich dort handeln mag.

So gilt es, zunächst nach Fährten Ausschau zu halten, die den Weg hinab auf diese Tiefenebene weisen könnten. Es erscheint mir sinnvoll, eine erste Annäherung an die verborgene Sinnebene dieser geschichtlichen Epoche über solche künstlerischen Werke zu versuchen, in denen diese Ebene »offensichtlich« ist, d.h. über Werke der bildenden Kunst. So fällt z.B. auf, dass in der Malerei dieser Zeit die kindliche Welt eine bemerkenswerte neue Rolle zu spielen beginnt.

1. Das neu erwachte Interesse an der Kindheit in der Renaissance

Dass die kindliche Erlebniswelt im Mittelalter außerhalb des Interesses der erwachsenen Personen lag, das spiegeln die Werke der bildenden Kunst wider. Die mittelalterliche Malerei kannte die Kindheit nicht, bzw. machte keinen Versuch, sie zur Darstellung zu bringen. Was es seit Ende des 14. Jahrhunderts gab, ist der Putto, das kleine nackte Kind, das höchstwahrscheinlich dem griechischen Eros nachgebildet ist. In diesen allegorischen, anonymen und typisierten Darstellungen des kleinen Kindes mag man ein erstes auftauchendes Interesse an Kindern erblicken. Eine ganz entscheidende Veränderung ist jedoch in der Malerei des 16. und 17. Jahrhunderts festzustellen.

Als ein Beispiel für diese neue Entwicklung sei die Altarmalerei im Freiburger Münster angeführt. In der Mitte des von Hans Baldung Grien in den Jahren 1512–1516 gemalten Hochaltarbildes sehen wir die Gottesmutter Maria, wie sie von Gottvater und Christus gesegnet bzw. gekrönt wird. Umrahmt wird diese Szene von niedlichen kleinen Kinderengeln, die auf Instrumenten spielen und aus Notenheften singen. Diese kleinen Engel sind z.T. nackte Putten, aber es finden sich erstaunlicherweise auch bekleidete darunter. Einen Ausschnitt aus diesem Altarbild mit einem ganz und gar diesseitigen, keck in die Welt schauenden kindlichen Gambenspieler im Kreise singender Gefährten finden Sie auf dem Cover dieses Buches abgebildet.

Der Kunsthistoriker Walter Salmen weist darauf hin, dass während des 15. Jahrhunderts die Vorstellung von musizierenden Engeln eine Wandlung erfahren hat, die er folgendermaßen umschreibt:

> »Die einst Ehrfurcht, ›tremendum‹ gebietenden Gestalten aus dem Jenseits wurden aus der erhabenen Größe in die kindlich-niedliche Kleinheit irdischer Lebensverhältnisse herabgezogen. Aus den Repräsentanten und Garanten einer unerfahrbaren himmlischen Harmonie wurden Sänger und Instrumentalisten einer scheinhaft innerweltlichen Praxis. Aus Erzengeln wurden Kinderengel und Spielgefährten des Jesuskindes. Diese Verniedlichung und Annäherung an die Sphäre des Kindlichen hat auch im Freiburger Münster in Zeugnissen der bildenden Kunst seinen Platz gefunden (…)« (Salmen 2002, S. 22).

In der Malerei werden in der Folgezeit Einzelportraits von Kindern zahlreich und üblich. Das Kind wird nun allein und um seinetwillen dargestellt; es wird als eine menschliche Person entdeckt. Auch die Familienportraits beginnen, sich um das Kind herum zu organisieren. Das Kind wird vielfach zum Mittelpunkt des Gemäldes. Auf vielen Darstellungen sind es die Kinder, die durch ihre Spiele und Zärtlichkeiten die Gruppe der ernst blickenden Erwachsenen beleben, so z.B. bei Frans Hals.

Mit dem Wandel vom dekorativen Putto zum Kinderportrait tritt also das Kind aus seiner Anonymität heraus und gewinnt als menschliche Person Aufmerksamkeit und Interesse. Der Historiker Ariès (1971) hält diesen Wandel in der Malerei um 1600 für so bedeutsam, dass er hier von der Entdeckung der Kindheit spricht.

Wie steht es mit der Musik? Erleben wir auch in der Musik dieser Zeit eine Entdeckung der Kindheit? Die Frage klingt zunächst einmal befremdlich. Mir ist nicht bekannt, dass sich bislang jemand darüber Gedanken gemacht hat und dieser Frage einmal ernstlich nachgegangen ist. Der Nachweis solch einer Kindheitsorientierung in der Musik ist wohl auch insofern schwieriger als in der Malerei, da Musik eine Kunstform ist, die nicht das äußerlich Sichtbare, sondern das innere affektive Erleben ausdrückt. Bei einer anzunehmenden kindlichen Affektivität in der Renaissancemusik kann es sich sicherlich nicht um einen Ausdruck bewussten kindlichen Erlebens handeln. Den müsste man schon in Kinderliedern suchen. Eine Entdeckung der Kindheit in einer von erwachsenen Komponisten geschöpften Musik ist wohl nur in der Weise vorstellbar, wie ein erwachsener Mensch kindliches Erleben als eine latente Ebene seines erwachsenen Fühlens und Empfindens entdeckt. Es handelt sich dabei um eine unbewusste Ebene, die im Erleben eines erwachsenen Menschen als ein basaler und urtümlicher Erlebnismodus unmerklich mitschwingt. Gemeint sind jene frühkindlichen unbewussten Phantasien und Affekte, wie sie z.B. die Psychoanalytikerin Melanie Klein (u.a. 1929) beschrieben hat, die unser Wachleben unterschwellig begleiten und auf deren Grundlage wir noch als Erwachsene die Welt deuten und emotional bewerten.

Ein Abstieg auf diese Tiefenebene unbewusster Phantasien hat, wie der Orpheusmythos zeigt, einige widerständige Kräfte zu überwinden (vgl. Leikert 2005). Solch ein Abstieg kommt einer Vorgehensweise gleich, die, um mit Starobinski zu sprechen, »zu den Ursprüngen zurückkehrt, um in ihnen den verborgenen Ursprung des gegenwärtigen Augenblicks aufzudecken.« (Starobinski 1971, S. 287).

Besitzt solch eine Vorgehensweise, solch eine Rückkehr zum verborgenen Ursprung gegenwärtigen Denkens und Fühlens, nicht eine bemerkenswerte Ähnlichkeit mit dem Anliegen der Musiktheoretiker und Komponisten des 16. Jahrhunderts, die sich zu den Ursprüngen der europäischen Kultur im antiken Griechenland zurückwandten, um aus ihnen die Gegenwartsmusik zu schöpfen?

2. Die Rückbesinnung auf die »musica antica« der ontogenetischen Frühzeit

Renaissance bedeutet Wiedergeburt des Menschen aus der bewussten Begegnung mit der Antike. Dort war der Mensch zum Maß aller Dinge geworden. Dieses Interesse am Menschen und am Menschlichen erfährt eine Wiedergeburt im Humanismus des 16. Jahrhunderts. Wenn der Musiktheoretiker Gioseffo Zarlino (1558) die Parole ausgab, Musik solle die Natur nachahmen (»imitare la natura«), so hat er damit vor allem die menschliche Natur gemeint.

Die Begeisterung für die Antike ergriff nicht nur die Geistesgelehrten, sondern auch die Musiktheoretiker und Komponisten, die ein intensives Quellenstudium betrieben. Sie durchforschten die überlieferten Schriften der griechischen Dichter und Philosophen nach Informationen zur Theorie und Praxis antiken Musizierens, letztendlich mit dem Ziel, diese »musica antica« zu rekonstruieren und wiederzubeleben. Platon war einer ihrer wichtigsten Gewährsmänner. Und so meinten sie aus den antiken Schriften herausgefunden zu haben, dass die griechischen Dramen von den Schauspielern nicht gesprochen, sondern »mit leidenschaftlichem Gefühlsausdruck und gestenreicher Sprache« gesungen worden seien. Diese Art von »Klangrede« versuchten sie nun in ihrer Musik zu rekonstruieren und wiederzubeleben.

Unabhängig davon, dass dieser Befund singender griechischer Schauspieler eher fragwürdig ist, muss überhaupt dieser so nachhaltig betriebene Rückbezug auf eine »musica antica«, von der man sich Anregungen für das Schaffen einer neuen Musik erhoffte, verwundern. Nikolaus Harnoncourt fasst seine Verwunderung in die Worte: »Es ist bemerkenswert, dass dieses Neue in der Absicht und im guten Glauben entstand, etwas sehr Altes, die Musik der Griechen, getreu zu rekonstruieren« (Harnoncourt 1982, S. 174). Fragwürdig erscheinen nicht nur die Befunde, da die Quellen es nicht zulassen, sich ein wirklich zutreffendes Bild von der Musik im Altertum zu machen, sondern auch die Motive für diesen historischen Rückbezug.

So ist man als aufgeklärter Freudianer geneigt, skeptisch zu fragen: Was suchte man eigentlich? Was war dieses »sehr Alte«, das man getreu zu rekonstruieren trachtete? Kann es sein, dass es sich bei diesem sehr Alten nicht um die »musica antica« der phylogenetischen, sondern um die »musica antica« der ontogenetischen Frühzeit handelt?

Wenn letzteres zutrifft, so wäre das Bemühen der Komponisten der Renaissancezeit, die antike Musik getreu zu rekonstruieren, identisch mit dem Bemühen, das ursprüngliche Erleben in der Mutter-Kind-Matrix in ihren musikalischen Kompositionen wiederzubeleben. Immerhin weiß man es von der frühen Mutter mit Bestimmtheit, dass sie »mit leidenschaftlichem Gefühlsausdruck und gestenreicher Sprache« in einer Art mütterlichem Singsang zu ihrem Kind gesprochen hat, von den alten Griechen wissen wir dies nicht so genau.

Um einer Beantwortung dieser offenen Frage näher zu kommen, wird es notwendig sein, sich mit der damaligen Musikszene und den zentralen musikalischen Gattungen auseinander zu setzen, die das 16. Jahrhundert hervorgebracht hat. Dies soll in der gebotenen Kürze geschehen, da das hauptsächliche Augenmerk dieses Buches ja auf die Werke von Heinrich Schütz gelegt werden soll. Ich befinde mich in meiner Absicht, mir einen Überblick über die Renaissancemusik zu verschaffen, jedoch in einer gewissen Übereinstimmung mit Schütz, der als junger Student ja offensichtlich vom gleichen Anliegen beflügelt war, weswegen er, unterstützt und gefördert durch seinen Landesherrn Landgraf Moritz von Hessen, seine juristischen Studien an der Universität Marburg unterbrach und eine mehrjährige Reise nach Italien unternahm.

3. Norditalien – das Zentrum der musikalischen Welt

Als Heinrich Schütz im Jahre 1609 als 24-jähriger junger Mann nach Venedig pilgerte, um sich bei Giovanni Gabrieli, dem 1. Organisten an San Marco, in die musikalische Lehre zu begeben, reiste er nicht nach Irgendwohin, sondern – aus musikalischer Sicht gesehen – ins Zentrum der Welt. Venedig war in ein regionales Umfeld eingebettet, das in einer lebhaften Konkurrenz stand was die Entfaltung der Künste und Wissenschaften anging. Die Machthaber der zahlreichen Herzogtümer in Norditalien verstandenen es als Insignien ihrer Macht, bedeutsame Künstler, vor allem Musiker, an ihren Hof zu binden. Nicht selten waren sie selber musikalisch begabt und beteiligten sich an den Aktivitäten ihrer Hofkapelle.

Mantua und Ferrara waren neben Venedig zwei der blühendsten Zentren für die mehrstimmige Vokalmusik. Diese Tatsache ist den äußerst kunstsinnigen Herzögen der Familiendynastien Gonzaga in Mantua und

Este in Ferrara zu verdanken, die die renommiertesten Musiker um sich versammelten. So verbinden sich mit Ferrara u.a. die klingenden Namen Luzzasco Luzzasci und Carlo Gesualdo und mit Mantua Giaches de Wert und Claudio Monteverdi. Auch der Dichter Torquato Tasso, einer der gesuchtesten Lyriker für Madrigalkompositionen, pflegte gute Kontakte zu den Höfen in Ferrara und Mantua, was sich nicht zuletzt darin ausdrückte, dass er die Gedichtsammlung »La Gerusalemme Liberata« (»Das Befreite Jerusalem«), die unendliche viele musikalische Vertonungen erfahren hat, Herzog Alfonso II d'Este widmete. Das Verhältnis zum Mantuaner Herzog Vincenzo Gonzaga war nicht minder intensiv. Ihm hat Tasso es u.a. zu verdanken, dass er aus einer Kerkerhaft wieder frei kam.

Mantua und Ferrara waren, was die Weiterentwicklung der Musik anging, oftmals sogar noch experimentierfreudiger und moderner als Venedig. Die Lagunenstadt hatte aber dafür die beeindruckendere Liste an berühmten Kapellmeistern und Organisten vorzuweisen. An *San Marco* hatten vor dem berühmten Giovanni Gabrieli bereits die renommierten Meister Adrian Willaert, Cipriano di Rore, Gioseffo Zarlino und Andrea Gabrieli gewirkt, und es sollte im Jahr 1613, dem Jahr von Schützens Rückkehr nach Deutschland, noch Claudio Monteverdi hinzu kommen.

Die Blütezeit der Musik in Norditalien war nicht zuletzt darauf zurückzuführen, dass die Musik mit dem Beginn der Renaissancezeit nicht nur im kirchlichen Raum dargeboten wurde, sondern sich neue, weltliche Formen der Vokalmusik und später auch der Instrumentalmusik herausbildeten, die ihre Hörer außerhalb des kirchlichen Raumes suchten und fanden. Dass sich die Musik aus der Kirche in den weltlichen Raum bewegte, diese Entwicklung hat sich bereits in den beiden Jahrhunderten zuvor angedeutet. Es beginnt z.B. damit, dass ab dem 13. Jahrhundert weltliche Texte in geistliche Motetten und Messen hineingewoben wurden, so z.B. in den zahlreichen Parodiemessen. Für das Parodieverfahren war es durchaus üblich, dass eine Melodie oder sogar ein vollständiger mehrstimmiger Satz einer Chanson oder eines Madrigals einer Messe zu Grunde gelegt wurde, einschließlich seiner weltlichen Texte. So finden wir z.B. in der französischen Motette »On doit fin Amor« über dem gregorianischen Cantus im Tenor zwei Stimmen, in denen die eine die Schönheit der Herrin und die andere Stimme die Freuden der Liebe besingt. Solch ein Parodieverfahren hat es nie umgekehrt gegeben, also vom Geistlichen ins Weltliche. Das Tridentiner Konzil (1545–1563) war sehr darum bemüht, den Einzug des Weltlichen in den kirchlichen Raum zu unterbinden und verfügte deshalb ein Verbot der Parodiemesse. Doch diesem Verbot war letztendlich kein anhaltender Erfolg beschieden.

Die allgemein zu beobachtende Zuwendung der Menschen zum diesseitigen Leben fand innerhalb der Kirche ebenfalls in einer opulenter werdenden Klangfülle und Klangpracht der Kirchenmusik ihren Ausdruck, sodass einige Kleriker bereits warnend den Zeigefinger erhoben. So finden wir z.B. bei Erasmus von Rotterdam die folgende Klage über diese neue Entwicklung:

> »Wir haben eine geschäftige und theatralische Art von Musik in unsere geheiligten Gebäude eingelassen – ein lärmendes Gebrüll verschiedener Stimmen, wie man das, so glaube ich, in den Theatern der Griechen und Römer kaum gehört haben dürfte. Sie schmettern alles nur so heraus mit Trompeten, Clarinos, Holzbläsern und Lauten, und menschliche Stimmen wetteifern mit diesen Instrumenten. Man hört niedrige, verliebte Gassenhauer, zu denen Dirnen und Mimen tanzen. Die Leute strömen in den heiligen Bau wie in ein Theater, um ihren Ohrenkitzel zu haben. Und zu diesem Zwecke werden noch Organisten gegen hohes Entgelt gehalten und Scharen von Knaben, die ihre Zeit vergeuden mit diesen Dingen und dazwischen nichts Gescheites lernen« (zit. n. Robertson und Stevens 1964, S. 150).

Dieses Eindringen des Weltlichen in die »matrix ecclesia« spiegelt die starken inneren Kräfte bei den Menschen am Beginn der Renaissance wider, die darauf gerichtet waren, sich neue, diesseitige, dem Fühlen und dem Alltag des einzelnen Menschen nähere Räume des Musizierens zu schaffen. Die Menschen spürten, dass Musik noch mehr Möglichkeiten in sich barg, als nur Abbild einer transzendenten göttlichen Ordnung zu sein. Man ahnte, dass Musik auch Ausdruck individuellen Fühlens und mitmenschlicher Bezogenheit sein könnte. So war der schleichende Auszug der Musik aus dem Raum der heiligen gotischen Kathedrale hinein in die Welt gefühlvoller menschlicher Beziehungen ein Zeichen des Zeitgeistes.

Es war zunächst ausschließlich der Adel, der sich als Ausdruck seiner Macht kleine Ensembles an Sängern und Instrumentalisten hielt und in einem intimen Rahmen sich von diesen unterhalten ließ bzw. selbst mitmusizierte. Erst nach und nach öffnete sich diese »musica reservata« auch für das breite Publikum. Es fanden private und öffentliche Konzerte statt, darunter auch sommerliche Abendmusiken im Freien, die nur dem einzigen Zweck dienten, Musik zu genießen. Etwas ausgesprochen Neues!

Unter den Musikern waren es vor allem die Vertreter der sog. niederländischen Polyphonie, die einem Kulturraum entstammten, der von Burgund über Belgien bis in die südlichen Provinzen der Niederlande reichte, die im 16. Jahrhundert an die Höfe der italienischen Fürsten strömten, um dort ihren Lebensunterhalt zu verdienen und in den Hofkapellen Karriere zu machen. Zu diesen Niederländern und Franco-Flamen zählten u. a. Josquin Desprez, Jakob Arcadelt, Philippe de Monte, Nikolas Gombrecht, Orlando di Lasso, Adrian Willaert, Cyprian de Rore und Giaches de Wert, um nur die bekanntesten zu nennen.

Diese Komponisten und Musiker waren es dann auch, die die Musikkultur der Renaissancezeit in Italien begründeten, bevor ihre italienischen Schüler die Führerschaft übernahmen und die strenge »niederländische« Vokalpolyphonie mit italienischem Kolorit anreicherten und ab Mitte des 16. Jahrhunderts zu einer klangvollen musikalischen Hochkultur entwickelten.

Dieses bestaunenswerte Erblühen der Musik in Italien vollzog sich maßgeblich an zwei Gattungen: Im Raum der Kirche war es die mehrchörige Motette und im weltlichen Raum das Madrigal. Beide Formen sollten auch für Schützens musikalisches Schaffen von großer Bedeutung werden.

4. Das italienische Madrigal des 16. Jahrhunderts

Das Madrigal, ein mehrstimmiger A Cappella-Gesang lyrisch-poetischen Inhalts, gilt als weltliches Gegenstück zur Motette und erfreut sich im 16. Jahrhundert einer ungeheuren Beliebtheit, was daran abzulesen ist, dass es in dieser Zeit wohl kaum einen Komponisten von Rang gibt, der keine Madrigale komponiert hat. Selbst Giovanni Pierluigi da Palestrina (1525–1594), der gleichsam als Inbegriff des »stile ecclesiastico« gilt, schreibt in seiner Frühzeit weltliche Madrigale, von denen er sich später meinte distanzieren zu müssen, um dann im Alter jedoch wieder welche zu schreiben.

Die Zahl der komponierten Madrigale geht ins Unermessliche. So sind z. B. allein von Philippe de Monte (1521–1603), der in Neapel, Wien und Prag wirkte, insgesamt 1100 Madrigale überliefert. Von Giaches de Wert (1535–1596) existieren insgesamt zwölf umfangreiche Madrigalsammlungen, von Monteverdi (1567–1643) neun »libri di madrigali«. Arcadelts (1505–1568) erstes Buch vierstimmiger Madrigale erlebte bis zum Jahre 1554 insgesamt 36 Auflagen. Der Musikwissenschaftler Hartmut Schick wagt eine grobe Schätzung des Umfangs an Madrigalvertonungen in dieser Zeit, danach »dürfte sich die Zahl der noch im 16. Jahrhundert gedruckten Madrigale in einer Größenordnung von 30.000 bewegen« (Schick 1998, S. 14).

Worin bestand die Faszination an diesen überwiegend fünfstimmigen homophon und polyphon gemischten Gesängen? Die Texte erzählen von Liebe, meist von enttäuschter Liebe. »O Crudele« (»Du Grausame«) ist eines der am häufigsten ausgestoßenen Seufzer des leidenden Protagonisten, der sich von seiner Angebeteten zurückgestoßen fühlt. Dieser überwältigende Liebesschmerz hat oftmals zur Folge, dass er sich das Leben nehmen will (»Lasciate mi morire«) oder bereits depressiv danieder liegt (»Io moro«).

Der Mantuaner Madrigalkomponist Giaches De Wert musste solch ein Liebesleid auch im realen Leben erleiden. Seine Ehefrau wandte sich von ihm ab und begann ein Liebesabenteuer mit Agostino Bonvicino, einem Musiker der Mantuaner Hofkapelle. Vielleicht hat diese Enttäuschung De Wert immer häufiger zum »Concerto delle Dame«, jenem berühmten Damen-Gesangstrio in Ferrara blicken lassen, wo er sich schließlich in eine der drei Damen verliebte. Dies war nicht ganz ungefährlich, da die Sängerinnen unter der ganz persönlichen Aufsicht des Herzogs Alfonso d'Este standen und von ihm eifersüchtig bewacht wurden. Da es sich bei Tarquinia Molza, in die sich De Wert verliebt hatte, um eine Edeldame handelte, musste diese Liebschaft geheim gehalten werden. Doch so etwas gelingt selten. Als das Liebesverhältnis öffentlich wurde, musste diese Liaison auf Anordnung des estensischen Herzogs Alfonso II aufgelöst werden. Vermutlich hat De Wert dieses neuerliche Liebesleid durch ein weiteres »Libro di madrigali« zu verarbeiten versucht.

Der eigentliche Haus- und Hofkomponist für das Ferrareser »Concerto delle Dame« war Luzzasco Luzzaschi (1545–1607), der eine Fülle an dreistimmigen Madrigalen mit Lautenbegleitung verfasst hat, die den drei Damen viel Gelegenheit boten, ihre virtuose Sangeskunst zu demonstrieren. Bei De Wert ist der Einfluss des Damentrios immerhin insofern nachweisbar, als in seinen fünfstimmigen Madrigalen die drei oberen Frauenstimmen jeweils besonders ausgearbeitet und hervorgehoben sind.

Ist es vorstellbar, dass diese von Liebesschmerz durchzogenen mehrstimmigen Madrigale etwas mit einer frühkindlichen Erlebniswelt in den Armen der Mutter zu tun haben? Um der Beantwortung dieser Frage näher zu kommen, erscheint es mir sinnvoll, mich in einem ersten Schritt dem Madrigal von seinem Wortsinn her zu nähern, in der Hoffnung, hier auf weiterführende Hinweise zu treffen.

5. Das Madrigal: ein »muttersprachlicher Gesang«

Einmal mehr müssen wir den Tiefgang und die Weisheit der Sprache bewundern, die mit dem Begriff »Madrigal« bereits recht treffsicher auf eine tiefer liegende Sinnebene Bezug nimmt. Nach überlieferter Auffassung (Pirrotta 1960, Sp 1420) leitet sich der Begriff Madrigal »von matrix und cantus matricalis« ab, was soviel heißt wie »muttersprachlicher Gesang«. Eine zweite mögliche Ableitung verweist auf den *»cantus materialis«*, im Sinne eines weltlichen, stofflich-sinnlichen Liedes. Weiter heißt es bei Pirrotta: »So soll (nach Biadene) der cantus matricalis ein Gesang in der Muttersprache (lingua materna) oder (nach Hall) ein Wiegendlied (ninna-nanna) gewesen sein.«

Welcher etymologischen Version wir auch folgen, wir stoßen immer auf das Stammwort »mater«, das eine unübersehbare Fährte zur Mutter legt und zwar, wie der zweite Herleitungsstrang verdeutlicht, nicht zur Mutter Gottes, sondern zur weltlichen, leiblichen Mutter. Also bereits bei der Etymologie des Wortes werden wir fündig und erhalten Anhaltspunkte, die auf die Mutter-Kind-Matrix verweisen.

Was mag der *cantus matricalis* in der Frühzeit unseres Erdenlebens gewesen sein? War es vielleicht das Sprechen der Mutter, das der Säugling wie einen »muttersprachlichen Gesang« erlebt hat?

In seinem Beitrag »Lyrik als Muttersprache« (2003) nimmt der Literaturwissenschaftler Walter Schönau auf die besondere Art und Weise Bezug, wie der Säugling die Stimme und das Sprechen der Mutter erfährt, die sich deutlich von dem unterscheidet, wie wir als erwachsene Personen Stimmen und Sprache wahrnehmen. Schönau führt aus:

> »Was in der sprachlichen Kommunikation Erwachsener Nebensache oder irrelevant ist, alle nonverbalen Begleiterscheinungen des Sprechens in Stimmbeugung und Körpersprache, das war in der präverbalen Phase die Hauptsache. Nicht *was* gesagt wurde, sondern *dass* etwas gesagt wurde und *wie* es gesagt wurde, war wichtig. Die Stimme der Mutter, ihr Timbre, die Satzmelodie, die Stimmhöhe und das Sprechtempo waren Ausdruck ihrer Beziehung zum Kinde. Die Stimme der Mutter sprach nicht *über* ihre Stimmung, sie *war* ihre Stimmung. Die Wärme oder Kälte

ihrer Stimme war (semiotisch formuliert) ein Index ihrer Einstellung zum Kind. Das Kind verstand, kurzum, die sprachlichen Zeichen noch nicht als semantische Symbole, aber reagierte wohl darauf als emotionale Symptome, als spontane Zeichen der Liebe, der Beruhigung, des Ärgers oder der Erregung« (Schönau 2003, S. 34).

Schönau versteht also das Wort »Muttersprache« in seiner ursprünglichen Bedeutung, nämlich als das Sprechen der Mutter zu ihrem neugeborenen Kind. Das ist die wahre Muttersprache. Und dieses Sprechen der Mutter hat noch nichts mit der Übermittlung von Sachinformationen zu tun. Das Sprechen der Mutter geschieht zwar mittels Worten, aber an diesen Worten interessieren den Säugling nicht deren Bedeutungen, sondern zunächst einmal ausschließlich deren sinnlich-affektive Eigenschaften. Was für den Säugling wichtig ist, sind die Gefühle der Mutter, die sich im Klang ihrer Stimme ausdrücken. Dazu der Psychoanalytiker Hans Loewald: »Man könnte sagen, dass die Mutter Worte äußert, das Kind aber keine Worte wahrnimmt, sondern in Klang, Rhythmus etc. getaucht wird (…)« (Loewald 1986, S. 173). Das Kind erfährt das Sprechen der Mutter also wie Musik, wie einen mütterlichen Gesang, der ihm die gefühlsmäßige Haltung dieser so wichtigen Person übermittelt. Ist damit nicht bereits eine charakteristische Qualität des Madrigalgesangs benannt, der durch seine weiche »Dolcezza« das Gefühl einer liebevollen mütterlichen Ansprache vermittelt?

Mir kommt diesbezüglich spontan das Madrigal »Lieto godea« von Giovanni Gabrieli, dem venezianischen Lehrmeister von Schütz, in den Sinn, das nach meinem Erleben etwas von dieser Qualität einer liebevollen mütterlichen Ansprache besitzt.

Anfangstakte des Madrigals »Lieto godea« von Giovanni Gabrieli

Lieto godea sedendo l'aura	Ich sitze glücklich die Brise genießend, mit der
che tremolando dolce spira l'aprile.	der April in süßen Schleifen mich umspielt.
Ogn'hor sospira d'amor ogn'animale.	Jedem Tier entweichen Seufzer der Liebe.
Con mortal dardo Amor volando	Mit seinem tödlichen Pfeil fliegt Amor herbei
venn' e'l core mi punse,	und sticht in mein Herz,
e lass' oimè fugge, meschino me,	doch, ach, ich Armer, er flieht,
onde n'havrò la morte	das bedeutet meinen Tod,
s'in lieta non si cangia la mia sorte.	wenn mein Schicksal sich nicht zum Glücklichen wendet.

(Übersetzung von B.O.)

Es handelt sich um ein Madrigal für zwei vierstimmige Chöre, das mit einer wunderschön weichen, wiegenden und Glückseligkeit ausdrückenden Klanggestalt auf die Worte »Lieto godea« beginnt. Der harmonische Eindruck ergibt sich zum einen durch den volltönenden vierstimmigen Gesang, der den Hörer wohlig umhüllt, und zum anderen durch das weiche Auffangen und Wiederholen dieses wiegenden Klangs zwischen Chor I und Chor II. Durch den sich überlappenden Wechselgesang zwischen beiden Chören entsteht zugleich so etwas wie eine gefühlsvolle Kommunikation, wie ein emotionales Reagieren und Echogeben. Das Überlappen der Choreinsätze lässt zwischen den beiden respondierenden Klangkörpern keine Lücke entstehen und vermittelt so den Eindruck einer engen liebevollen Bezogenheit in einer dyadischen Einheit. Der Charakter dieses gemeinsamen harmonischen Hin- und Herschwingens durchzieht das ganze Stück und ist deshalb dazu prädestiniert, im Hörer Gefühle wiederzubeleben, wie er sie in nicht erinnerbarer aber tief im Inneren sehr vertrauten Vorzeit in glücklichen Momenten mit der Mutter erlebt hat. Und wenn beide Chöre dann in Takt 4 zu einer grandiosen homophonen Klangfläche verschmelzen, fühlt man sich als Zuhörer hineingenommen in jene symbiotische Ur-Einheit am Lebensbeginn. Hier verwandelt sich die Musik gleichsam in eine »gute« Mutter, die sich durch Feinfühligkeit, Weichheit, Güte und Vollkommenheit auszeichnet und uns als Zuhörer ins Elysium frühen Glückes entführt (s. Notenbeispiel).

Nicht von ungefähr ist dieses Madrigal aufgrund seiner klanglichen Vollkommenheit und Schönheit in der Folgezeit von etlichen Komponisten als ein Modell für eigene Kompositionen genutzt worden, so z.B. von Adriano Banchieri, Hans Leo Hassler und Johann Stadlmayr. Heinrich Schütz gestaltete die Doxologie seiner doppelchörigen Motette »Ich danke dem Herrn von ganzem Herzen« (*Psalmen Davids*, SWV 34) in Anlehnung an Gabrielis *Lieto godea*. Über dem einleitenden Instrumentalteil ist dies ausdrücklich vermerkt: »Imitatione sopra: Lieto godea Canzone di Gio. Gab.« (*Psalmen Davids*, 1619/1960, S. 114).

Um zu verstehen, warum uns als Hörer diese Musik so heimelig berührt, muss man keine komplizierten Regressionskonzepte bemühen. Wir regredieren nicht beim Anhören von Musik, wohl aber evoziert diese Musik eine Tiefenebene des Erlebens, die in unserem Inneren bereitliegt, die uns aber nicht bewusst ist. Wir können uns an diese frühe Erlebniswelt nicht erinnern, da sie jenseits der Erinnerungsschranke liegt. Aber Musik ist offenbar ein Medium, das in der Lage ist, Erfahrungen des Zusammenseins mit der Mutter aus dieser Frühzeit in Gestalt von Klängen wiederzubeleben. Die frühen Erfahrungen sind in unserem Unbewussten gespeichert und scheinen darauf zu warten, in Resonanz versetzt zu werden.

Walter Schönau sieht in der Kunstform der Lyrik eine Möglichkeit, im Erwachsenenalter mit dieser frühen Muttersprache, dieser »musica antica«, wieder in Kontakt zu kommen:

> »Es ist anzunehmen, dass die (...) präverbale Erfahrung der Sprache nicht spurlos untergegangen ist und dass sie in unserem weiteren Leben nicht ganz unzugänglich bleibt, wenn auch das ursprüngliche Erleben durch die infantile Amnesie der bewussten Erinnerung entzogen ist. Die analoge Erfahrung der digitalen Sprache zur Zeit der symbiotischen Beziehung zwischen Mutter und Kind ist unbewusst geworden, aber nicht verloren gegangen. Wenn es stimmt, was Freud einmal sagte über einmal erfahrene Lust, dass wir diese nämlich nicht aufgeben können, sondern immer nach einem Ersatz oder einer Kompensation suchen werden (Freud 1905, S. 111), wo finden wir dann für jenen vorsprachlichen Umgang mit der Sprache, für jene prädigitale Funktionslust beim Produzieren rhythmischer Klangstrukturen den Ersatz oder die Kompensation? Ist das nicht (...) in der Lyrik mit ihrem Primat des Klangs, des Rhythmus und des Metrums, mit ihren Wiederholungen in Kehrreimen, Parallelismen und Chiasmen, im Stab- und Endreim, in Assonanzen und Alliterationen? Ist es nicht in ihrer Fähigkeit, die Sprache statt für pragmatische Kommunikation für ästhetische Expression zu benutzen?« (Schönau 2003, S. 36)

Wenn Schönau die Lyrik als eine Möglichkeit des Wiedererlebens des mütterlichen Sprechens herausstellt, um wie vieles mehr muss uns der muttersprachliche Gesang im Madrigal der Renaissance begegnen, wo zu dem lyrisch-poetischen Text noch der sinnlich-affektive Klang der Musik hinzutritt? Im Madrigal finden wir gleichsam die Ganzheit des Erlebens des muttersprachlichen Gesangs der ontogentischen Frühzeit in all seinen verschiedenen Facetten wieder.

Zur Validierung dieser These habe ich bislang die Etymologie des Wortes Madrigal und den Anmutungscharakter von Gabrielis *Lieto godea* ins Feld geführt. Diese Belege allein sind sicherlich noch nicht hinreichend, um von einer Entdeckung der Kindheit im Madrigal zu sprechen. Es wird notwenig sein, die angenommene Affinität von Madrigal und Mutter-Kind-Matrix in weiteren Details der musikalischen Komposition nachzuweisen. Wenn wir die »musica antica«, die die Komponisten im Madrigal zu rekonstruieren strebten, als den frühen muttersprachlichen Gesang ansehen, so müssten sich in dieser Musikgattung auch satztechnisch jene psycho-sozialen Prozesse und Interaktionsformen auffinden lassen, die als charakteristisch für die vorsprachliche Kommunikation in der frühen Mutter-Kind-Dyade gelten.

Um das mütterliche Sprechen in dieser Frühzeit, bei dem die sinnlich-affektiven Eigenschaften im Vordergrund stehen, von jenem späteren Sprechen, bei dem die semantischen Eigenschaften von Bedeutung sind, zu unterscheiden, verwende ich im Folgenden den Begriff des »mütterlichen Klangsprechens«, wenn ich mich auf dieses frühe Spracherleben beziehe.

6. Die Rekonstruktion des mütterlichen Klangsprechens im Madrigal

6.1. Der homophone Schmelzklang und das Einssein in der Mutter-Kind-Dyade

Wenn die Mutter mit ihrem Kleinkind spricht, benutzt sie zwar die gleichen Sprachlaute wie in ihrem alltäglichen Sprechen unter Erwachsenen, diese werden jedoch auf eine eigenartige Art und Weise »musikalisiert«. Sie spricht in einer höheren Tonlage als normal, sie spricht lauter, in einem langsameren Tempo, melodiöser, d.h. mit übertrieben großen Hebungen und Senkungen, und sie spricht emotionaler, d.h. sie legt sehr viel Gefühl in ihre Stimme. Sie spricht in einer Art mütterlichen Singsangs. Hinzu kommt, dass die Mutter nicht nur mit dem Mund redet, sondern ihren ganzen Körper zum Einsatz bringt. Man könnte auch sagen, sie »orchestriert« ihr Sprechen durch eine gesteigerte Gesichtsmimik und ausladende Bewegungen ihres ganzen Körpers.

Das Sprechen der Mutter ist für den Säugling unlöslich mit dem Erlebnis ihrer Nähe, ihrer Körperhaltung, ihrem Körpergeruch, ihrem Gesichtsausdruck, ihrem Lächeln, ihrem Blick, ihrem Zunicken, ihrer Berührung verbunden und hat die Aufgabe, dem Kind das Gefühl einer engen Verbundenheit in einer fusionären dyadischen Einheit zu vermitteln. Das mütterliche Klangsprechen gehört zu den primären und basalen Erfahrungen von Geborgenheit und Sicherheit oder im negativen Fall von dessen Fehlen.

Die für diese Entwicklungsphase typische Wahrnehmungswelt des Säuglings ist dadurch gekennzeichnet, dass es in ihr noch keinen Unterschied gibt zwischen Innen und Außen, Selbst und Anderem, Wirklichkeit und Phantasie, Gegenwart und Vergangenheit. Zu Beginn des Lebens, so Hans Loewald, »ist Sprache wesentlicher Teil einer uranfänglichen Dichte, bei der Gefühle, Wahrnehmungen, der Andere, das Selbst allesamt Teile einer unterschiedslosen Einheit sind« (Loewald 1986, S. 172). Das früheste Spracherleben ist also tief in die undifferenzierte Einheit mit der Mutter eingelassen, aus der heraus das Kind erst ganz allmählich seiner selbst als eines getrennten Wesens gewahr wird.

Vielleicht ist dieser Zustand der Morgendämmerung unseres Lebens gemeint, der uns im Madrigal *Usciva Omai* aus Giaches de Werts 8. Madrigalbuch nach den Worten von Torquato Tasso begegnet:

> Gerade kam er heraus aus dem weichen und frischen Schoß
> seiner großen Mutter, der dunklen Nacht,
> leichte Brisen bringend und große Wolkenschar
> von seinem kostbaren und reinen Tau,
> und abhebend vom Schleier den feuchten Saum (…)

In dieser Urfrühe des Erlebens sind Konturen noch kaum auszumachen. Der Morgennebel breitet seinen entgrenzenden Schleier über alle Einzelgestalten und verbindet sie zu einer ununterscheidbaren miteinander verschmolzenen Ganzheit. In dieser Erlebniswelt gehen, nach Loewald, Wort und Klang des mütterlichen Sprechens in der Dichte eines ursprünglichen, entgrenzten Erlebens auf. Wie sehr diese Zeit der uranfänglichen affektiven Dichte dadurch gekennzeichnet ist, dass im Erleben alles in einer undifferenzierten Einheit aufgehoben ist, davon erzählt uns z.B. das Madrigal *Cor mio, mentre vi miro* nach Worten von Giovanni Battista Guarini, das Claudio Monteverdi in seinem 4. Madrigalbuch vertont hat.

> Mein Herz, während ich euch anschaue,
> verwandle sichtbar ich mich in euch,
> und verwandelt dann,
> in einem einzigen Seufzer, hauche ich aus die Seele.
> Oh tödliche Schönheit,
> oh lebendige Schönheit,
> denn kaum wird für dich wiedergeboren ein Herz,
> stirbt neu geboren es für dich.

Man weiß nicht so genau, wem die Anrede »Mein Herz« gilt, dem eigenen Herzen oder einer Geliebten dort draußen? Der Text lässt es offen und gibt sich damit als einer Erlebniswelt zugehörig zu erkennen, in der zwischen innen und außen, »ich« und »du« noch nicht unterschieden wird. Beides ist ineinander und miteinander verschmolzen: »während ich euch anschaue, verwandle sichtbar ich mich in euch«.

Solch eine undifferenzierte Verschmolzenheit ist für unser Erwachsenenbewusstsein fremd und kann etwas Unheimliches an sich haben, weil die Abgegrenztheit des individuellen Ichs davon bedroht ist, sich in eine größere Ganzheit hinein aufzulösen. Doch für die Zeit der ersten Lebensmonate nach der Geburt war diese Verschmolzenheit eine wichtige und zentrale Erfahrung. Und wenn die Mutter fürsorglich zur Verfügung stand, war dieses Erleben überwiegend mit einem glückseligen Gefühl der Geborgenheit und eines sicheren Gehaltenseins verbunden. Gerade im Blick, im Schauen in das Gesicht der Mutter, geschah die Herstellung jener dyadischen Ur-Einheit, von deren »lebendiger Schönheit« der Text zu unserem Geist und die harmonische Musik des Monteverdischen Madrigals zu unserem Gefühl spricht.

Doch wenn »ich« und »du« in einer so totalen Verschmolzenheit existieren, bedeutet eine Abwendung des »du« die Zerstörung dieser symbiotischen Gemeinschaft. Dann wird die lebendige Schönheit (»bellezza vitale«) zur tödlichen Schönheit (»bellezza mortale«) zumindest für den, der »neu geboren« ist, denn der Säugling kann ohne den liebevollen Blick der Mutter nicht existieren.

Einen Säugling unabhängig von der Mutter gibt es gar nicht, wie Winnicott behauptet. Er kann nur zusammen mit der mütterlichen Fürsorge, dem mütterlichen Blick gedacht werden. Ohne diesen Blick, diesen Glanz im Auge der Mutter und ohne das mütterliche Sprechen ist der Säugling zum Sterben verurteilt.

Wie wird nun satztechnisch im Madrigal die harmonische Gefühlsverbundenheit mit der Mutter in einer dyadischen Ur-Einheit dargestellt? Eines der zentralen Elemente zur Darstellung dieser dyadisch-fusionären Verbundenheit im Madrigal ist die homophone Klangfläche, in der alle Stimmen zu einer harmonischen wohligen Klangeinheit verschmelzen.

Dieses musikalische Element hat es natürlich auch in der Musik vor dem Renaissance-Madrigal bereits gegeben. Der homophone Klang der mittelalterlichen Musik ist in seiner Anmutungsqualität jedoch von einer deutlich anderen Qualität. In ihm erleben wir eine räumliche Leere und Weite, bei der sich eher das Erleben eines universalen kosmischen Raumes einstellt als eine diesseitige soziale Bezogenheit. Erst in der Musik des 16. Jahrhunderts bekommt die homophone Klangfläche, speziell im mehrstimmigen Madrigalgesang, jene Weichheit und Süße, wie sie für eine liebevolle Mutter-Kind-Beziehung charakteristisch ist.

Da es in den Madrigalkompositionen noch keine ausgeprägte Melodie gibt – man spricht deshalb von einem Soggetto – tragen grundsätzlich alle Stimmen gemeinsam dazu bei, einen harmonischen Zusammenklang zu erzeugen. Die Stimmen sind in diesem Schmelzklang gleichsam unterschiedslos eingetaucht. Die Grenzen der individuellen Stimmen sind aufgelöst zugunsten eines alle verbindenden fusionären Klangs. Es ist eine harmonische Ganzheit entstanden, der eine deutliche Vorrangstellung gegenüber den einzelnen Stimmen zukommt.

Man spricht in der musikwissenschaftlichen Fachliteratur oftmals davon, dass die Stimmen im Madrigal »gleichberechtigt« seien. Dieser Begriff ist aus psychologischer Sicht insofern nicht glücklich gewählt, weil er assoziiert, dass hier bereits individualisierte Stimmen miteinander singen. Doch entwicklungspsychologisch gesehen handelt es sich bei diesem Schmelzklang um eine vorindividuelle Harmonie, in der sich die beteiligten Stimmen noch in einem Stadium einer undifferenzierten Ur-Einheit befinden. Das ist auch der Grund dafür, warum die Madrigalkomponisten sich nicht dafür entschieden haben, als Ausdruck der dyadischen Gefühlsverbundenheit von Mutter und Säugling Duette zu komponieren. Bei einem Duett haben wir zwei individuell ausgeprägte Stimmen vor uns, die als getrennte Wesen intersubjektiv miteinander interagieren. Solch eine Musik werden wir in der Barockzeit antreffen. In der Renaissancemusik finden wir einen Rückbezug auf das entwicklungspsychologische Stadium der vorindividuellen, undifferenzierten Mutter-Kind-Einheit und für diese Erlebniswelt ist ein mehrstimmiger harmonisch verschmelzender Gesang der absolut stimmige und angemessene Ausdruck. Durch die Klangfülle eines fünfstimmigen Ensembles wird dieser besondere glückselige Gefühlszustand im Zusammensein mit der Mutter in idealer Weise ausgedrückt und wenn es dann noch gelingt, dass das Gesangsensemble so präzise wie eine einzige Stimme singt, so sind alle Bedingungen einer paradiesischen Ur-Einheit erfüllt, die jeden Hörer in seinen Tiefenschichten ergreift.

In solchen Momenten kann es geschehen, dass man von einem urtümlichen Glückserleben durchströmt wird, wie es offensichtlich dem Engländer Thomas Coryat geschehen ist, der sich 1608 in Venedig aufhielt. Er erlebte die Musik Giovanni Gabrielis in einem Gottesdienst in der *Chiesa di San Rocco* und geriet über diese Musik geradezu ins Schwärmen. Er bezeichnet sie als

> »die beste Musik, die ich je in meinem ganzen Leben zu irgendeiner Tageszeit gehört habe, so gut, dass ich ohne Zögern einhundert Meilen zu Fuß gehen würde, um derartiges zu hören. Dieser Ohrenschmaus bestand im Wesentlichen aus Vokal- und Instrumentalmusik, so herrlich, so ergötzlich, so einzigartig, so bewundernswert, so überaus hervorragend, dass sie alle Fremden, die nie dergleichen zu hören bekommen hatten, geradezu überwältigte und verblüffte. Wie sie auf andere wirkte, weiß ich nicht; für mich selbst kann ich sagen, dass ich während dieser Zeit geradezu wie der heilige Paulus in den dritten Himmel hinaufschwebte« (zit.n. Thomsen-Fürst 1996, S. 8).

Herr Coryat wähnt sich offensichtlich zurück im Paradies der primären Zweisamkeit mit der als vollkommen und göttlich empfundenen Mutter am Lebensbeginn, jenem Paradies, nach dem eine unstillbare, aber letztlich vergebliche Sehnsucht unser ganzes Leben durchzieht und durch das Hören von Musik immer wieder neu belebt wird: »Die Musik konfrontiert uns mit der Sucht nach einer Verbundenheit, die wir nicht erreichen, von der wir aber auch nicht lassen können« (Leikert 2005a, S. 69).

Das Spracherleben ist in dieser Phase auf die sinnlich-affektiven Eigenschaften und noch nicht auf die Bedeutungen der Worte gerichtet. Zwar ist für das Madrigal kennzeichned, dass es einzelne Worte musikalisch darzustellen versucht. Diese Art einer bildhaften Darstellung hat jedoch etwas ausgesprochen Vorsprachliches, in gewisser Weise Körperhaft-Gestisches an sich. Diese Darstellung ahmt eher das Gestikulieren der Mutter nach, während sie zum Säugling spricht, als dass sie eine lexikalische Wortdefinition liefert. So wurden z.B. der Himmel durch hohe Töne, die Erde durch tiefe Töne, das Eilen durch schnelle Notenwerte das Verweilen durch langsame, das Hinauf durch eine Notenfolge in die Höhe, das Hinunter in die entgegengesetzte Richtung musikalisch ausgedrückt. Auch die Angabe von Zahlen fand eine Berücksichtigung: die 1 wurde z.B. durch Einstimmigkeit, die 2 durch Zweistimmigkeit usw. dargestellt; das Helle durch lange Notenwerte, das Dunkle durch kürzere Notenwerte, also durch schwarze Notenköpfe. Solche »Madrigalismen« wurden allmählich zu einer allgemein vertrauten Symbolsprache, die allen damaligen Musikern und Musikliebhabern vertraut war. Dieser Bildersprache und »Augenmusik« haftet jedoch etwas ausgesprochen Kindliches an.

Damit kommen wir nun zum zweiten zentralen musikalischen Baustein der Madrigale, zu den polyphon gestalteten Imitationen.

6.2. Die imitierende Polyphonie und das mütterliche Spiegeln und Echogeben

Es gehört zur zentralen Aufgabe der Mutter, ihrem Säugling durch mimische und vokale Äußerungen diejenigen Gefühle zurückzuspiegeln, die sie in seinem Verhalten oder seinen lautlichen Äußerungsformen zu erkennen glaubt. So sieht z.B. der Säuglingsforscher Fonagy es als die wichtigste Fähigkeit der frühen Mutter an, »die Affektzustände des Säuglings zu »spiegeln«, ihnen ein »Echo« zu geben« (Fonagy et al. 2002, S. 198).

Die hohe Bedeutung des Echogebens und Spiegelns von Gefühlen in der Mutter-Kind-Matrix ist auch den Madrigalkomponisten der Renaissancezeit nicht verborgen geblieben, was sich daran ablesen lässt, dass das Echogeben zu einem der wesentlichen musikalischen Elemente geworden ist, aus dem heraus das Madrigal lebt. Das Echogeben tauchte satztechnisch in den vielfältigen Imitationen auf, aber es etablierte sich darüber hinaus auch in einer eigenen Gattung. Weder vorher noch später in der Musikgeschichte sind Echokompositionen in einer derartigen Fülle geschaffen worden wie in der Zeit der Renaissance und des Barock.

Die ersten in Musik gesetzten Echoverse scheinen die des Dichters Angelo Poloziano gewesen zu sein, die von Heinrich Isaak im Jahr 1489 vertont wurden. Bis heute bekannt und beliebt ist Orlando di Lasso's berühmtes *O la, o che bon eco*, ein mehrstimmiges Echolied, das als Kanon notiert ist. Es gab außerdem ganze Sammlungen mit Echokompositionen, z.B. *Canones et Eco* (1572) und *L'Eco et Enigmi musicali* (1581) von P. Agostini. Ansonsten finden sich Echokompositionen bei allen großen Madrigalkomponisten wie z.B. Andrea Gabrieli, Orazio Vecchi (1590, 1597) oder Philippe de Monte (1599). Auch in Monteverdis Oper *Orfeo* sind Echoszenen enthalten, genau so wie in den beiden verloren gegangenen Werken von Heinrich Schütz, der Oper *Dafne* und dem Ballett *Orpheus*. Schütz hat ferner den 100. Psalm *Jauchzet dem Herren alle Welt* in der Sammlung *Psalmen Davids* als ein reines Echo-Chorstück konzipiert.

Satztechnisch begegnet uns die mütterliche Affektspiegelung in der Vielfältigkeit der Imitationen. Bei den Imitationen werden Worte und Tonfiguren, die zunächst von einer Stimmgruppe gesungen werden, von einer anderen Stimmgruppe wiederholt. Dabei kann es sich um eine genaue wörtliche Wiederholung handeln oder aber um eine Wiederholung in anderer Lage oder anderem Klang.

Nun ist es so, dass das Spiegeln und Echogeben der Mutter ganz bestimmten Erfordernissen genügen muss, damit der Säugling es als ein Feedback auf seine inneren Zustände erfahren kann und nicht etwa als Gefühle der Mutter auffasst. Um das zu erreichen, muss die Mutter die Affektspiegelungen in spielerisch-markierender Weise geben, wie die neuere Säuglingsforschung herausgefunden hat. Spielerisch-markierend heißt, ihr Lächeln ist etwas breiter oder sie wiederholt es in verschiedenen Variationen und Modulationen, d.h. sie spielt mit ihrer Antwort. Bei negativen Gefühlen ist dies besonders wichtig. Wenn die Spiegelung ängstlicher Gefühle in spielerisch-markierender Weise geschieht, macht der Säugling die Erfahrung, dass die Mutter seine Gefühle wahrgenommen hat, sich aber von diesen negativen Gefühlen nicht kontaminieren und überwältigen lässt. Die Mutter macht vielmehr durch ihre beruhigenden stimmlichen Äußerungen kenntlich, dass sie diese bedrohlichen Gefühle in verdauliche und gut integrierbare Emotionen umzuwandeln vermocht hat. Damit dient solch eine spielerisch-markierende Affektspiegelung nicht nur dem Erkennen eigener innerer Befindlichkeiten, sondern gleichzeitig auch der Regulierung der Affekte des Säuglings.

Die Imitation kann sich auf Gefühle oder auf Verhalten beziehen. Für das Imitieren von Verhaltensweisen haben die Säuglingsforscher bemerkenswerte Erkenntnisse zu Tage gefördert, die offensichtlich auch eine Entsprechung in der musikalischen Imitation im Madrigal gefunden haben.

Die Erfahrung zeigt, dass der Säugling äußerst interessiert an Nachahmungen seines Verhaltens ist. Sein Interesse an Imitationen ist darin begründet, dass er durch sie eine »Wie-ich«-Erfahrung (Meltzoff und Gopnik 1993) macht, was er offensichtlich sehr schätzt. Solch eine »Wie-ich«-Erfahrung durch Imitation erfüllt verschiedenste narzisstische und soziale Bedürfnisse. Der Säugling kann sich zum einen als Urheber und Auslöser für eine spiegelnde Reaktion der Mutter fühlen. Das beweist seine Wirkmacht auf seine Umwelt und das erfüllt ihn mit Stolz. Wenn ein Soggetto nun nicht nur von einer Stimme sondern in einer durchimitierenden Weise auch noch von allen anderen Stimmen gespiegelt wird, so vermag dies seine Stimmung noch weiter zu steigern. Durch dieses reiche Angebot eines vielfachen Echos vermag also die Musik zu einer die Erregung steigernden Affektregulierung beizutragen. Für den Hörer, der dieses Geschehen in Identifizierung mit dem Interaktionsgeflecht der Stimmen auch für sich erlebt, wird in diesem Moment die Musik zu einem wohligen »Das Selbst regulierenden Anderen«, der in angenehmer Weise zu einem gesteigerten Wohlbefinden beiträgt, so wie es am Lebensbeginn die Mutter getan hat. Kurzum, Nachahmungen bieten für den Säugling bedeutsame »Wie-ich«-Erfahrungen.

Durch eine kluge Experimentalsituation haben Magyar und Gergely (1998) nun herausgefunden, dass der Säugling ab dem Alter von ca. 3 Monaten gar nicht so sehr an einer perfekten Nachahmung seines Verhaltens interessiert ist, sondern eher an einer unvollkommen kontingenten Nachahmung, in der die charakteristische Eigenart der imitierenden Person noch enthalten ist. Das heißt, der Säugling findet nun solche Imitationen am spannendsten, die nicht »genau wie ich«, sondern die »fast wie ich, aber nicht genau wie ich« sind (vgl. Fonagy et al. 2004, S. 196f.).

Ich habe an anderer Stelle (Oberhoff 2007) die Hypothese aufgestellt, dass, wenn man die in den vielen hundert barocken »Concerti grossi« enthaltenen Imitationen zwischen Concertino und Tutti einmal darauf hin untersuchen würde, wie perfekt kontingent oder wie unvollkommen kontingent diese sind, würde man möglicherweise zu dem Ergebnis kommen, dass die vom Säugling bevorzugten »fast wie ich, aber nicht genau wie ich«- Imitationen überwiegen. Diese Hypothese habe ich bei einer ersten Überprüfung an einem Concerto-Satz aus Händels Concerto grosso op. 6, Nr. 8 verifizieren können. Von den insgesamt 29 Imitationen des Kopfmotivs sind 10 vollkommen kontingent (oft im Oktavabstand) und 19 unvollkommen kontingent (Figur entweder abgewandelt oder auf anderer Stufe).

Bemerkenswert ist, dass der Madrigalforscher Schick etwas nahezu Identisches über das Madrigal formuliert hat. Für das, was die Säuglingsforscher als »unvollkommen kontingente Nachahmung« bezeichnen, findet sich bei Schick der Begriff der »unscharfen Imitation«. Schick sagt über die Madrigale Willaertscher Prägung:

> »Die einzelnen Stimmen bilden zwar ein dichtes Imitationsgewebe, doch wird eine exponierte Soggettogestalt fast nie von einer anderen Stimme genau übernommen, sondern sofort abgewandelt, melodisch und rhythmisch variiert. Der jeweilige Soggetto existiert gleichsam nur als ungefähre Idee, die sich vielfältig konkretisiert in einer Art ›unscharfer Imitation‹« (Schick 1998, S. 35).

Durch solche Formen einer »unscharfen Imitation« macht das Kind eine erste Erfahrung getrennter innerer Befindlichkeiten zwischen dem mütterlichen und dem eigenen Selbst. Solche unscharfen Imitationen sind durch die Subjektivität der mütterlichen Person gegangen und spiegeln deren subjektive Erlebniswelt wider, die mitunter vom kindlichen Selbst unterschieden ist. Diese Erfahrungen sind geeignet, für den Säugling den weiteren Weg zum individuellen Selbst zu bahnen.

6.3. Die Differenzierung der Gefühle: Die Musik als ein »Das-Selbst-regulierender-Anderer«

Die Affektspiegelung durch die Mutter ist natürlich nur dann für den Säugling hilfreich und von Wert, wenn die Mutter die Gefühle des Säuglings auch möglichst genau trifft. Eine nicht korrekte Gefühlsspiegelung schafft im Kleinkind Verwirrung und ein Fremdheitserleben.

Was für uns heutige Menschen eine Selbstverständlichkeit ist, nämlich, dass die Musik genau die im Text enthaltenen Gefühle ausdrückt, war für die Musik vor 1500 keineswegs selbstverständlich. In der mittelalterlichen Musik war es nahezu nicht möglich, allein aus dem Gehörseindruck einer Musik einen Stimmungsgehalt zu erfassen. Die Musik war derartig »gefühlsneutral«, dass ein Klagegesang von einem Jubellied nicht zu unterscheiden war. Die Welt individuellen Fühlens war für die Komponisten und Hörer mittelalterlicher Musik noch nicht erschlossen. Musik war objektives Abbild einer göttlichen Ordnung und diente nicht einem subjektiven Hörvergnügen. Entsprechend bezog sich der Konsonanzbegriff auf den objektiven Abstand, den Kontrapunkt zwischen zwei Tönen von zwei benachbarten Stimmen (»punctus contra punctum«) und nicht auf den subjektiven Klangeindruck im Hörer (vgl. Oberhoff 2003d).

Vor diesem Hintergrund erst werden die Ratschläge verständlich, die der englische Madrigalkomponist Thomas Morley seinen Komponistenkollegen erteilte:

> »Ich will Euch also im folgenden zeigen, wie Ihr Eure Musik nach der Natur der Worte, die Ihr darin ausdrücken sollt, anzulegen habt, da Ihr ja – was immer Ihr auch im Sinne haben mögt – eine entsprechende Art von Musik dazu ersinnen müsst. Wenn Ihr einen ernsten Stoff gewählt habt, müsst Ihr daher auch eine ernste Musik darauf anwenden; ist es aber ein fröhlicher Gegenstand, müsst Ihr auch fröhliche Musik dazu machen; denn es wäre grober Unsinn, eine traurige Harmonik auf einen fröhlichen Gegenstand oder eine fröhliche Harmonik auf ein trauriges, lamentables oder tragisches Liedlein anzuwenden.
> Sodann müsst Ihr, wenn Ihr irgendein Wort ausdrücken wollt, das etwas Hartes, Grausames, Bitteres oder dergleichen bedeutet, die entsprechende Harmonik darauf finden, das heißt, sie muss auch etwas rau und hart klingen, ohne jedoch das Ohr zu beleidigen« (zit. n. Robertson und Stevens 1964, S. 183).

Den Strom der Gefühle im eigenen Inneren in distinkte Affekte zu unterteilen und zu differenzieren, eine der wichtigsten Lernaufgaben des Säuglings, wird in den Madrigalkompositionen der Renaissancezeit sehr ernst genommen. Dies bleibt eine Aufgabe, mit der sich ebenfalls die Barockmusik intensiv auseinander setzen wird. Die Komponisten des Barock haben sich viele Gedanken darüber gemacht, wie man die Affekte im Hörer hervorzurufen vermag. Unter den Begriffen »Affekt« und »Figur« haben sie sich mit nahezu wissenschaftlicher Akribie ein Wissen darüber erarbeitet, mit welchen musikalischen Figuren im Hörer ganz bestimmte Affekte ausgelöst werden können. Dieses Unterfangen einer Differenzierung der Affekte beginnt bereits im Madrigal, wo man sich sehr darum bemüht, den im Text enthaltenen Affekt möglichst genau und ausdruckstark darzustellen.

Für das kleine Kind sind solche Gefühlsimitationen sehr bedeutsame Erfahrungen, über die es seine affektive Innenwelt kennen lernt und in einem weiteren Entwicklungsschritt dann mit Worten zu bezeichnen versteht. Ohne Imitationen durch einen anderen Menschen bleiben ihm die eigenen Gefühle fremd und ununterscheidbar. Treffen die spiegelnden Nachahmungen jedoch das Gefühl in korrekter Weise – so wie man es im Imitationsgeflecht der Madrigale durchgängig erleben kann – so entsteht das beglückende Gefühl, wortlos verstanden worden zu sein. Das heißt, wie dem mütterlichen Spiegeln so kommt auch dem harmonischen Imitieren im Madrigal eine affektverwandelnde Kraft zu, die es dem Madrigal erlaubt, in die Fußtapfen der frühen Mutter zu treten und – wie diese – die Funktion eines »Das-Selbst-regulierenden-Anderen« zu übernehmen.

6.4. Das Madrigal und die fehlende elterliche Feinfühligkeit

Wie die Bindungsforschung aufgezeigt hat, entscheidet die Feinfühligkeit der Mutter bzw. der Pflegeperson darüber, ob das Kind eine sichere Bindung entwickeln kann, die für die weitere Entfaltung eines stabilen Selbst von großer Bedeutung ist. Die Spiegelung von Gefühlen wie auch die Regulierung der Gefühle durch diese Person sind ganz zentrale und bedeutsame Erfahrungen, die für den Säugling existenznotwendig sind. Deshalb entwickelt er Bindungswünsche und Bindungsverhaltensweisen gegenüber dieser so überaus wichtigen Person. Was ist nun, wenn die Mutter diese Feinfühligkeit nicht besitzt und nicht anbieten kann?

Diese Frage stellt sich hier in besonderer Weise, da wir davon ausgehen müssen, dass den meisten Eltern der Renaissancezeit solch eine einfühlsame Qualität nicht zur Verfügung stand. Die Erlebniswelt des frühen Kindes war für die damaligen Menschen eine *terra incognita.* Man verstand diese kleinen sprachlosen Wesen nicht, die eher einem Tier als einem Menschen ähnelten. So meint etwa der Theologe Berulle: »Der Säuglingszustand ist der niedrigste und gemeinste Zustand der menschlichen Natur, nach dem des Todes« (zit. n. v. Marcard 1994, S. 28). Säuglinge wurden als böse und sündhaft hingestellt, und es bestand hier und da die Vorstellung, dass das bei der Taufe schreiende Kind den Teufel herauslasse. Und so diente die Taufe u. a. der Teufelsaustreibung. Zumindest war man in kirchlichen Kreisen der Meinung, dass das Schreien eines Säuglings bedeute, dass er eine Sünde begehe. So haben gerade die Kirchenväter im wahrsten Sinne des Wortes viel zur Verteufelung der Kinder beigetragen.

Wo man die Kleinkinder nicht abgelehnt hat, stand man ihnen zumindest etwas hilflos und gleichgültig gegenüber, da man an ihnen etwas Wesentliches vermisste, nämlich das Vernünftige und Verständige, durch das sich nach allgemeiner Meinung menschliche Wesen auszeichnen. Kinder mussten erst einmal durch eine strenge Erziehung zur Vernunft erzogen werden. Bevor dieser Zustand nicht erreicht war, gehörten sie nicht wirklich als vollwertige Mitglieder zur Familie. Das heißt, die von der Bindungsforschung als entwicklungsfördernd beschriebene elterliche Feinfühligkeit werden die Kinder dieser Zeit eher in Ausnahmefällen erlebt haben. Überwiegend werden sie eine Mutter erfahren haben, die nicht verfügbar war, weder emotional noch durch Pflegehandlungen. In besser gestellten Familien wird man sowieso die Kleinkinder den Hausangestellten überlassen haben.

Diese defizitäre psycho-soziale Situation der Kleinkinder liefert uns möglicherweise einen Erklärungsrahmen dafür, dass in den Texten der Madrigale soviel über eine geliebte weibliche Person geklagt wird, die als grausam (»crudel«), kalt und herzlos dargestellt wird. Sehr anrührend lässt uns Heinrich Schütz in seinem Erstlingswerk, seinen *Italienischen Madrigalen*, an dieser bitteren Erfahrung Anteil nehmen.

6.5. Die schmerzlichen Erfahrungen mit der »Schönen Mutter der Blumen«.

Die *Italienischen Madrigale* von Heinrich Schütz

Es gehörte zur Tradition an *San Marco*, dass die Kompositionsschüler am Ende ihrer Lehrzeit eine Sammlung von Madrigalen zu verfassen hatten. So legte auch Heinrich Schütz nach gut zweijähriger Lehrzeit bei Giovanni Gabrieli sein Opus 1, *Il primo libro de Madrigali di Henrico Sagittario* vor, das im Jahre 1611 in Venedig im Druck erschien. Die Texte entstammen mehrheitlich Giovan Battista Guarinis Schäferdrama *Il Pastor fido* und Giovan Battista Marinos *Rime*. Beide Dichter waren bei Madrigalkomponisten der Spätzeit des Madrigals (also nach 1600) – insbesondere bei den Schülern Gabrielis – sehr beliebt.

Es hat den Anschein, dass die von Schütz vorgenommene Zusammenstellung der Texte nicht eine beliebige Aneinanderreihung von Versen mit unterschiedlichsten Inhalten darstellt, sondern die Aufeinanderfolge der Verse von Schütz so gewählt wurde, dass sich eine geschlossene thematische Handlung ergibt, die gleichzeitig eine emotionale Entwicklung beschreibt.

In den Texten konstelliert sich eine dyadische Situation, in der sich ein Ich-Erzähler in einen monologisierenden Dialog mit einer imaginären weiblichen Person begibt und dem Hörer über seine leidvollen Erfahrungen mit dieser »Geliebten« Kunde gibt.

Ich werde mich im Folgenden hauptsächlich dem Inhalt dieser Madrigalverse zuwenden und ihren möglichen Bezug zur Mutter-Kind-Dyade untersuchen (die Originaltexte der einzelnen Madrigale in italienischer Sprache befinden sich im Anhang I).

Im Eröffnungsmadrigal *»O Primavera«* ist bereits in nuce die Summa der ganzen Madrigalsammlung zum Ausdruck gebracht, nämlich die niederschmetternde Erfahrung von Zurückweisung und Verlust an der offenbar so unabdingbar lebensnotwendigen »Schönen Mutter der Blumen« (»Bella madre di fiori«):

> O Frühling, Jugendzeit des Jahres,
> Schöne Mutter der Blumen,
> neu sprießender Kräuter und neuer Liebe,
> du kehrst zurück, doch mit dir mitnichten
> jene Tage der Freude und des Glückes erlebter Wonnen;
> du kehrst zwar wieder, du kehrst zurück
> als von einem geliebten, verlorenen Schatz
> die traurige und schmerzvolle Erinnerung.
> Du bist es noch, du bist es,
> die du gerade noch so reizend und schön warst;
> ich aber bin nicht mehr, der ich einst gewesen,
> gewissen Augen ein so werter Anblick.
>
> O bitterste Süßigkeiten der Liebe,
> wie viel härter ist es, euch zu verlieren,
> als euch nie gekostet oder besessen zu haben!
> Welch seliger Zustand wäre doch die Liebe,
> wenn man den Schatz, den man einmal besaß, nicht verlöre,
> oder wenn mit seinem Verlust
> auch jede Erinnerung an den entschwundenen Schatz entschwände!

Wenn man einmal den lyrischen Text bewusst als eine klagende Ansprache eines kindlichen Ichs an die Mutter liest, so bekommt der Text jene Weichheit und Zärtlichkeit einerseits, aber auch jene existenzielle Bedrohung andererseits, wie sie beide je nach Situation für das kindliche Fühlen in dieser Frühzeit des Lebens charakteristisch sind.

Die poetischen Worte des Dichters Guarini entwerfen ein Bild, bei dem das lyrische Ich sich an die »Schöne Mutter der Blumen« wendet und sich an die schönen Tage, aber vor allem an die schmerzlichen Erfahrungen mit ihr zurückerinnert. Eine Affinität zur vollkommenen Mutter der kindlichen Frühzeit des Lebens ist unübersehbar und unüberhörbar, jener frühen Mutter, die »so reizend und schön« war und mit der sich »Tage der Freude« und »Tage des Glücks erlebter Wonnen« verbunden haben.

Doch noch viel stärker kommen dem Ich-Erzähler Gefühle des Verlusts in Erinnerung, da sich die »Schöne Mutter der Blumen« offensichtlich von ihm abgewandt hat. Wie schmerzlich und bitter diese Gefühle sind, an die er sich am liebsten gar nicht mehr erinnern möchte, lässt Schütz den Hörer in aller Eindrücklichkeit bei den Worten »O bitterste Süßigkeiten der Liebe« (»O dolcezze amarissime d'amore«) erleben, wo sich auf engstem Raum eine Fülle an »bittersten« Dissonanzen (Sekundreibungen, Tritonus etc.) aneinander reihen, die über einige Takte kaum eine Tendenz erkennen lassen, sich wieder in einen Wohlklang auflösen zu wollen.

Anfangstakte des ›secunda pars‹ des Madrigals ›O Primavera‹ (SWV 2)

So wie Orpheus sich gegen den Tod seiner geliebten Eurydike stemmt und ihn rückgängig machen will, so phantasiert sich hier der Erzähler ebenfalls in eine Situation, in der »man den Schatz, den man einmal besaß« auf keinen Fall verlieren mag, oder, falls doch, möge einem ein seliges Vergessen geschenkt werden.

Im folgenden 2. Madrigal *Ride la Primavera* ist es die Nymphe Cloris, ebenfalls eine Symbolgestalt für den Frühling, und damit für den Lebensbeginn, die der Erzähler monologisierend als Dialogpartnerin wählt. Er wirft ihr vor, eiskalt und grausam zu sein. Der Vers endet mit der anklagenden Frage: »Warum, ebenso grausame wie liebenswerte Nymphe, trägst du dann in den Augen die Sonne, im Antlitz den April?« Das heißt, das lyrische Ich hat es mit einem mütterlichen Gesicht zu tun, das zwar hübsche Augen hat, aber eine versteinerte Mimik, deren Grausamkeit darin besteht, dass sie keine Gefühle zurückspiegelt.

> Es lacht der Frühling,
> die schöne Cloris kehrt zurück;
> höre das Schwälbchen,
> schau an Gräser und Blumen.
> Doch du, Cloris, noch schöner
> in der neuen Jahreszeit,
> bewahrst den alten Winter.
> Ach, wenn du schon dein Herz mit ewigen Eise panzerst,
> warum, ebenso grausame wie liebenswerte Nymphe,
> trägst du dann in den Augen die Sonne, aber im Antlitz den April?

Wir wissen alle, wie wichtig für den Säugling die Augen und das Gesicht der Mutter sind. Sein Selbst besteht in dieser ontogenetischen Frühzeit ausschließlich aus dem, was ihm die Augen und die Gesichtsmimik der Mutter zurückspiegeln. In den Augen der Mutter spiegelt sich das, was die Mutter erblickt, wenn sie auf ihren Säugling schaut. Und wenn dieser Anblick beglückend ist, so zeigt sich jener »Glanz im Auge der Mutter« (Kohut), der für eine gesunde Entwicklung des kindlichen Selbst so überaus wichtig ist. Was der Säugling im Gesicht seiner Mutter erblickt, bildet den Kern seines Selbstgefühls. Entsprechend dieser außerordentlichen Bedeutung des mütterlichen Blickes als eines Spiegels für das Selbst des Kleinkindes kann es nicht verwundern, dass in den Madrigalen die Augen, der Blick und das Gesicht der Geliebten (Mutter) ein bevorzugtes Thema sind. Es taucht nicht nur in diesem Madrigalzyklus von Schütz an diversen Stellen auf, sondern durchzieht die gesamte Madrigalliteratur.

Monteverdis Madrigal *Occhi, un tempo mia vita* (»Augen, die ihr einst mein Leben wart«) kündet von lebensspendenden Augen, deren Glanz erloschen ist. Der Komponist belegt diese Augen von Anfang an mit einem herabsinkenden Motiv, einem Motiv, das sich, »wenn es zu »Tempo è ben di morire« wiederkehrt, als Todesmotiv offenbart. Gerade diese Augen nämlich sind es ja (…), die den Tod bringen, sobald sie sich abwenden« (Schick 1998, S. 147).

Die Madrigaldichter können sich nicht genügend darin ergehen, das Erleben zu schildern, das sich einstellt, wenn sich das Gesicht der Mutter abwendet. Hier taucht regelmäßig das Wort »grausam« (»crudel«) oder auch der Ausruf »Du Grausame« (»O crudele«) auf.

Wie psychodiagnostisch präzise diese frühkindliche Bedrohung durch ein sich abwendendes mütterliches Gesicht im Madrigal thematisiert sein kann, erleben wir im Madrigal *Occhi dolci e soavi* (»Lieblichste aller Augen«) von Luca Marenzio. Wie die klinische Erfahrung gezeigt hat, entstehen in Situationen mangelnder Präsenz der Mutter im kleinen Kind heftigste Wut- und Hassgefühle, in deren Gefolge Ängste vor Vergeltung auftreten und die Mutter im Erleben des Säuglings zu einer Verfolgerin wird. Diese frühkindliche Erfahrung (die ja für einen erwachsenen Menschen kaum vorstellbar ist) finden wir ziemlich präzise thematisiert in Marenzios *Occhi dolci e soavi*. Dort heißt es:

> Lieblichste aller Augen,
> die ihr mein leidend Herz gefangen haltet.
> Nicht länger verfolget mich.
> Könnt ich die Sonne sein, die ihr erblicket.

Den Augen wird hier eine große Macht zugesprochen, indem sie das Herz gefangen halten und bedrohlich verfolgend werden können. Hier ist es also geschehen, dass im Erleben des kindlichen Ichs die Mutter zu einer Verfolgerin geworden ist. Die sich anschließende letzte Zeile drückt jene tiefe Sehnsucht eines jeden Säuglings aus, nämlich für die Mutter »ihr kleiner Sonnenschein« zu sein, dessen heller Glanz im Spiegel des mütterlichen Gesichts auf ihn als eine beglückende Erfahrung zurückfällt.

Den liebevollen Blick der mütterlichen Augen musste der Erzähler in Schützens Madrigalen nicht nur in diesem 2. Madrigal, sondern bereits im Eingangsmadrigal *O Primavera* vermissen. Dort war davon die Rede, dass die so heiß ersehnten »Augen-Blicke« verloren gegangen sind, und der Ich-Erzähler nicht mehr wie einst »gewissen Augen ein so werter Anblick« ist.

Die »schöne Mutter der Blumen« hat in Schützens Madrigalzyklus zwar in den Augen die Sonne, aber leider – wie wir bereits gehört haben – »im Antlitz den April«. Und so sucht das lyrische Ich im folgenden 3. Madrigal *Selue beate* den Trost der Wälder, die ihn im Seufzen wie auch in der Freude begleiten und unterstützen mögen.

Glückliche Wälder,
wenn ihr seufzend in flehentlichem Säuseln
zu unserem Klagen auch ihr klaget,
dann jubelt auch zum Glück,
und soviel Zungen löset,
wie viel Blätter scherzen bei dem Klang von jenen
von unserer Freude erfüllten lächelnden Lüften.

Wie unabdingbar notwendig die liebevolle Annahme durch die »bella madre di fiori« ist, wird noch einmal im 4. Madrigal *Quella Damma* zum Ausdruck gebracht, wo sich eine Szene konstelliert, in der sich der Erzähler mit einer Hirschkuh identifiziert, die dem grausamen Silvio ausgeliefert ist. Wie ein Baby gegenüber der Mutter, so fühlt sich hier der Erzähler in einer lebensbedrohlichen existenziellen Abhängigkeit: Ich bin »lebend, wenn du mich annimmst, tot, wenn du mich ablehnst«.

Wie jene Hirschkuh bin ich,
grausamster Silvio,
die ich, ohne verwundet zu sein,
von dir besiegt und gefangen bin,
lebend, wenn du mich annimmst,
tot, wenn du mich ablehnst.

So als hätten wir als Hörer die existenzielle Not noch nicht begriffen, die eintritt, wenn die Mutter »meinem Blicke die heiteren Augen und das göttliche Antlitz« entzieht, wird dieser Schmerz hier im 5. Madrigal *Mi saluta costei* ein weiteres Mal zum Ausdruck gebracht. Es wird wie ein falsches Spiel erlebt, dass die Mutter sich höflich und milde gibt, aber in Wirklichkeit grausam ist, einfach dadurch, dass sie sich entzieht.

Es grüßt mich diese,
doch mit der sanften Verbeugung
versteckt sie meinem Blicke
die heiteren Augen und das göttliche Antlitz.
Ist Euer Anblick auch milde,
so seid Ihr in Wirklichkeit doch grausam,
und geizig ist Euer Verhalten,
wenn Ihr auch höflich Euch gebärdet,
warum entzieht Ihr Euch mir dann?

Im 6. Madrigal *Fiamma ch'allaccia* wird die Geliebte als Flamme dargestellt, die einerseits entfesselt und andererseits wie eine festhaltende Handschelle empfunden wird. Die Sehnsucht nach einem mütterlichen Gehaltensein drückt sich in der Wunschphantasie aus: »wärst du doch wenigstens ein Netz, das fest mich schließt an meiner Herrin Busen«.

> Flamme, die entfesselt und Fessel
> bist du, die zündet, o teure,
> süße Kette der Liebe, geschätzt und selten,
> die mein Herz verbrennend um mich den Arm legt.
> Wärst du doch wenigstens ein Netz,
> das fest mich schließt an meiner Herrin Busen,
> dann sähe ich von allen Seiten den Himmel,
> schöner als Venus und kühner als Mars.

Für den Säugling ist das wichtigste Anliegen, die Gefühle der Mutter zu ergründen, die sie ihm gegenüber hegt. Ist sie mir gut oder ist sie mir böse gesonnen? So versucht das Ich im 7. Madrigal *Sospir che del bel petto* aus dem Klang des Seufzers, »der dem schönen Busen meiner Herrin entweicht«, zu ergründen, ob es Liebe ist oder nicht. Wenn es keine Liebe ist, so würde das den Tod bedeuten.

> Seufzer, der du dem schönen Busen
> meiner Herrin entweichst,
> sag mir, was macht dies Herz?
> Wahrt es die alte Neigung?
> Oder bist du womöglich Bote einer neuen Liebe?
> Ach nein, eher sei
> mein Tod von ihr herbeigeseufzt.

Das erzählende Ich verzweifelt am Sinn seiner inneren Dialoge im 8. Madrigal *Alma afflitta che fai* und fragt sich, ob es nicht unsinnig ist, »mit der Seele zu reden, die nicht mehr bei mir ist«. Es mag ein Zweifeln sein am Sinn des Erinnerns an jene frühe Mutter, die sich damals viel zu früh von ihm abwandte. Kann ein Erinnern helfen oder schafft es nur Leiden?

> Arme Seele, was tust du?
> Wer gibt dir neues Leben,
> da doch die, der ich lebte, heute gegangen ist?

Ach, ich bin wohl verrückt und blind,
mit der Seele zu reden, die nicht mehr bei mir ist.

Das reflektierende Sinnieren der letzten beiden Verse verwandelt sich im 9. Madrigal *Di marmo siete* in eine zornige Anklage: »Aus Marmor seid Ihr, Herrin«. Er wirft ihr Hochmut vor und trifft die bittere Feststellung: »ich bin treu und Ihr seid hart«.

Aus Marmor seid Ihr,
Herrin, für Amors Schläge, für meine Tränen,
und aus Marmor bin ich
für Euern Hochmut und Euer Quälen.
Aus Liebe von Natur aus
bin ich treu und Ihr hart;
beide sind wir Steine und beide sind wir Fels,
ich aus Treue, Ihr aus Stolz.

Die Anklage steigert sich im 10. Madrigal *D'orrida selce* zu neuen Bildern, die die Härte und Gefühlskälte der Partnerin versinnbildlichen sollen. Wie ein »grausiger Fels der Alpen« bzw. wie eine »hyrkanische Tigerin« erscheint sie ihm. Doch beides ist gleich schlimm: »Ob du nun Tigrin bist, ob Fels, ich Armer, in dem Busen des wilden Tiers hast du ein Herz aus Stein.«

Grausiger Fels der Alpen
hat dich, Herrin, geboren,
und von den hyrkanischen Tigern wardst du gesäugt.
So unerbittlich bist du,
so hart gegen all mein Flehen.
Ob du nun Tigrin bist, ob Fels, ich Armer,
in dem Busen des wilden Tiers hast du ein Herz aus Stein.

Mit der »schönen Hand« und den »schönen Augen« werden im 11. Madrigal *Fuggi fuggi o mio core* ein weiteres Mal die für den Säugling wichtigsten Körperteile der Mutter benannt. Doch der Ich-Erzähler beklagt bitter, dass die Hände von dieser Mutter nicht dazu verwendet werden, um liebevoll zu halten, sondern um »gefangen zu nehmen«, und die Augen werden nicht dazu verwendet, um liebevoll anzublicken, sondern um »zu verwunden«.

Fliehe, fliehe, o mein Herz.
Siehst du nicht die schöne Hand,
wie auch sie mit den schönen Augen verschworen ist,
um dich gefangen zu nehmen, um dich zu verwunden.
Aber ach, siehe, ein Seufzer, jener unselige Bote,
der aus dem Busen tritt und spricht:
Was soll die Flucht noch nützen,
er ist schon gefangen, und er muss sterben.

Die tiefe Verzweiflung bricht sich dann im 12. Madrigal *Cosi morir debb'io* erneut Bahn in Gestalt eines nahezu kindlichen Flehens nach elterlichem Schutz: »So muss ich denn sterben? Gibt es keinen, der mich hört oder mich beschützt?«

So muss ich denn sterben,
Gibt es keinen, der mich hört oder mich beschützt?
So bin ich von allen verlassen, beraubt
jeglicher Hoffnung und nur begleitet
von einem allerletzten unseligen und verhängnisvollen Erbarmen,
das mir nicht helfen kann.

Da keine Antwort erfolgt, scheint im 13. Madrigal *Io moro Ecco ch'io moro* der Tod unausweichlich. Wie soll ein Säugling auch ohne liebevolle Mutter am Leben bleiben können? Er erbittet sich noch einen letzten Kuss von seiner »Feindin«.

Ich sterbe, siehe, nun sterb' ich,
meine schöne Feindin, genug
hab ich dich beleidigt,
denn allzu hoch wagte ich mein Sehnen zu erheben.
Um Vergebung bitte ich dich; als Pfand
ersehne ich ein Friedenszeichen.
Bei diesem letzten, so schmerzlichen Scheiden,
will ich nicht ohne deinen Kuss aus dem Leben gehen.

Die Vision eines Kusses erscheint den Lebensgeist in seinem Inneren noch einmal belebt zu haben: »Kehrt wieder, o teure Küsse, führt mich zurück ins Leben« ruft er im 14. Madrigal *Tornate o cari baci* seiner Geliebten entgegen.

Kehrt wieder, o teure Küsse,
führt mich zurück ins Leben,
Küsse, die ihr für mein ausgehungertes Herz
eine willkommene Speise seid,
ihr, voll der bitteren Süße
nach euch zu schmachten ist mir teuer,
mit eurem Nektar,
der zugleich Gift ist,
weidet meine hungrigen Sehnsüchte,
Küsse, bei denen ich sogar die Seufzer als süß empfinde.

Doch im 15. Madrigal *Feriteui ferite* beginnt er bereits an der Erfüllung seines Wunsches nach Küssen zu zweifeln und schildert die in ihm sich ausbreitende Hoffnungslosigkeit.

Verwundet euch, verletzt,
ihr bissigen Vipern,
süße entbrannte Kriegerinnen
der Wonne und der Liebe, ihr wissenden Münder,
beschießt euch nur mit Pfeilen, werft brennend
eure spitzen Waffen.
Aber die Tode sollen Leben sein,
die Kriege seien Frieden,
Pfeile sollen die Zungen sein
und Wunden die Küsse.

Das lyrische Ich ergibt sich im folgenden 16. Madrigal *Giunto è pur Lidia* in sein Schicksal und beginnt sich mit dem Tod als neuem Begleiter vertraut zu machen. Die erlebte existenzielle Abhängigkeit zu seiner Geliebten (Mutter) bringt er in der letzten Zeile noch ein letztes Mal eindringlich zum Ausdruck: »denn, wenn ich dich lasse, lasse ich das Leben!«.

Nun ist gekommen, Lydia, mein,
ich weiß nicht, was ich sagen soll,
Abschied oder mein Tod.
Ach, wohl kann ich sagen,
dass der Tod ein Abschied ist,
denn, wenn ich dich lasse, lasse ich das Leben.

Zu guter Letzt vertraut er sich wiederum dem Trost der Wälder an, jenem Sinnbild für das positive, bergende Mütterliche, von dem er sich hier im 17. Madrigal *Dunque à Dio Care selue* verabschiedet: »Lebet wohl denn, geliebte Wälder«. Damit ist das Ende der emotionalen Entwicklung erreicht. Da das dyadische Interagieren mit der »schönen Mutter der Blumen« nicht von Liebe getragen war, ist dieses Leben für den Säugling nicht zu meistern, sondern nur eine Rückkehr in den tödlichen Mutterschoß der Erde die unausweichliche Folge.

> Lebet wohl denn, geliebte Wälder,
> meine geliebten Wälder lebet wohl,
> empfanget diese letzten Seufzer,
> bis, erlöst von des grimmen Unrechts Dolchstoß,
> mein kalter Schatten
> in eure geliebten Schatten zurückkehrt,
> weil er in der schmerzlichen Hölle
> nicht unschuldig wandeln kann,
> verzweifelt und qualvoll.

Das abschließende 18. Madrigal *Vasto Mar* ist gleichsam ein Epilog (der Text stammt vermutlich von Schütz selbst). In dem Bild des weiten Meeres, »in dessen Busen einträchtige Winde sanfte Harmonien bilden« wird auf einer phylogenetisch früheren Ebene das Bild einer guten Ur-Mutter aufgerufen, woran sich ein untertänigster Dank an den guten mütterlich-väterlichen Gönner und Landesherrn Moritz von Hessen anschließt.

> Weites Meer, in dessen Busen
> einträchtige Winde sanfte Harmonien
> aus Hoheit und Tugend bilden,
> diese demütigen Klänge
> bringt Dir meine Muse dar.
> Du, großer Moritz, mögest ihnen gewogen sein
> und auf diese Weise einen rauen Gesang wohlklingend machen.

Die in diesem Madrigal verwendete Doppelchörigkeit wird für Schütz zu einem sein Leben rahmendes Thema werden. Sie beschließt nicht nur hier sein Opus 1, sondern wird sein gesamtes musikalische Lebenswerk durchziehen und auch beenden. Auch sein *opus ultimum* wird ein doppelchöriges Werk sein, allerdings nicht in italienischer, sondern dann in deutscher Sprache, in Schützens Muttersprache.

Textlich hat Schütz in seiner Madrigalsammlung dem zentralen Thema der Gattung »Madrigal« Genüge getan und das schmerzliche Leiden an einer kalten und abweisenden »Mutter der Blumen« in ausdrucksstarken poetischen Texten von Guarini und Marino geschildert. Allein dadurch, dass die Augen der Mutter nicht liebevoll anblicken und die Hände nicht fürsorglich halten, wird der Protagonist von Verlassenheitsgefühlen und Verlusterfahrungen überflutet, die er als lebensbedrohlich und existenzvernichtend erlebt. In Text und Musik dieser Madrigale spiegeln sich also sehr eindrücklich jene »archaischen Qualen« wieder, die der Psychotherapeut Winnicott (1965) dem Erleben des Säuglings zuschreibt, der aufgrund seines schwachen und unreifen Ichs ständig »am Rand unvorstellbarer Angst steht«, sofern die Anwesenheit und Fürsorge der Mutter nicht genügend gut ist. Die kleinianische Psychotherapeutin Joan Riviere gibt uns eine anschauliche Beschreibung dieser qualvollen Erfahrung:

> »Wenn das Baby friert, hungrig oder einsam ist in seiner Welt ohne Milch, ohne Wohlbehagen oder Lust, so sind alle wertvollen Dinge im Leben verschwunden. Und wenn es von Verlangen oder Wut gequält wird, von unbezähmbarem, erstickendem Geschrei und schmerzlichen, brennenden Entleerungen, dann besteht seine Welt nur noch aus Leiden; auch sie ist wundgeätzt, zerrissen und zerschunden, eine Situation, die wir alle als Säugling erlebt haben und deren seelische Folgen für unser Leben ungeheuer sind. Sie ist unsere erste Erfahrung von etwas dem Tode Ähnlichem, die Erkenntnis von etwas *Nicht*-Existierendem, eines niederschmetternden Verlustes (...) Gleichzeitig und unauflöslich mit ihnen verbunden stellen sich, im Innern wie im Äußern unkontrollierbare Gefühle von *Schmerz und drohender Vernichtung* ein« (Klein/Riviere 1937, S. 16f.).

Dieses Zitat macht die große Affinität und Übereinstimmung des Leidens des Ich-Erzählers in Schützens Madrigalen mit den archaischen Qualen des Säuglings noch einmal eindrucksvoll deutlich. Diese Parallelität ist so frappant und eindeutig, dass sie dazu berechtigt, von der Wiederkehr frühkindlicher Leiderfahrungen mit der Mutter in den Madrigalen zu sprechen.

Im Anschluss an das eingefügte Zitat macht Joan Riviere deutlich, was beim Säugling auf diese Leiderfahrungen in seinem Inneren geschieht:

»Dann setzt eine automatische Reaktion ein, die rasch übermächtig und unbeherrschbar wird, eine aggressive Wut, in deren Gefolge quälende und aufbrausende, brennende, würgende, erstickende Körperempfindungen auftreten (Klein/Riviere 1937, S. 16f.).

Bemerkenswert ist, dass wir in den Madrigalen von diesen heftigen aggressiven Gefühlen nahezu nichts erfahren. Sie bleiben unausgedrückt. Das ist insofern bemerkenswert, als diese Affekte in Werken der spätern Musikgeschichte, z. B. in der Klassik in Glucks Oper »Orpheus und Eurydike«, sehr wohl einen Ausdruck erfahren. Es sind dort die Furien, die die aggressive Wut des Säuglings symbolisieren und musikalisch erlebbar machen. Dass die Madrigalkomponisten es bei einem depressiven Klagen des Protagonisten belassen, mag darauf hindeuten, dass das Ich der Menschen der Renaissance und des Frühbarock noch nicht jene Stärke aufweist, um sich diesen heftigen und spannungsgeladenen Gefühlen auszusetzen.

Monteverdi wird der erste Komponist in der Musikgeschichte sein, der sich den aggressiven Gefühlen zuwendet und sie musikalisch zum Ausdruck bringt. Wir werden darauf zu sprechen kommen.

Für die Schützschen Madrigale wie für die Madrigale allgemein bleibt festzuhalten, dass sich in ihnen das frühkindliche Erleben in der Mutter-Kind-Dyade in bemerkenswerter Weise abbildet. Bereits die Herkunft des Wortes Madrigal, noch mehr jedoch die homophonen Klangflächen als Ausdruck des primären Einsseins und die polyphonen Imitationen als Ausdruck des mütterlichen Spiegelns und Echogebens haben uns auf einer verborgenen Sinnebene das Madrigal als eine idealisierende Wiederbelebung des mütterlichen Klangsprechens aus der Zeit der Mutter-Kind-Dyade erleben lassen.

Die existenziell bedrohlichen Erfahrungen mit einer nicht genügend guten Mutter werden im Text zum Ausdruck gebracht, während die Musik sich überwiegend als eine liebevoll umarmende und gefühlvoll spiegelnde Mutter anbietet, indem sie jene harmonischen Schmelzklänge und jene differenzierten Gefühlsimitationen präsentiert, die sich wie eine heilende Salbe auf die verletzten und vernachlässigten Seelen der damaligen Hörer gelegt haben werden.

Die Musiker und Musikliebhaber waren vermutlich deshalb nahezu ein ganzes Jahrhundert lang von dieser gefühlvollen Musikgattung so fasziniert und begeistert, weil die Madrigale ihnen wie ein liebevolles mütterliches Klangsprechen erschienen sind, das ihnen all das an feinfühliger Zuwendung lieferte, das sie in ihrer Kindheit so schmerzlich vermissen mussten.

6.6. Schützens Opus 1: ein Gesellenstück oder ein Meisterwerk?

Schütz war ordentlich stolz auf sein Werk. Noch in seinen späteren autobiographischen Erinnerungen kommt er darauf zu sprechen, dass dieses Opus 1 mit einem hohen Lob der »damahls fürnehmbsten Musicorum zu Venedig« bedacht worden ist. Er sei nicht nur von Giovanni Gabrieli, sondern auch von etlichen anderen in Venedig maßgeblichen Musikern »daselbst vermahnet und angefrischet worden«, das Studium der Musik fortzusetzen, weil man der Ansicht war, dass Schütz noch Großes zu leisten in der Lage wäre.

Die 18 Madrigale sind klangvoll, äußerst lebendig und ganz im Sinne einer Madrigalkomposition expressiv in ihrer Wortausdeutung. Ohne Zweifel beweist hier Schütz ein hohes handwerkliches Können. Während der Schützbiograph Alfred Einstein (1931, S. 21) sich überaus lobend über Schützens Opus 1 äußert und die Meinung vertritt, dass es »kaum ein kühneres, weniger schulmäßiges, charakteristischeres Werk von Schütz« gibt und es »tiefer als alles Italienische« ist, fallen die sonstigen Beurteilungen doch eher verhalten aus. So lesen wir etwa bei Heinemann:

> »Schütz' Madrigale weisen kaum mehr als die für die Gattung und Zeit typischen Merkmale auf. Das, was man das Metier nennen könnte, beherrscht er zweifellos. Madrigalismen, musikalische Wendungen, die einzelne Worte illustrieren, finden sich an üblichen Stellen. Schnelle Bewegungen zu den Verben ›ridere‹ (lachen), ›fuggire‹ (fliehen …); kurzphrasige Motive zum Wort ›sospir‹ (Hauch), Koloraturen über ›gioia‹ (Freude) und vieles mehr sind unmittelbar eingängig, ebenso die teilweise scharfen Dissonanzen auf Worten wie ›morire‹ (sterben), ›crudel‹ (grausam) und umgekehrt harmonische Wohlklänge zu positiv besetzten Begriffen (›primavera‹, Frühling)« (Heinemann 1994, S. 23f.).

Dass in diesem Opus 1 sich ein großes kompositorisches Talent zu erkennen gibt, ist m. E. wohl weniger an der Anwendung raffinierter Ausdrucksformen abzulesen als vielmehr daran, dass es Schütz gelingt, den Hörer emotional anzurühren. Wer Schützens Madrigalen aufmerksam zuhört, wird in die Identifikation mit dem verzweifelten Erzähler hineingezogen und verspürt dessen seelische Nöte im eigenen Inneren. Schützens Madrigale sind also nicht nur technisch gut, sie vermögen auch emotional zu bewegen. Insofern fällt die Einschätzung von Heinemann wohl doch etwas zu nüchtern und abschätzig aus. Schütz bietet mehr als nur technisches Können an.

Moser (1936) steht diesem Werk etwas wohlwollender gegenüber, indem er über die Benotung ›handwerklich gut‹ hinaus geht und auf eine »große rhythmische Vielfältigkeit«, eine »Inbrunst und Überschwang des Ausdrucks« sowie eine »fantasiereiche Vorliebe für unvorbereitete Überraschungen« in Schützens *Italienischen Madrigalen* hinweist und dies an zahlreichen Notenbeispielen verdeutlicht.

Man vermag die große Emotionalität in dieser Musik am besten zu erspüren, wenn man einmal die Madrigalvertonungen anderer Gabrieli-Schüler zum Vergleich heranzieht, etwa die seines deutschen Kollegen Johann Grabbe. Grabbes Madrigale wirken über weite Strecken ausgesprochen konstruiert und muten wie eine patchworkartige Aneinanderreihung von klanglichen Figuren und Effekten an. Was ihnen fehlt, ist jener organisch sich entfaltende seelische Gefühlsbogen, der in Schützens italienischen Madrigalen zu finden ist. Schützens Madrigale sind vielleicht vom Melodiösen nicht so prägnant, dass man sie in Erinnerung behält, etwa im Vergleich zu Monteverdis »Lasciatemi morire«, das man nie wieder vergisst, wenn man es einmal gehört hat. Aber sie sind mehr als nur kompositionstechnische Probestücke. Sie sind eine gefühlvolle Musik, der man auf Grund ihrer Qualität eines seelenvollen feinfühligen Klangsprechens bewegt zuhört.

Und trotzdem ist es eine Tatsache, dass Schützens italienische Madrigale keinen Platz in der Ruhmeshalle der Madrigale gefunden haben. Wenn wir nach Gründen dafür suchen, müssen wir uns vergegenwärtigen, dass wir uns musikgeschichtlich in der Spätzeit des Madrigals befinden, in der diese Musikgattung durch eine übersteigerte Ausdruckbildung durch Chromatik, Dissonanzenbildung und Virtuosität bereits an einer Überfrachtung zu leiden begann. Schütz verwendet in seinem Erstlingswerk durchaus moderne Stilmittel. Anklänge an Monteverdis erregten »stile concitato« finden wir ebenso – z.B. in »Fereteui ferite« (Nr. 15) – wie die außerhalb jeglicher Regeln befindliche Dissonanzenbehandlung eines Carlo Gesualdo da Venosa, etwa bei den Worten »O dolcezze amarissime« (Nr. 1) oder bei »le Tigre ircane« (Nr. 10) oder »funesta pieta« (Nr. 12). Schütz wird vermutlich Madrigale von Gesualdo gekannt haben, da bereits seit 1596 vier von Gesualdos Madrigalbüchern gedruckt zur Verfügung standen.

Schützens Madrigale zeichnen sich dadurch aus, dass sie jugendlich frisch, ja teilweise geradezu ungestüm wirken. Sie verlassen damit die für das Madrigal charakteristische lyrische Stimmungslage und greifen jene Zeitströmung auf, die nach einem dramatischen Gefühlsausdruck strebte.

Man könnte seine Madrigale als lyrisch-dramatisch charakterisieren. Aber es stellt sich natürlich die Frage, ob das Madrigal das geeignete Genre ist, das sich zur Dramatisierung anbietet.

Konrad Küster bescheinigt Schütz, mit seinen Madrigalen satztechnisch durchaus auf der Höhe der Zeit zu stehen: »Er bewegt sich mit den gewählten Satzprinzipien exakt im Rahmen des Üblichen« (Küster 2004, S. 78). Aber man darf nicht vergessen: Um das Jahr 1610 befand sich die Gattung des Madrigals bereits im Abschwung. Das Genre hatte sich nahezu erschöpft, seine wahre Aufgabe war erfüllt. Monteverdi ist in dieser Zeit bereits zum Solokonzert und vor allem zum rezitativisch-dramatischen Opern-Gesang übergegangen. So mag Schütz zwar satztechnisch auf der Höhe der Zeit gewesen sein, nur hatte er sich einer Gattung zugewandt, die musikgeschichtlich ihren Höhepunkt bereits überschritten hatte. Das ist vermutlich der Grund dafür, dass Schütz in der Genealogie der namhaften Madrigalkomponisten keine Aufnahme mehr gefunden hat.

Aber es gibt m.E. noch einen anderen Grund dafür, dass die Schützschen Madrigale nicht jene Bedeutsamkeit erlangt haben und nicht jene Ausstrahlungskraft aufweisen wie seine späteren Werke. Dieser Grund ist nicht auf einer musikalischen sondern auf einer psychologischen Ebene zu suchen: Für Schütz hat nach meinem Dafürhalten der Dialogpartner nicht gestimmt. Die »Schöne Mutter der Blumen«, oder psychologisch gewendet, die vollkommene Mutter der frühkindlichen Mutter-Kind-Matrix, ist nicht diejenige Partnerin, mit der Schütz sich in seinem Inneren im Dialog befand und an der sich seine musikalische Mission entzünden konnte. Schütz musste hier eine Fremdeinfühlung in eine entwicklungspsychologische Konstellation vornehmen, die nicht genuin der Wirklichkeit seiner unbewussten Psyche entsprach. Schütz befand sich in seinem Inneren mit einem anderen Partner in einem kommunikativen Dialog, einem Partner allerdings, den er zu dieser Zeit vermutlich selber noch nicht kannte.

7. Die doppelchörige Motette: Handlungsdialoge und Größenphantasien

Bei den musikinteressierten Menschen des 16. Jahrhunderts gab es ein deutliches Gefühl dafür, dass mit Adrian Willaert, der von 1527 bis zu seinem Tode im Jahre 1562 Kapellmeister an *San Marco* in Venedig war, etwas aufregend Neuartiges begonnen hatte. Bei der Beschreibung dieses Neuartigen wies man in der Regel auf die emotionale Ausdruckskraft seiner Musik, speziell seiner Madrigale hin. Doch Willaert war im Grunde seines Herzens ein Komponist geistlicher Musik, was bereits am zahlenmäßigen Verhältnis von 65 Madrigalen zu 350 Motetten abzulesen ist, die sein musikalisches Lebenswerk ausmachen. So war zu erwarten, dass sich nicht nur in seinen Madrigalen, sondern auch in seinen Motetten etwas von diesem neuen Geist ausdrücken würde.

Das Neuartige an der Musik Willaerts ist aus psychologischer Sicht zunächst einmal darin zu erblicken, dass sich in ihr der atmosphärische Raumwechsel vom göttlichen Allraum der mittelalterlichen Musik zum mütterlichen Nahraum vollzieht, mit dem ein signifikanter Gefühlswechsel einhergeht von überpersönlich-kosmischen Gefühlen gegenüber einem fernen Gott hin zu einer liebevollen und warmherzigen menschlichen Bezogenheit. Diese neuartige Gefühlsqualität ist in Willaerts Musik angelegt und in seinen Motetten hörbar. Diese neuen Affekte lassen sich fraglos musikalisch noch expressiver ausdrücken als Willaert das vermocht hat. Seine Nachfolger am Markusdom werden dies klangvoll unter Beweis stellen. Aber Willaert markiert den Beginn dieses atmosphärischen Wechsels von einer transzendenten zu einer menschlichen Bezogenheit in der Musik, der sich u.a. in einer veränderten chorischen Musizierpraxis manifestierte.

7.1. Das Dialogisieren von zwei räumlich getrennten Klangkörpern

Willaert kommt als einer der Ersten auf die Idee, seine *capella di cantori* in zwei Klangkörper aufzuteilen. Die *Basilica di San Marco* bot sich dazu in gewisser Weise an, da sie über zwei gegenüberliegende Orgelemporen verfügt, auf die man die aufgeteilten Chöre postieren konnte. Willart verwendete diese »zerstückelten Chöre« (»cori spezzati«) bei den antiphonalen Messgesängen. Bis dahin war üblich, dass die Chöre im Vortrag der Psalmvertonungen je Vers miteinander abwechselten. Doch Willaert lässt die (Teil-)Chöre mitten in einem Psalmvers wechseln, der zweite Chor setzt also bereits ein, bevor der erste fertig ist. Außerdem vereinen sich am Ende (manchmal auch schon in der Mitte) beide Chöre zu einem gemeinsamen Gesang, d.h. aus der Unverbundenheit antiphonalen Singens entwickelt sich bei Willart ein interaktives Verhältnis zweier getrennter Klangkörper. Diese singen nicht mehr unbezogen nebeneinander her oder nacheinander, sondern beginnen aufeinander zu reagieren.

Diese kaum merklichen Neuerungen, die unscheinbar und minimal erscheinen, sind in Wirklichkeit signifikante Quantensprünge, die einen epochalen Stilwandel in der Musikgeschichte einleiten. Musik entfernt sich an diesem Punkt von der objektivierenden Darstellung einer göttlichen Ordnung hin zum Ausdruck zwischenmenschlichen Interagierens. Ein Rückbezug auf die frühe Mutter-Kind-Matrix ist auch hier evident, was aus den psycho-ästhetischen Charakteristika dieser interaktiven Bezogenheit erkennbar wird, auf die ich im Folgenden näher eingehen möchte.

Da gibt es zunächst einmal eine sehr bildliche Entsprechung zur frühen Mutter-Kind-Dyade.

Es mag einigen Lesern vielleicht recht konkretistisch erscheinen, wenn ich darauf hinweise, dass mit der leiblichen Geburt auch in der Beziehung von Mutter und Kind eine Aufteilung eines ursprünglich ganzheitlichen (Klang-)Körpers in zwei getrennte Klangkörper geschieht. Diese Parallelität macht aber deutlich, wie viel an symbolischer, ja an konkret sinnlicher Abbildfunktion dieser Aufteilung in zwei getrennt voneinander agierende Chorgruppen zukommt. Die Auflösung der chorischen Ganzheit in zwei getrennt voneinander aufgestellten Entitäten, die nunmehr aus einer räumlichen Distanz heraus in einen interaktiven Dialog miteinander treten, erfüllt alle Bedingungen, um als ein sinnfälliges Abbild der frühen Mutter-Kind-Matrix zu fungieren.

Die doppelchörige Motette weist interessanterweise auf ein Erleben hin, das in der Säuglingsforschung m. E. noch zu wenig Beachtung gefunden hat, nämlich auf das Erleben der räumlichen Trennung und der räumlichen Distanz zur Mutter. Als Fötus hat der Mensch ausschließlich die fusionäre Einheit erlebt. Zwischen dem eigenen und dem Körper der Mutter bestand kein Zwischenraum und keine Distanz. Bis zur Geburt war ein Erleben des Einsseins bzw. des Enthaltenseins als etwas Kleines in einem Größeren vorherrschend. Dieses Erleben von Einheit erfährt nun mit der Geburt ein jähes Ende. Die wohlige körperliche Einheit ist zerrissen, an ihre Stelle ist räumliche Distanz getreten. Wie zum Glück gilt diese Erfahrung nur für den körperlichen Bereich. Im seelischen Erleben überdauert das Einssein noch eine Zeit lang. Erst mit der Konstituierung des individuellen Selbst wird dann auch auf der psychischen Ebene die Getrenntheit zur Kenntnis genommen und anerkannt. Diesen Punkt bezeichnet man allgemein als die psychische Geburt, bei der das Kleinkind sich selbst als ein von der Mutter getrenntes menschliches Wesen entdeckt.

Schauen wir vor diesem Hintergrund noch einmal auf die doppelchörige Motette, so drängt sich der Eindruck auf, dass sie genau diese Erlebniswelt abbildet, in der die körperliche Trennung bereits erfolgt ist, im Psychischen jedoch die Einheit noch überdauert. Indem sich der Chor in zwei Klangkörper aufgeteilt hat, ist auf einer physischen Ebene eine Teilung herbeigeführt worden, die jedoch durch verschiedenste Techniken der »Überwölbung« (Reitter 1937), z.B. durch überlappendes Singen oder durch eine gemeinsame Klangfläche immer wieder aufgehoben und in eine verschmelzende Einheit überführt wird. So ist die doppelchörige Motette im Grunde ein ausdrucksvolles klangliches Symbol des zweigespaltenen frühkindlichen Fühlens in den ersten Lebensmonaten, in der Zeitspanne zwischen der erfolgten physischen Geburt und der noch ausstehenden psychischen Geburt.

Doppelchörige Motetten werden heutzutage meistens aus dem Gesamtchor heraus gesungen. Das kann als ein Beleg dafür angesehen werden, dass uns die Sensibilität für dieses umwälzende Ereignis am Beginn unseres Lebens verloren gegangen ist, bzw. wir keinen Wert darauf legen, dieses dramatische Erlebnis räumlicher Distanzierung von der Mutter der Fötalzeit zur Darstellung zu bringen. Das war im Frühbarock noch ganz anders. Schütz hat seine mehrchörigen Werke stets mit getrennter räumlicher Positionierung der Chöre aufgeführt. Abbildungen belegen dies. In der Widmung zu seinem zweichörigen *Deutschen Magnificat* (SWV 494) von 1671 wünscht Schütz, das Werk möge »auf denen beyden über dem Altar, beyden einander gegenüber erbaueten zwey schönen Musikalischen Choren [Emporen] (…) abgesungen werden.« Und in den *Musikalischen Exequien* (1636) fordert er, dass bei der abschließenden doppelchörigen Mottette (»Herr, nun lässest du deinen Diener in Frieden fahren«) Chor I »allernächst bei der Orgel« und der Chor II »in die Ferne« gestellt werden solle und fügt hinzu: »je nach Gelegenheit der Kirchen kann dieser Chorus (secundus) nicht nur an einem, sondern an mehreren unterschiedenen Orten aufgestellt werden und so den Effekt des Werkes nicht wenig vermehren.«

Wenn wir den musikalisch-psychologischen Gehalt der doppelchörigen Motette voll ausschöpfen wollen, gehört dazu, dass wir auch den räumlichen Aspekt ernst nehmen und ihn in der räumlichen Positionierung der ausführenden Klangkörper zur Geltung bringen. In vorbildlicher Weise erleben wir dies bei Nikolaus Harnoncourt. Als Experte für Alte Musik hat Harnoncourt intensive aufführungspraktische Überlegungen angestellt, wie man beim Musizieren von barocken *Concerti grossi* das klein besetzte Concertino postieren sollte, ob innerhalb oder außerhalb des Orchesters. Er ist in seinen Überlegungen zu folgendem Ergebnis gelangt:

> »Wenn nämlich das Concertino (das Soloterzett) von den ersten Spielern innerhalb des Orchesters gespielt wird – wie leider heute sehr häufig – verlieren viele, in der Partitur deutlich erkennbare, also vom Komponisten gewünschte Effekte jeglichen Sinn (...)
> Es wird aber als dialogische Reaktion auf das Tutti verstanden, wenn sich das Concertino an einer anderen Stelle befindet (...). Aber auch das normale Wechselspiel zwischen Ripieno und Concertino braucht den räumlichen Abstand.
> Wir haben bei Konzertaufführungen verschiedene Aufstellungen ausprobiert und kamen zum Ergebnis, dass alle von der Komposition her geforderten Wirkungen am deutlichsten zur Geltung kommen, wenn das Concertino – mit einem eigenen Continuoinstrument – rechts hinten platziert ist; also sowohl seitlich versetzt als auch weiter entfernt als das Ripieno.
> Dadurch wurde einerseits der Dialog Continuo-Ripieno sehr deutlich, andererseits wurden Klangspiele (...) erst sinnvoll darstellbar. Außerdem bekamen auch jene Sätze, in denen Concertino und Ripieno gemeinsam spielen, ein sehr überzeugend eigenartiges Kolorit, weil der gesamte Klangapparat von den Continuoinstrumenten sozusagen umfasst wurde, und weil die Oberstimme nicht wie üblich nur von links zu hören war, sondern zugleich auch von weit rechts hinten. Dadurch entstand eine eigenartige Raum-Klangwirkung« (Harnoncourt 1982, S. 232).

Die »eigenartige Raum-Klangwirkung«, von der Harnoncourt mit Staunen berichtet, entspricht vermutlich jenem Erleben, das für das Neugeborene nach der Abnabelung von der Mutter charakteristisch ist und das das Kind dazu antreibt, nun neue Formen des Kontaktes und des Dialogisierens mit der räumlich in Distanz getretenen Mutter zu suchen. Die Affinität zur Mutter-Kind-Dyade ist erstaunlich: Wenn man im gerade angeführten Zitat die Begriffe »Ripieno« durch »Mutter« und »Concertino« durch »Kleinkind« ersetzt, so behält der Text durchaus seine volle Sinnhaftigkeit.

Ich habe dem Ereignis der Teilung des Klangkörpers in der doppelchörigen Motette etwas mehr Raum gegeben, um ihre ungeheure Bedeutung herauszustellen. Diese Bedeutung ist nicht nur eine musikpraktische, sondern vor allem eine psychologische. Die geistliche Musik wird an diesem Punkt zu einem augenfälligen und überzeugenden Abbild des kindlichen Erlebens im Übergangszeitraum zwischen physischer und psychischer Geburt.

Wie signifikant diese leibliche Trennung in zwei Klangkörper die Musikgeschichte bestimmt hat, wird daran deutlich, dass die »Geburt des Teilchores« nicht nur für das doppelchörige Singen, sondern auch für das barocke Concerto-Prinzip zur Grundlage geworden ist. Dazu Engel:

> »Das Concerto grosso, oft nur Concerto genannt, geht zurück auf die Aufführungspraxis der Chor- und Orchesterteilung im 16. Jahrhundert. Die Teilung des Klangkörpers beginnt mit den Anfängen der Doppelchörigkeit in der Kunstmusik seit mindestens 1500, sie ist entwickelt in den Dialog- und Echokompositionen seit ca. 1550« (Engel 1952, Sp. 1604).

Nach der Geburt stehen Säugling und Mutter vor der Aufgabe, aus der neu entstandenen Distanz heraus Formen des Kontaktes und der Kommunikation zu entwickeln. Die Affektspiegelung und das Herstellen einer emotionalen Gefühlsverbundenheit haben wir im Zusammenhang mit dem Madrigal bereits benannt. In der doppelchörigen Motette begegnet uns noch eine weitere Form des Austausches, das ist – in der Sprache der Säuglingsforscher – der Handlungsdialog.

7.2. Handlungsdialoge und barockes Dialogprinzip

Momente des Glücks werden in der frühen Kindheit vor allem durch ein liebevolles und gut aufeinander abgestimmtes interaktives Wechselspiel von Bewegungen, Berührungen, Blicken, Lächeln und Vokalisierungen zwischen Mutter und Säugling erreicht. Dieser fein abgestimmte reziproke Austausch sorgt für die soziale Einbindung des Kleinkindes und vermittelt Gefühle der Geborgenheit, der Orientierung und des Vertrauens.

Nach Daniel Stern (1993) ist das Erleben des Säuglings im Wesentlichen durch zwei Modi bestimmt. Zum Einen erlebt er sich als ein »Selbst gegenüber dem Anderen« (»self versus other«). Doch dieses Gefühl von Eigenständigkeit und Eigenwirksamkeit ist noch sehr labil und bedarf kontinuierlicher Unterstützung und Bestätigung durch die Mutter. Folglich sucht der Säugling nichts sehnlicher, als mit dieser großartigen Mutter so oft und so intensiv als möglich zusammen zu sein, was die andere Erlebnisqualität kennzeichnet, die Stern als das »Selbst-zusammen-mit-dem-Anderen« (»self with other«) beschreibt. Diese beiden Erlebnisweisen sind gleichsam dialektisch miteinander verkoppelt: Das Erleben des »Selbst-gegenüber-dem-Anderen« entwickelt sich in dem Maße wie das »Selbst-zusammen-mit-dem-Anderen« verlässlich und harmonisch verläuft. Es gibt also in dieser frühen Mutter-Kind-Matrix ein Oszillieren zwischen dem »Selbst gegenüber dem Anderen« und dem »Selbst mit dem Anderen«.

Mit diesen beiden Chiffren haben wir, so glaube ich, ein nützliches Werkzeug in der Hand, das uns auch das musikalische Interagieren in der doppelchörigen Motette erschließt. Die Frische, Unbekümmertheit und in gewissem Sinne Naivität, mit der hier lustvoll interagiert wird, besitzt etwas von jener urtümlichen Qualität eines Oszillieren des Kleinkindes zwischen dem »Selbst gegenüber dem Anderen« und dem »Selbst zusammen mit dem Anderen«. Durch die räumliche Trennung von Hauptchor und Nebenchor, bzw. Tutti und Concertino wird das Erleben des »Selbst-gegenüber-dem-Anderen« zum Ausdruck gebracht, während im Antworten, Echogeben, aber auch in der Vereinigung beider Chöre zu einem gemeinsamen Tutti-Klangblock sich das »Zusammensein mit dem Anderen« realisiert.

In der Mutter-Kind-Matrix interagieren die beiden Partner entweder koaktiv, d.h. beide tun das Gleiche (z.B. in die Hände klatschen) oder alternierend, d.h. einer macht vor, der andere macht nach, wobei die zeitliche Aufeinanderfolge variieren kann: Der eine fängt an, nachdem der andere fertig ist, oder er beginnt bereits, bevor der andere zu Ende ist. Es kann also auch zu Überlappungen kommen.

Von derartigen fein aufeinander abgestimmten sozial-affektiven Handlungsdialogen lebt die doppelchörige Motette. Das Gegeneinander von hohen Stimmgruppen, die mit tiefen Stimmen in einen Dialog treten, hat etwas von jenem erfrischenden lustvollen Dialog, der sich zwischen Mutter und Säugling ereignet. Wir hören diese Musik nicht nur mit unseren erwachsenen Ohren, sondern das Kind in uns erfasst instinktiv diese Qualität und wird sich direkt angesprochen fühlen. Auch das kontrastierende aufeinander Antworten von kleiner solistisch besetzter Vokalgruppe (»Säugling«) und großem Instrumentalchor (»Mutter«) ist bestens dazu geeignet, in unserem unbewussten Erleben ein frühkindliches harmonisches Interagieren mit der Mutter in Resonanz zu versetzen.

Diese für die Mutter-Säugling-Dyade so spezifische Interaktionsform besitzt ganz offensichtlich nicht nur für das doppelchörige Singen, sondern für die gesamte Barockmusik eine hohe Bedeutung. Mit den fein aufeinander abgestimmten Handlungsdialogen ist ein ganz zentrales Prinzip barocken Musizierens präzise umschrieben, nämlich das barocke Dialogprinzip. Das Charakteristische dieses musikalischen Interagierens beinhaltet genau jenes Oszillieren zwischen dem »Selbst-gegenüber-dem-Anderen« und dem »Selbst-zusammen-mit-dem-Andern«.

Der Musikwissenschaftler Hans Heinrich Eggebrecht spricht bezüglich der Barockmusik interessanterweise vom »Gegeneinander im Miteinander«. Das barocke *Concertieren* ist für ihn

> »das Zusammenwirken mit gleichzeitigem Sichabheben, das Gegeneinander im Miteinander (…) das sinnlich wirkungsvolle Moment der Rollenverteilung, der ›aktionellen Harmonie‹« (Eggebrecht 1998, S. 325).

Der letztere Begriff der »aktionellen Harmonie« könnte mühelos in die Sprache der Säuglingsforschung integriert werden. Er ist gleichbedeutend mit dem, was die Säuglingsforscher eine »harmonische Verschränkung« bzw. »interaktionale Synchronizität« im wechselseitigen Interagieren zwischen Mutter und Kind nennen.

Interessante Aufschlüsse vermitteln uns auch hier die etymologischen Wurzeln des Begriffs *Concerto*. Im Jahre 1587 taucht mit dem Erscheinen der Sammlung *Concerti di Andrea et di Giovanni Gabrieli* dieser Begriff erstmalig auf. Bevor das »Concerto« im Spätbarock zu einer musikalischen Form wird, bedeutet es zunächst einmal nichts anderes als eine Musizierpraxis, die in solch einem interaktiven Dialog zwischen zwei getrennten Klangkörpern besteht. Der Gattungsbegriff »Concerto« leitet sich jedoch nicht, wie noch Michael Prätorius in seinem »Syntagma musicum« annahm, vom lateinischen »Concertare« = »streiten«, sondern vielmehr vom Verb »conserere« (Partizip Perfekt: »consertum«) her, was soviel bedeutet, wie »zusammenfügen, zusammensetzen, verbinden« oder auch »mit etwas übereinstimmen«, »miteinander übereinkommen«. Am deutlichsten ist dieser etymologische Zusammenhang im englischen »Consort« enthalten, was mit »Zusammensein« übersetzt werden kann. Häufig gebrauchte man das Wort »concerto« auch im Sinne von »Ensemble«, was die gleiche Bedeutung besitzt. So benannte man z.B. das bereits erwähnte Damen-Gesangstrio am Hofe des Herzogs von Ferrara »Concerto delle Dame«, aber auch andere im 17. Jahrhundert in Italien herumziehenden Spielvereinigungen gaben sich den Titel »Concerto«.

Also sowohl im »Concerto«, im »Consort« und im »Ensemble« liegt die Betonung auf dem Zusammensein. So wurde die damalige Lust der Musiker am *Concertieren* mit hoher Wahrscheinlichkeit auch von der frühkindlichen Lust des in ihrem Inneren lebendigen »Selbst-zusammen-mit-dem-Anderen« gespeist.

Es hat Versuche gegeben, das »Concerto grosso« mit dem Namen »Gruppenkonzert« einzudeutschen. Diese Bezeichnung hat sich jedoch nicht durchgesetzt. Das ist nach dem hier Gesagten auch verständlich, denn es geht im »Concerto« psychologisch noch nicht um Gruppe, sondern um ein frühes dyadisches Dialogisieren in der Mutter-Kind-Matrix. Triade und Gruppe gehören entwicklungspsychologisch einer späteren Phase an.

Dass der Begriff des »Concerto« zuerst bei Giovanni Gabrieli auftaucht, mag ein Hinweis darauf sein, dass das besondere Verdienst dieses Meisters darin bestanden hat, dass sich das von den Menschen dieser Zeit gesuchte Gefühl einer harmonischen Verschränkung im Handlungsdialog mit der frühen Mutter – das sie womöglich in ihrer Kindheit zu wenig erfahren haben – in Gabrielis Musik am prägnantesten ausgedrückt hat.

7.3. Von Adrian Willaert zu Giovanni Gabrieli

Die interaktiven Bezogenheiten, speziell auch die Handlungsdialoge, sind in der Musik Adrian Willaerts noch recht zaghaft und erst ansatzweise erkennbar. Aber Willaert gehört unzweifelhaft zu denjenigen, die diese neue Entwicklung angestoßen haben. Er gilt deswegen zu Recht als Begründer der venezianischen Schule. Willaert hat die neue Richtung erahnt und erste Schritte eines Dialogisierens von zwei getrennten Klangkörpern unternommen. Die volle Ausschöpfung und Darstellung der in dieser neuen Bezogenheit schlummernden sozial-affektiven Potenz blieb allerdings seinen Nachfolgern vorbehalten. Hier ist zunächst einmal Andrea Gabrieli zu nennen, der im Jahre 1562 in das Amt des 1. Organisten an *San Marco* berufen wurde, bevor das noch größere Genie auf die venezianische Bühne trat, sein berühmter Neffe Giovanni Gabrieli.

Andrea Gabrieli (1520–1586) war ein vielseitiger Komponist, der in allen Musikgattungen zu Hause war und sowohl Madrigale wie Motetten, Messen und Konzerte schuf. Seine wichtigste Leistung bestand in der Weiterentwicklung des von Willaert initiierten mehrchörigen Stils. Die bis dahin gängige Praxis zweier gleich starker Chöre ersetzt A. Gabrieli durch verschieden starke und verschieden farbige Besetzungen. Dabei können ein hoher gegen einen tiefen Chor, ein Solisten-Quartett oder auch Einzelstimmen gegen einen vollbesetzten Hauptchor gesetzt werden. Zur weiteren Steigerung von Kontrast und Klangfarbe zieht er Instrumente mit hinzu, die entweder colla parte die Stimmen unterstützen oder auch an die Stelle eines Vokalchors treten können. Zu den auffallenden Neuerungen gegenüber der Willaertschen Musik gehören das rasche Alternieren der Chöre, vermehrte Echoeffekte, wechselnde Klangkombinationen und eine freiere Dissonanzbehandlung.

Dass auch Heinrich Schütz Andrea Gabrielis Musik gekannt und geschätzt hat, davon legt die nahezu unveränderte Übernahme von dessen Motette »Angelus ad Pastores« in deutscher Übersetzung in seine Motettensammlung *Geistliche Chormusik* Zeugnis ab. Schütz hat hier unverständlicherweise nicht kenntlich gemacht, dass Andrea Gabrieli die volle Autorenschaft für diese Motette zukommt. Vielleicht hatte er nach all den Jahren vergessen, dass nur die Textübersetzung von ihm war.

Um das Jahr 1555 herum (eine genau Angabe über Jahr und Tag ist nicht bekannt) erblickt ein neuer Stern am musikalischen Himmel von Venedig das Licht der Welt: Giovanni Gabrieli. Schon früh erhält er Musikunterricht bei seinem Onkel Andrea. Als junger Mann im Alter von 20 Jahren zieht es ihn die Welt hinaus. Er verlässt die Lagunenstadt und begibt sich für einige Zeit nach München, wo er in der Kapelle des Orlando di Lasso mitwirkt. Jedoch bereits nach vier Jahren kehrt er in seine Vaterstadt Venedig zurück, wo man ihn im Jahre 1584 mit dem Amt des zweiten Organisten an *San Marco* betraut. Nach dem Tod seines Onkels Andrea tritt er dessen Nachfolge im Amt des 1. Organisten an.

Was hat Giovanni Gabrieli an Neuartigem gegenüber den Musiken von Adrian Willaert und denen seines Onkels Andrea Gabrieli geschaffen? Worin liegt begründet, dass er bereits zu Lebzeiten ein weit über die Lande hinaus berühmter Komponist und Musiklehrer wurde, zu dem die besten und begabtesten Musiker aus dem europäischen Norden pilgerten, um bei ihm in die Lehre zu gehen?

Im Grunde hat Giovanni Gabrieli nur fortgesetzt, was seine Vorgänger an San Marco bereits begonnen hatten. Allerdings hat er all das, was er von Willaert und seinem Oheim Andrea Giovanni übernommen hat, zur höchsten Blüte gebracht. Bei ihm erfährt – psychologisch gesprochen – die Qualität eines hoch emotionalen und beglückenden Geschehens zwischen

Mutter und Säugling eine hoch potenzierte, bis dahin noch nicht erlebte Ausdrucksstärke.

Das in dieser Motettenform angelegte Dialogprinzip bekommt erst bei ihm jenen vollen, ja man kann sagen, vollkommenen Ausdruck, der uns das Interagieren der Chöre als ein lustvolles sozial-affektives Kommunizieren erleben lässt. Gabrieli wurde zum Meister des mehrchörigen Gesangs schlechthin.

Es lassen sich durchaus klangliche und satztechnische Details benennen, die das Andersartige gegenüber seinen Vorgängern verdeutlichen. So verstärkt Gabrieli z.B. die Kontrastwirkung der im Dialog stehenden Chöre in unüberhörbarer Weise. Dies geschieht vor allem durch den gezielten Einsatz von Instrumentalgruppen. Gabrieli nutzt die unterschiedlichen Charakteristika von Streichern, Holzbläsern und Blechbläsern für ein geschicktes Abschattieren von Lautstärke und Klangfarbe und gelangt so zu reizvollen Effekten, die den Hörern einen hohen Genuss verschaffen. Die Soggetti der Chor- und Instrumentalgruppen sind oftmals nur kurz und treten in einen schnellen Wechsel. Plötzliche dynamische Kontraste oder ein überraschender Übergang in den Tripeltakt werden als belebende Elemente eingesetzt. Die Art ihres Dialogisierens ist überaus verdichtet und kraftvoll, aber auch sensibel und feinfühlig. An vielen Stellen verschmelzen beide Klangkörper zu einem vollstimmigen Tutti, das meist von berauschender klanglicher Fülle ist.

Man könnte noch weitere Stilmittel anführen, die zum reichen Arsenal Gabrielischer Klangregie zählen. Es erscheint mir jedoch fraglich, ob es durch solch ein Aufzählen von satztechnischen Elementen und Beschreibungen seiner Instrumentierung gelingen kann, den spezifischen Hörgenuss, den diese Musik bereitet, näher zu kennzeichnen. Um solche bewundernswerte Werke zu schaffen, wird Gabrieli nicht nur seinen musikalischen Fachverstand angestrengt haben, sondern ihm wird sein instinktives Gefühl geholfen haben, eine ästhetische Klangqualität zu erschaffen, die bei ihm selbst wie auch beim Hörer auf ein Gefühl oder eine Sehnsucht traf, die danach trachtete, in Resonanz und Schwingung versetzt zu werden. Seine geniale Intuition hat ihn eine Musik schöpfen lassen, zu deren Eigenschaften nicht nur lebendige Handlungsdialoge zählen, sondern auch eine faszinierende Klangfülle und Klangpracht. Diese glamouröse Facette seiner Musik führt uns zu einer weiteren Besonderheit und Spezifität der frühkindlichen Erlebniswelt, zu der Gabrieli offensichtlich eine besondere Affinität besaß und um deren Ausdruck er sich mit Erfolg bemüht hat.

7.4. Das Größenselbst: Glanz und Glamour im venezianischen Concerto

Verschiedenste Richtungen innerhalb der psychoanalytischen Entwicklungspsychologie stimmen darin überein, dass in den ersten Monaten nach der Geburt die Mutter im Erleben des Säuglings noch etwas Göttlich-Vollkommenes an sich hat. Das mag als ein Nachklang aus dem vorgeburtlichen Lebensabschnitt zu verstehen sein, wo die von außerhalb der uterinen Höhle herübertönende mütterliche Stimme dem Fötus wahrscheinlich wie eine »Göttliche Stimme« erschienen ist (vgl. Oberhoff 2005c). Nachgeburtlich ist aus der Göttlichen Stimme nun eine menschliche Stimme geworden, eben die Stimme der Mutter.

Aber die Ent-Göttlichung der vertrauten Stimme geschieht nicht sofort und plötzlich und auch nicht vollständig. Die im Mutterleib erlebte Situation paradiesischer Fülle und Sicherheit spendender Geborgenheit erfährt zwar durch die Geburt ein jähes Ende. Trotzdem versucht der Säugling die ihm vertraute, nahezu mystische Einheit mit der Mutter nach der Geburt aufrechtzuerhalten, und er tut dies durch den Aufbau eines neuen Systems narzisstischer Vollkommenheit, deren Beschreibung wir Heinz Kohut (1973) zu verdanken haben. Es handelt sich dabei um die Herausbildung des so genannten *Größen-Selbst.*

Beim Größen-Selbst handelt es sich letztendlich um eine narzisstische Illusion, bei der sowohl das eigene Selbst als auch die Mutter als vollkommen erlebt werden. Das Zusammensein von vollkommenem Selbst und vollkommener Mutter wird entsprechend als eine grandiose Zweisamkeit erlebt. Bei Melanie Klein findet sich eine ähnliche Vorstellung einer großartigen Mutter für die ersten Monate nach der Geburt. Sie spricht allgemein vom »guten Objekt«, dem durch die Idealisierung des Säuglings eine Aura der Vollkommenheit zukommt. Für die Kleinianer liegt aller künstlerischen Kreativität das Bemühen zu Grunde, die ursprüngliche vollkommene Mutter durch eine eigene Schöpfung wiederherzustellen und zum Leben zu erwecken.

Das Erleben einer grandiosen Zweisamkeit mit der Mutter hat sich in der fötalen Nachtwelt gebildet, ist aber nachgeburtlich nun ein Phänomen der Tagwelt geworden. Gegenüber der fötalen Nachtwelt, ist die Erlebniswelt des Säuglings nun vom Glanz einer farbenprächtigen Lichtwelt eingenommen, wo er sich in einer innigen Dyade mit einer großartigen und strahlend schönen Mutter, einer »Belle de Jour«, wiederfindet. Lässt sich eine bessere Region und damit ein besseres Sinnbild für diese Welt des Lichts finden als das mediterrane Italien, speziell die Augenpracht der Lagunenstadt Venedig? Wohl kaum!

Es gibt keine Musik, die diesen strahlenden Glanz der frühen nachgeburtlichen Zeit besser auszudrücken vermag als die Barockmusik. Und dass die Barockmusik sich in Affinität zur frühen Säuglingszeit befindet, macht sie in nichts so anschaulich wie in ihrer wohltönenden Weihnachtsmusik, die das Fest der Geburt Christi in den wärmsten Farben ausgestaltet. Hier wird mit Tönen das Bild einer göttlichen Mutter, der Gottesmutter Maria mit ihrem grandiosen Neugeborenen, der der Erlöser der Welt werden wird, in reichen Farben gemalt. Dieses Kolorit ist von einer ausgesprochen diesseitigen, weltlich-sinnlichen Qualität. Weihnachtsmusik ist Barockmusik. Es gibt weder vorher noch nachher in der Musikgeschichte eine Epoche, die die Freude über die Geburt eines kleinen Kindes inniger und warmherziger ausdrückt als die Barockmusik. Händels strahlender *Messias*, Bachs klangprächtiges *Weihnachtsoratorium* und die gefühlvollen, zärtlich streichelnden *Concerti grossi* von Corelli, Albinoni und Manfredini sind der Inbegriff weihnachtlicher Gefühlsseligkeit schlechthin. Aus dieser Musik strahlt der »Glanz im Auge der Mutter«, und zwar einer großartigen, vollkommenen, nahezu göttlichen Mutter über ihren so überaus geliebten, sehnlichst erwarteten Messias. Die Musik wird hier selbst zur vollkommenen Mutter in all ihrem Glanz und ihrer Großartigkeit, so wie wir sie uns in unserer Säuglingszeit ausgemalt haben.

Ein Stück von diesem Glanz erleben wir ohne Zweifel auch in Gabrielis Musik, wie überhaupt in der frühbarocken Vokalmusik. Das Anliegen einer überwältigenden Prachtentfaltung in dieser Zeit führte zu nahezu größenbesessenen Stimmenbesetzungen. Man begnügte sich nicht mit Doppelchören, sondern experimentierte mit mehrchörigen Motetten, die 16-stimmig, 32-stimmig und noch darüber hinausgehend besetzt waren und von einer entsprechend überwältigend großen Zahl an singenden Menschen dargeboten wurden. So ist von Alessandro Striggio eine vierchörige Motette zu 40 Stimmen und von Lodovico Viadana eine fulminante Psalmvertonung für einen fünfstimmigen Solistenchor und drei vierstimmige Vollchöre überliefert.

Auch Gabrieli hat die große Klangfülle gesucht. Nicht nur abwechslungsreiche Kontraste sondern auch ein berauschender stereophoner Raumklang waren für Gabrieli Mittel, um das Größen-Selbst im Hörer zu kitzeln und in Schwingungen zu versetzen. Solch einem besetzungsmäßigen »Größenwahn« wie bei Striggio und Viadana hat Gabrieli jedoch nur in Ausnahmefällen gehuldigt. Denn solche extravagant großen Besetzungen brachten auch erkennbare Nachteile mit sich: Die Musik verlor an Beweglichkeit. Gabrieli war bekanntermaßen sehr daran gelegen, schnelle, bewegliche rhythmische Figuren wie auch überraschende harmonische Modulationen anzubringen, die zu einem Markenzeichen seines neuen Stils wurden. Und solche klanglichen Raffinessen waren mit einem Massenchor natürlich nicht zu bewerkstelligen. So lassen seine beiden großen Motettensammlungen (*Sacrae Symphoniae* von 1597 und von 1615) erkennen, dass in seinem Lebenswerk die doppelchörigen Werke überwogen haben.

Gabrieli muss auch als Mensch etwas von dieser prachtvollen Ausstrahlung seiner Musik besessen haben. Anders kann man sich nicht erklären, dass so viele Musiker aus Deutschland, Dänemark, den Niederlanden und anderswoher zu ihm nach Venedig pilgerten. Zu den bekanntesten Schülern aus dem Norden zählten Hans Leo Hassler, Gregor Aichinger, Melchior Borchgrevinck, Mogens Pedersøn, Hans Nielsen, Johann Grabbe und *last but not least* Heinrich Schütz. In Italien selbst war Gabrielis Ausstrahlungskraft nicht so ausgeprägt. Für die Italiener war sein Nachfolger Claudio Monteverdi offenbar von größerer Attraktivität.

Die stärkste musikgeschichtliche Wirkung Gabrielis ist ohne Zweifel von seinem mehrchörigen Stil ausgegangen, der vor allem in den Kompositionen von Heinrich Schütz eine eindrückliche Fortsetzung erfahren hat. Denis Arnold meint:

> »Der einzige direkte Schüler Gabrielis, der die Absichten seines Meisters voll verstanden hat, ist Heinrich Schütz gewesen; in seinem Werk hat Gabrieli den tiefsten geschichtlichen Einfluss ausgeübt. Schützens »Psalmen Davids« (1619) gebrauchen Gabrielis späten mehrchörigen Stil mit vollem Verständnis des Zusammenhanges zwischen Soli und Tutti, mit voller Kraft der affektiven Wortdeutung und mit wirkungsvoller Anwendung der Ritornellform. Schützens »Cantiones sacrae« (1625) übernehmen den Madrigalstil auf den geistlichen Text, ähnlich wie es Gabrieli in »Timor et Tremor« getan hatte« (Arnold 1955, Sp. 1208).

Aus psychologischer Perspektive hat Giovanni Gabrieli in seinen überaus glanzvollen und klangprächtigen Chordialogen die frühe Welt des Größen-Selbst wieder aufleben lassen, in der wir alle uns in glücklichen Momenten in einer aktionalen Harmonie mit einer großartigen Mutter befunden haben. Fein aufeinander abgestimmtes gefühlvolles Dialogisieren geht in Gabrielis Musik zusammen mit einer berauschenden Klangfülle, wie sie für die narzisstische Welt eines vollkommenen Selbst zusammen mit einer vollkommenen Mutter in der Frühzeit unseres Lebens charakteristisch war. Gabrielis Motetten und Kanzonen muten oftmals wie prächtige Gemälde an. Man fühlt sich an die wunderbaren Kunstwerke Tintorettos in der benachbarten *Scuola Grande di San Rocco* erinnert, die Gabrieli gut gekannt haben wird, da er auch dort als Organist tätig war. Die Musik dieses venezianischen Großmeisters vermag uns mit jener frühen, in unsrem tiefsten Inneren aufgehobenen Welt dyadischer Bezogenheit zu einer grandiosen Mutter immer wieder aufs Neue in Kontakt zu bringen, da sie etwas von jener narzisstischen Gefühlsqualität der »erhebenden Erhabenheit« besitzt, wie wir alle sie zur Zeit unseres Seins im Größen-Selbst erlebt haben.

Heinrich Schütz hat zeitlebens voller Bewunderung auf die Musik seines Lehrmeisters geschaut, was nicht zuletzt in jenem emphatischen Ausruf in der Vorrede seiner 1629 in Venedig veröffentlichten »Symphoniae sacrae I« ihren Niederschlag fand:

> »At Gabrielius, Dii immortales, quantus vir« (...)
> »Gabrieli, unsterbliche Götter, was für ein Mann! Hätte ihn das redegewaltige Altertum gekannt, so würde es ihn dem Amphion vorgezogen haben. Und wenn die Musen eine eheliche Verbindung begehrt hätten, so hätte Melpomene keinen andern als ihn zum Gatten erwählt, solch ein Meister des Gesangs war er!« (Schütz, Vorrede zu *Symphoniae sacrae I*, 1629)

Es wird deshalb nicht verwundern, dass wir in Schützens Vokalwerken viele Anklänge an die gabrielische Klangkunst erleben. Doch zu der Zeit, als Schütz in Venedig weilte, gehörte die Musik Gabrielis musikgeschichtlich bereits einer zu Ende gehenden Epoche an. In den Jahren nach der Jahrhundertwende hatte eine andere, »moderne« Musik die Bühne betreten und in dieser Musik fanden sich nicht nur klangliche und satztechnische Neuerungen, sondern auch gewandelte Inhalte auf der unbewussten Sinnebene. Wenn es zutrifft, dass das Unbewusste die dominantere Kraft im Menschen ist, so waren es wahrscheinlich sogar jene gewandelten unbewussten Phantasien, die auf neue musikalische Ausdrucksformen drängten, um sich in der zeitgenössischen Musik in angemessener Weise gespiegelt zu finden.

8. Monodie: Die Geburt des individuellen Selbst in der Musik um 1600

Es war gegen Ende des 16. Jahrhunderts, genauer gesagt im Jahre 1590, als sich in Florenz einige literarisch und musisch gebildete Männer zusammenschlossen, die eine gewisse Unzufriedenheit mit dem Zustand der zeitgenössischen Musik verband. Diese »Camerata« traf sich regelmäßig im Hause des Grafen Giovanni Bardi. Außer dem Gastgeber gehörten dieser Versammlung an: Vincenzo Galilei, Emilio de Cavalieri, Jacopo Peri, Giulio Caccini, Ottavio Rinuccini, Girolamo Mei und Piero Strozzi. Dieser Kreis ist unter dem Namen *Camerata Fiorentina* in die Musikgeschichte eingegangen.

Die Mitglieder der *Camerata* bemängelten an der Musik des ausgehenden 16. Jahrhunderts, dass sie – ihrer Meinung nach – nur zum Zwecke der Unterhaltung und zur bloßen Ergötzung des Ohres geschrieben worden sei. Sie suchten deswegen nach einer neuen Musik, die zu einer moralischen Erziehung der Seelen beizutragen in der Lage wäre.

Allen gemeinsam war – wie allen humanistisch gebildeten Menschen dieser Zeit – eine große Begeisterung für die Kultur des Altertums zu eigen, speziell der antiken griechischen Musik, ohne dass man allerdings viel von ihr wusste. So mutmaßt der Musikwissenschaftler August Buck völlig richtig, dass »wie überall dort, wo der Humanismus sich als eine schöpferische Geistesbewegung erweist, so diente auch in diesem Fall das Studium der Antike in erster Linie dazu, ein modernes Anliegen zu rechtfertigen« (Buck 1952, Sp. 720). Welches »moderne Anliegen« verband diese gelehrten Männer miteinander?

8.1. Die Monodisten oder die Entdeckung des Semantischen

Das Anliegen dieser Männer bestand im Grunde darin, dem Wort gegenüber der Musik eine größere Bedeutung zukommen zu lassen. In ihren zahlreichen musiktheoretischen Schriften sprachen sie davon, dass die »wunderbaren

Wirkungen« der antiken Musik nur vermittels der Unterordnung der Musik unter das Wort erreicht worden seien. Wie schon erwähnt, war man der Überzeugung, dass die Dramen im alten Griechenland von den Schauspielern nicht gesprochen, sondern, begleitet von einer Kithara, gesungen wurden. Dabei soll es sich weniger um einen volltönenden, ariosen Gesang als vielmehr um einen Sprechgesang gehandelt haben, der allerdings mit äußerst affektiver Beteiligung vorgetragen wurde. Dieses mit nur sparsamer Musik begleitete ausdrucksvolle Sprechen empfanden sie als einen Ausdruck von ursprünglicher menschlicher Natur. Nach solch einer Einfachheit und Reinheit waren sie auf der Suche, weil sie glaubten, dass nur diese Art des musikalischen Sprechens die menschliche Seele zu bilden und zu einer höheren Moral zu führen in der Lage wäre.

Die klangvolle Süße der Madrigale vermochte sie überhaupt nicht zu begeistern, ja sie polemisierten sogar heftig gegen die Madrigalisten. Sie bemängelten am Madrigal, dass die Worte des Dichters zu wenig deutlich hörbar seien. Die Textworte würden durch die imitierende Kontrapunktik in arge Verwirrung gebracht; das Gemisch der Worte ergebe ein unverständliches Gemurmel der Stimmen. Außerdem sei die Art, mit welchen die Madrigalisten die Worte der Dichtung behandelten, unsinnig und lächerlich. So kritisierten sie den figurenhaften Ausdruck einzelner Worte (z.B. hohe Töne beim Wort Himmel) – eine Ausdrucksweise, an der z.B. Schütz zeit seines Lebens festgehalten hat – den sie als plump empfanden. Stattdessen plädierten sie dafür, nicht das einzelne Wort, sondern den zusammenhängenden Sinn eines ganzen Textes oder Textabschnitts auszudrücken.

Bereits aus diesen wenigen Äußerungen wird deutlich, dass sich psychologisch und psychohistorisch gesehen mit diesen Männern ein Wandel im Verhältnis zum mütterlichen Klangsprechen ereignet. Das Sinnlich-Affektive des mütterlichen Klangsprechens, das die Madrigalisten ein Jahrhundert lang als so beglückend und einfühlsam empfunden haben, wird von den Camerata-Mitgliedern am Ende des 16. Jahrhunderts nicht (mehr) geschätzt. Offensichtlich interessiert diese Männer weniger das Sinnlich-Affektive an der Sprache als vielmehr deren Bedeutungsgehalt, denn sie legen einen besonderen Wert auf die Verständlichkeit und genaue Deklamation des Textes. So erklärte z.B. Vincenzo Galilei in seinen musiktheoretischen Schriften, wie ein »moderner« Komponist vorzugehen habe: Er müsse zuhören, wie die Menschen miteinander reden, wie ihre Gespräche und Diskussionen ablaufen und wie diese Gespräche klingen. Auch schlug er vor, die Musiker sollten ins (Sprech-)Theater gehen und von den Schauspielern das ausdrucksvolle Sprechen lernen.

Die Musik hatte sich an den Sprachrhythmus und die Sprachmelodie wie auch an die Phonetik des einzelnen Wortes anzupassen und ansonsten einen unauffälligen harmonischen Hintergrund zu liefern. Das neue Motto lautete: »prima la parola, poi la musica« (»erst das Wort und dann die Musik«). Vor allem war es wichtig, dass der Text vom Zuhörer gut zu verstehen war. Und da die Textverständlichkeit bei einem einzelnen Sänger viel größer ist als in einer kontrapunktisch verschlungenen mehrstimmigen Vokalpolyphonie, ging man dazu über, den Einzelgesang zu favorisieren und zu entwickeln. Und wie nicht anders zu erwarten, wählte man für diese neue Art eines solistischen dramatisch-affektiven Sprechgesangs einen griechischen Begriff und nannte ihn »Monodie« (wörtlich übersetzt: »alleine singen« oder »Einzel-Gesang«).

Man unterschied innerhalb dieses neuen rezitierenden Stils einen psalmodierenden Sprechgesang (»stile narrativo«), von einem mehr ariosen (»stile recitativo speziale«) und einem affektiv-dramatischen Stil (»stile espressivo«). Dieses »Sprechen in Tönen«, das zunächst den Sängern vorbehalten war, wurde mehr und mehr auch auf die Instrumentalmusik übertragen.

Wie ist diese neuartige Begeisterung für das Wort und für ein gut artikuliertes und verständliches Sprechens zu verstehen? Bleiben wir unserer Deutungslinie treu, die Musik der Renaissance und des Barock auf einer unbewussten Sinnebene als ein Geschehen zwischen Mutter und Kind in der ontogenetischen Frühzeit zu betrachten, so drängt sich der Eindruck auf, dass sich im neu erwachten Interesse der Monodisten an einer gut verständlichen Sprache jene Entdeckung widerspiegelt, die das Kind gegen Ende des ersten Lebensjahres macht: Es entdeckt nämlich, dass das mütterliche Sprechen nicht nur ein Gemeinsamkeit herstellender Klang ist, sondern dass die Worte der Mutter Bedeutungen besitzen und man mit Hilfe der Worte aus dem gleichförmigen Strom des Erlebens abgegrenzte Einzelphänomene herauslösen kann, allein dadurch, dass man sie mit einem Begriff belegt. Der Psychoanalytiker Mitchell umschreibt diesen Entwicklungsschritt mit den folgenden Worten:

> »Im Laufe der ersten Lebensjahre nimmt Sprache allmählich eine völlig andere Qualität an. Schritt für Schritt entwickelt das Kind ein Verständnis

für die abstrakte, semantische Funktion von Worten; sie bedeuten etwas, unabhängig vom aktuellen sensorisch-affektiven Kontext, in dem sie auftreten. Sprache erhält zunehmend eine bezeichnende Funktion (...)« (Mitchell 2003, S. 44).

Jemand, der an dieser bezeichnenden Funktion von Sprache interessiert ist, wird darauf achten, dass man das Gesprochene gut versteht und dass es gut artikuliert ist. Und mit der Entdeckung des Semantischen geht natürlich ebenfalls die Entdeckung der Wichtigkeit einer angemessenen Deklamation einher. Denn das Verstehen der Bedeutung eines Satzes ist oftmals davon abhängig, dass man die einzelnen Satzglieder in richtiger Weise betont. Wie unterschiedlich man die Glieder eines Satzes betonen und damit jeweils einen unterschiedlichen Sinn erzeugen kann, demonstriert uns Monteverdi mit seinem berühmten »Lasciatemi morire«, bei dem die Textzeile zweimal hintereinander präsentiert wird, jedoch mit unterschiedlicher Textbetonung.

Liegt im ersten Teil die Betonung auf dem »Lasciate«, also »Lasst mich sterben« so wird in der Wiederholung des Satzes in ausdrucksvoller Weise das »mi« und das »morire« betont, also »Lasst mich sterben«. Durch diese zweimalige Darbietung der Textzeile verbunden mit einer unterschiedlichen Betonung der Worte wird das Todesverlangen dieses Erzähler-Ichs zu äußerster Dramatik gesteigert.

So hat es den Anschein, dass sich in dem neu erwachten Interesse der Mitglieder der Florentinischen *Camerata* an einer gut deklamierten und textverständlichen Sprache auf einer unteren, zweiten Sinnebene jener Entwicklungssprung anzeigt, der beim Kleinkind den Übergang vom mütterlichen Klangsprechen zum semantischen Sprechen markiert. Wir beobachten in den Bemühungen der Monodisten einen Interessenswandel, der sich weg von der Musik des Sprechens hin zur Bedeutung des Gesprochenen bewegt.

Dieses neuartige Interesse an der Sprache hat dazu geführt, dass in nahezu allen musiktheoretischen Lehrbüchern des frühen und späten Barocks der musikalischen Redekunst ausgedehnte Kapitel gewidmet wurden und zum Teil die Fachsprache der Rhetorik auf die Musik angewandt wurde. Die Musiker suchten offensichtlich in der Redekunst eine neue Orientierung. Vor allem die nachfolgende Barockmusik war oftmals von konkreten oder auch abstrakten rhetorischen Programmen inspiriert. Das reicht bis hin zu Johann Sebastian Bach, von dem gesagt wird, dass er die Werke des römischen Redekünstlers Quintilian studiert habe, um seine Werke nach dessen Regeln zu fertigen.

Diese Begeisterung für die »oratione« und den semantischen Gehalt eines Textes bei den Monodisten ist natürlich auch an den Madrigalisten nicht spurlos vorübergegangen. So finden wir in den Madrigalen gegen Ende des 16. Jahrhunderts ein gesteigertes Bemühen um eine angemessene Textdeklamation und Textausdeutung. Doch bei allem Interesse für diese gewandelte Einstellung, das Wort bekommt beim Madrigal niemals jenen Vorrang vor der Musik, wie das bei den Monodisten der Fall ist. Für die Madrigalisten gilt wie eh und je das Motto: »prima la musica, poi la parola«. Das Fluidum des mütterlichen Klangsprechens, das für das Madrigal kennzeichnend ist, muss stets erhalten bleiben, indem der sinnlich-affektiven Qualität des Sprechens weiterhin eine Priorität eingeräumt wird.

Die *Camerata Fiorentina* war insgesamt recht produktiv und hat zahlreiche dramatische und lyrische Musikwerke hervorgebracht. Sie kann zudem für sich das Verdienst beanspruchen, eine neue Musikgattung in die Welt gesetzt zu haben: die Oper. So gilt bekanntlich die »favola pastorale« *Dafne* der beiden Camerata-Mitglieder Jacopo Peri (Musik) und Ottavio Rinuccini (Libretto) als erste Oper der Musikgeschichte. Ihre Aufführung wird auf 1597 datiert. Im Jahre 1600 folgt Jacopo Peris (1561–1633) zweite Oper, das »dramma musicale« *Euridice*.

Beide Opern, wie auch die anderen szenischen Werke, waren ausgesprochene monodische Rezitativopern, in denen die Musik auf eine äußerst sparsame Generalbass-Begleitung reduziert war. Da sich die Oper nach 1600 schnell von diesem etwas spröden und wohl auch monotonen Rezitativstil in Richtung eines dramatisch-pathetischen Stils weiterentwickelte, waren die Werke Peris und der anderen Florentiner Monodisten bald in Vergessenheit geraten. Und auch später in der Operngeschichte haben diese Werke kaum mehr eine Rolle gespielt.

Man muss Pionieren zubilligen, dass sie das Neue, das sie mehr erahnen als bereits realisieren, noch nicht zur vollen Entfaltung und Ausdrucksstärke bringen. Es bleibt immerhin das Verdienst der *Camerata,* den solistischen generalbassbegleiteten Einzelgesang auf den Weg gebracht zu haben und den sprachlichen Ausdruck des Sängers bezüglich Verständlichkeit und Deklamation entwickelt zu haben. Sie haben dem verschmelzenden Zusammenklang des mehrstimmigen Madrigals den gut artikulierten und dramatischen Einzelgesang entgegengesetzt.

Was man den Monodisten anlasten kann, ist, dass sie aus ihrem puristischen Ansatz heraus die Musik vergessen haben. Ihre musikdramatischen Werke sind eher Sprechtheater als Musiktheater. Es hat den Anschein, dass sie nach etwas auf der Suche waren, was sie selber noch nicht wirklich zu finden und zu verwirklichen in der Lage waren. Denn, dass es in der musikgeschichtlichen Weiterentwicklung letztendlich nicht um das rhetorische Sprechen, sondern um etwas Anderes ging, haben die Musikwerke von Monteverdi und schließlich auch diejenigen von Heinrich Schütz deutlich gemacht.

Um die Ausdruckskraft dieser Werke verstehen zu können, ist es notwendig, sich zu vergegenwärtigen, dass der Entwicklungsschub in der frühen Kindheit nicht nur aus einem Entdecken des Semantischen besteht, sondern vor allem aus dem Entdecken der im eigenen Inneren befindlichen Gefühle und seelischen Befindlichkeiten.

8.2. Die Entdeckung des inneren Seelenlebens

Wir gehen gemeinhin von der Annahme aus, dass wir von Geburt an einen Zugang zu unseren inneren Gefühlen besitzen. Doch das ist keineswegs der Fall, wie die neuere Säuglingsforschung aufgezeigt hat. Der Säugling erlebt seine Affekte zunächst nur in der Spiegelung durch eine andere Person. Deshalb ist die Affektspiegelung und das Echogeben in der Mutter-Kind-Dyade von so großer Bedeutung. Im Madrigal hat dieses affektspiegelnde mütterliche Klangsprechen seine Hochblüte erlebt.

Ab dem Alter von etwa 9 Monaten geschieht nun eine signifikante Veränderung. Das Kleinkind kann sein subjektives Erleben nun nicht nur im Spiegel der mütterlichen Rückmeldungen wahrnehmen, sondern ist ab jetzt in der Lage, auf sich selbst wie auf ein Objekt zu schauen. Es stellt dabei mit Erstaunen fest, dass es in seinem Inneren über eine reiche emotionale Welt unterschiedlichster Affekte, Phantasien und Gedanken verfügt, d.h. das Kleinkind entdeckt sich als ein Selbst mit einem eigenen Seelenleben.

Der Verlust an dyadischer Vollkommenheit, den er durch das Verlassen des paradiesischen Größen-Selbst erleidet, wird gleichsam wettgemacht durch den Stolz, ein unverwechselbares individuelles Selbst zu besitzen. Nach der körperlichen Geburt ist mit diesem Schritt die psychische Geburt erfolgt. Das gerade erwachte Individuum kann zwar sprachlich noch nicht »ich« sagen, aber es fühlt sich ab jetzt als ein Ich, das Urheber von eigenständigen Handlungen, Gefühlen und Intentionen ist.

Und dieses junge individuelle Selbst macht noch eine weitere wichtige Erfahrung. Das Kind entdeckt nicht nur das Gefühlsuniversum im eigenen Inneren, sondern auch im Inneren seiner familiären Bezugspersonen. Auch hinter dem sichtbaren und beobachtbaren Verhalten der Mutter oder des Vaters gibt es eine Welt der Gefühle, die zu seiner Überraschung oftmals anders als die eigene ist. Diese Unterschiedlichkeit und Subjektivität der Gefühle ist zunächst einmal verunsichernd, das Kind entdeckt aber, dass unterschiedliche Gefühle nicht nur etwas Beängstigendes an sich haben, sondern neue Möglichkeiten der Kommunikation eröffnen. Dazu der Entwicklungspsychologe Stern:

> »Zwischen dem 7. und 9. Monat gelangen Säuglinge allmählich zu der folgenschweren Erkenntnis, dass die innerlichen subjektiven Erfahrungen, der Inhalt ihrer Gefühle und Gedanken, unter Umständen mit anderen geteilt werden können (...) Diese Entdeckung läuft auf die Aneignung einer »Theorie« der getrennten innerlichen Befindlichkeit hinaus. Erst jetzt wird ein gemeinsames subjektives Erleben, wird Intersubjektivität möglich. Der Säugling muss eine Theorie nicht nur der getrennten, sondern auch der »berührungsfähigen getrennten Innerlichkeiten« (...) entwickeln« (Stern 1993, S. 179).

Der Säugling erlebt also eine dramatische Erweiterung seiner Selbst- und Fremdwahrnehmung. Mit dem Erkennen des inneren emotionalen Universums wächst das Interesse und die Lust, diese inneren psychischen Bewegungen auszudrücken und den anderen mitzuteilen. Beruhigend ist dabei die Erfahrung, dass es bei aller Unterschiedlichkeit der inneren Befindlichkeiten doch gelingen kann, auch weiterhin mit den Eltern eine Gemeinsamkeit des Fühlens herzustellen. Und dieser Austausch über die inneren Befindlichkeiten gelingt umso leichter, je mehr das sprachliche Vermögen voranschreitet.

8.3. Claudio Monteverdis Lust am Ausdruck des individuellen Selbst

Etwas von der Entdeckerlust bezüglich der seelischen Landschaften im eigenen Inneren, das für das individuelle Selbst charakteristisch ist, erleben wir bei dem italienischen Komponisten Claudio Monteverdi (1567–1643), der lange Zeit in Mantua und später in Venedig am Markusdom wirkte und eine Fülle an bis heute bekannten und sehr geschätzten geistlichen und weltlichen Vokalwerken schuf.

Obwohl ein eifriger Madrigalkomponist, wandte sich Monteverdi ab der Jahrhundertwende doch enthusiastisch den neuen Ideen zu, die aus Florenz zu ihm herüberdrangen. Monteverdi verstand das Monodische als eine Möglichkeit, zu einem gesteigerten individuellen Gefühlsausdruck zu gelangen. Dabei entdeckte er, dass die Gefühlspalette, die in der bisherigen Musik zum Ausdruck gebracht wurde, noch sehr beschränkt war und einer weiteren Entfaltung bedurfte. Bei den Madrigalkompositionen sah er ausschließlich die moderaten und lyrischen Gefühle ausgedrückt. Was ihm fehlte, waren die erregten, dramatischen Affekte.

In der Vorrede zu seinen *Madrigali Guerrieri et Amorosi* schreibt er dazu Folgendes:

> »Ich konnte jedoch in keiner Komposition früherer Komponisten ein Beispiel für die erregte Art (»concitato genere«) finden (...) Und weil ich weiß, dass es die Gegensätze sind, die unsere Seele am meisten bewegen, welchen Zweck auch die gute Musik zu erfüllen hat (...) fing ich an, mit meiner ganzen Energie nach der erregten Ausdrucksform zu suchen (...) So machte ich die Beschreibung vom Kampf des Tancredi mit Clorinda ausfindig, um selbst die beiden gegensätzlichen Affekte Krieg bzw. Bitte und Tod vertonen zu können« (MVE 3, nach Ehrmann 1989, S. 143f.).

Die dramatische Szene zwischen dem christlichen Ritter Tankred und der Sarazenin Clorinda (*Combattimento di Tancredi et Clorinda*) entstammt dem Kreuzfahrer-Epos *Das Befreite Jerusalem* (*La Gerusalemme Liberata*) von Torquato Tasso (Erstausgabe 1581). Es geht in dieser Kammerszene vor allem um den Ausdruck des Affektes Zorn, einen Affekt, den Monteverdi im Bereich der Musik mit diesem Werk erstmalig ausgedrückt zu haben meint. Mit einem gewissen Stolz über diese neue Errungenschaft fährt er in seiner Vorrede fort:

»Im Jahre 1624 ließ ich das Werk dann die Besten der Stadt Venedig hören in einem Saal des berühmten und vortrefflichen Signor Gerolamo Mozzenigo, Cavaliere principale, der in den Diensten der Republik Venedig steht und mein persönlicher Patron und Schutzherr ist. Man hörte das Werk mit viel Beifall und lobte es. Weil ich gesehen hatte, dass mir damit der Anfang zur Darstellung des Zorns gelungen war, fuhr ich fort, diese Darstellung mit größerem Eifer und in größerem Umfang zu erforschen und schuf verschiedene weitere Kompositionen für die Kirche wie für die Kammer. Diese Kompositionsweise war auch anderen Komponisten so willkommen, dass sie mich nicht nur mit Worten lobten, sondern mich auch in ihrem Werk zu meiner großen Freude und Ehre nachgeahmt haben. Deshalb hielt ich es für richtig, die Öffentlichkeit wissen zu lassen, dass von mir die Erfindung und die erste Anwendung dieser Kompositionsart stammt, die für die Musik so notwendig ist, weil ohne sie – das kann man mit Recht sagen – die Musik bis heute unvollständig gewesen ist, da sie nur die zwei Kompositionsarten kannte, nämlich die weiche und die gemäßigte« (ebd., S. 144f.).

Monteverdi hat den Ausdruck der Affekte im *Combattimento di Tancredi et Clorinda* dahingehend weiterentwickelt, dass er nicht nur die Sänger, sondern auch die Instrumente unmittelbar in die Nachahmung der Affekte miteinbezogen hat. Es handelt sich in diesem Stück eigentlich um einen Dialog (zwischen Tancredi und Clorinda). Aber das Dialoghafte tritt deutlich hinter der ausgeprägten Lust am Ausdruck der erregten subjektiven Gefühle der einzelnen Protagonisten zurück. Und es erübrigt sich fast, darauf hinzuweisen, dass der »Zorn« natürlich ein ganz wesentlicher, ja der zentrale Affekt beim Kleinkind ist, um die symbiotische Einheit mit der Mutter zu beenden und den Weg zum eigenen individuellen Selbst zu finden. Der Zorn ist das wichtigste Werkzeug zur Erreichung der notwendigen Separation von der Mutter.

Von seiner ersten Beschäftigung mit der Oper an, etwa ab 1605, ging Monteverdi systematisch daran, sich ein musikdramatisches Vokabular zu erarbeiten. Mit größter Sorgfalt suchte er einen musikalischen Ausdruck für jeden Affekt, für jede menschliche Regung, für jedes Wort oder sprachliche Wendung. Diese von ihm gefundene Möglichkeit, den Affekt höchster Erregung auszudrücken, nennt er »Stile concitato«. Diesen erregten Ausdruck versucht er vor allem durch schnelle Tonrepetitionen auf einer Tonhöhe oder auch durch vermehrt eingefügte punktierte Rhythmen zu erreichen.

Die Lust am Ausdruck des eigenen erregten Gefühls beschränkt sich nicht darauf, sprachlich artikuliert zu werden, sondern erfährt durch die Beteiligung von Mimik und Gestik einen äußerst gesteigerten Ausdruck. Es geht ja schließlich darum, das soziale Umfeld (die Eltern) an dem neu entdeckten inneren Gefühlsuniversum Anteil nehmen zu lassen. Harnoncourt bemerkt zu diesem neuen Gesangsstil:

> »Durch das Concitato gerät etwas in die Musik hinein, was es noch nicht gab: ein rein dramatisches, körperhaftes Element (...) Man kann sich dramatisches Geschehen, Dialog nicht ohne Aktion vorstellen; dazu gehört die Mimik, die Gestik und die Bewegung des ganzen Körpers. Man spricht mit allen Fasern seines Leibes. So wie die neu gefundene dramatische Tonsprache Monteverdis den Ausdrucksgehalt des Wortes erklärt und verstärkt, so enthält sie auch das körperhafte Geschehen. Monteverdi war also der erste große Musikdramatiker, der die Gestik mitkomponiert« (Harnoncourt 1982, S. 176).

In dieser ausdrucksstarken gestischen Beteiligung verdichten sich gleichsam zwei Erfahrungen aus der ontogenetischen Frühzeit. Zum einen erfährt hier das mütterliche Klangsprechen noch einmal eine intensivierte Darstellung, denn auch die frühe Mutter spricht zu ihrem Säugling »mit allen Fasern ihres Leibes«. Aber es artikuliert sich ebenso die Lust des erwachten individuellen Selbst am affektiven Ausdruck der inneren Befindlichkeiten, der nicht dramatisch genug sein kann, um die Aufmerksamkeit der Eltern auf die eigene Person zu lenken, die sich in ihrer Unverwechselbarkeit artikulieren und darstellen möchte.

Aus diesen Zusammenhängen heraus ist auch verständlich, dass die Tempobezeichnungen in der Barockmusik eher als Affekt-, denn als Tempoangaben aufzufassen sind. Für jeden Musikausführenden, sei er Sänger oder Instrumentalist, war es wichtig, als erstes den Affekt herauszufinden, der dem Musikstück zu Grunde liegt, um ihn dann so genau wie möglich in Töne umzusetzen.

Diese Lust am individuellen Selbstausdruck benötigte natürlich neue Formen der Selbstdarstellung. Das individuelle Selbst will gesehen werden und sich möglichst wirksam und wirkmächtig darstellen und mitteilen. Das brachte einerseits die Opernbühne ins Spiel und bedeutete andererseits die Geburtsstunde des Solisten. Der einzelne Sänger löste sich im monodischen Gesang aus dem Ensemble und aus der Eingebundenheit und klanglichen Verschmolzenheit in der mehrstimmigen Motette oder im Madrigal und wurde – in besonders sichtbarer und spektakulärer Weise in der Oper – als Einzelperson auf die Bühne gestellt. Auch die Instrumentalmusik stand bei dieser Entwicklung nicht abseits. Wurde in einem ersten Schritt dem Tutti des Gesamtorchesters ein solistisch besetztes Concertino gegenübergestellt, so löste sich in einem zweiten Schritt aus diesem Concertino zunehmend mehr der Instrumentalsolist, der die Tonsprache der Monodie übernahm und in Nachahmung des Gesangssolisten, aus der Anonymität des Orchesters herausgehoben, in Tönen »sprach«. Harnoncourt ist offenbar der Meinung, dass diese Betonung der Einzelpersönlichkeit den Italienern in besonderer Weise entgegenkam: »Die Theatralik der neuen Epoche, das Hervortreten der Einzelpersönlichkeit – des Solisten – das Pathos, der individuelle Ausdruck, der geradezu exhibitionistisch zur Schau gestellt wurde, entsprach in idealer Weise der italienischen Mentalität« (ebd., S. 200).

Die Florentiner Monodisten hatten mehr geahnt als wirklich gewusst, dass es um den Ausdruck der inneren Welt der subjektiven Gefühle ging, nach dem sie auf der Suche waren. Erst bei Monteverdi wird diese Suchrichtung manifest und prägnant. Diese Errungenschaft wurde dadurch möglich, dass sich Monteverdi aus der für die *Camerata* typischen Antihaltung gegen das musikalische verschmelzende Klangsprechen gelöst und die klangvolle Vokalpolyphonie mit dem dramatischen affektiven Selbstausdruck zusammengebracht hat. Monteverdi hat die monodische Hervorhebung des Sprechens als eine Möglichkeit des expressiven Selbstausdrucks verstanden und gleichzeitig auf die Fülle der Musik nicht verzichtet, sondern Sprache und Ausdruck der inneren Vielfalt an Gefühlen wirkungsvoll miteinander verbunden. Zu dieser klangvoll-dramatischen Monodie Monteverdis bemerkt Eggebrecht:

> »Dieses monodische Singen, das in den Opern und Madrigalen Monteverdis seinen künstlerischen Höhepunkt findet, ist Nachahmung des affektgeladenen, in seelischer Erregtheit fluktuierenden, künstlich ins Schauspielerische gesteigerten Sprechens der italienischen Sprache: theatralisch zur Schau gestellte Bewegtheit des Rezitators, der, vom Gehalt des Textes affiziert, die Empfindungen ausdrücken will, als ob sie ihn selbst ganz erfüllen, um den Hörer gleichfalls zu diesen Empfindungen zu bewegen« (Eggebrecht 1961, S. 478).

Monteverdi hat durch seinen musikantischen dramatisch-pathetischen Stil einen Operntypus geschaffen, der nicht so schnell in Vergessenheit geriet wie die Florentiner Opern. Ganz im Gegenteil: Mit seinem *Orfeo* wurde er zum Vorbild für das Opernschaffen der folgenden zwei Jahrhunderte. Darüber hinaus sind Monteverdis Opern bis zum heutigen Tag auf den Spielplänen der Opernhäuser dieser Welt präsent geblieben, eine Ehrung, die den Opern Peris und Caccinis nicht zuteil geworden ist.

8.4. Vom Madrigal zur Monodie – oder vom verschmelzenden mütterlichen Klangsprechen zum affektiven Ausdruck des individuellen Selbst

Im Werk Monteverdis gehen beide neuen Errungenschaften seit der Geburt des individuellen Selbst, nämlich das Interesse an den semantischen Eigenschaften der Sprache und die Lust am affektiven Selbstausdruck, eine bewundernswerte Verbindung ein. Bildeten die Mitglieder der *Camerata* in ihrem etwas trockenen Rezitativ-Stil so etwas wie die Antithese zum Madrigal, so gelangen monodisches und madrigalisches Prinzip in Monteverdies Musik zu einer eindrucksvollen Synthese. Als ein Sinnbild dieser Synthese mag das bereits erwähnte *Lasciatemi morire* (Text von Rinuccini) angesehen werden, das Monteverdi sowohl als generalbassbegleiteten Sologesang im *Lamento d'Arianna* (1608) wie auch als ein fünfstimmiges Madrigal im 6. Madrigalbuch vertonte.

Ich hatte es bereits erwähnt, dass das Kind mit der psychischen Geburt nicht nur die affektiven Befindlichkeiten im eigenen Inneren, sondern auch im Inneren seiner familiären Bezugspersonen entdeckt. Auch hinter dem sichtbaren und beobachtbaren Verhalten der Mutter oder des Vaters gibt es eine Welt der Gefühle, die zu seiner Überraschung oftmals anders als die eigene ist. Es ist nun äußerst spannend für das Kind, herauszufinden, wie man auf diese unsichtbare Welt der elterlichen Gefühle Einfluss nehmen kann und die Eltern zu denjenigen Gefühlen veranlasst, die entweder mit den eigenen übereinstimmen oder auf die eigenen Gefühle bezogen sind.

So kann es nicht verwundern, dass auch Monteverdi sich viele Gedanken darüber gemacht hat, in welcher Weise er den Gemütszustand seiner Hörer beeinflussen kann. Sabine Ehrmann bemerkt dazu:

> »Die Musik Monteverdis will auf den Zuhörer eine bestimmte Wirkung (»effetto«, »forza«) ausüben. Sein Musikbegriff ist – vereinfacht gesagt –

bestimmt vom Modell des »muovere l'affetto« in der dramatischen Musik und des »aportare diletto« in der lediglich unterhaltenden Zwischenaktsmusik. Dabei liegt das Schwergewicht auf »muovere l'affetto«, dem Ziel der dramatischen Musik, weil mit dieser Wendung die neue Intention der Musik um 1600 benannt ist, die das Bewegen der Affekte im Hörer fordert« (Ehrmann 1989, S. 29).

Dieses »muovere l'affetto« steht ganz im Zeichen des Entdeckens der inneren seelischen Landschaften beim anderen Menschen. Die Faszination dieses neu entdeckten seelischen Abenteuers, die Gefühle des Anderen (der Eltern) zu beeinflussen, die das Kleinkind erfasst hat, muss sich offenbar auch der Komponisten um 1600 bemächtigt haben, indem sie mit Lust daran gingen, mit ihrer Musik auf die hinter dem äußeren Verhalten liegenden »Affekte der Seele« ihres signifikanten Anderen (des Hörers) Einfluss zu nehmen.

Die Musiker um 1600 entdeckten, dass Worte dazu verwandt werden können, Erleben auszudrücken und Erleben zu differenzieren. Sprache schafft Unterscheidung und Abgrenzung, die eine unerlässliche Voraussetzung dafür sind, dass sich das Selbst als ein von der Mutter separiertes und mit einer eigenen inneren Gefühlswelt ausgestattetes Wesen erfahren kann. Die psychische Geburt des individuellen Selbst eröffnet eine völlig neue Art des Zusammenseins mit dem Anderen, die ab jetzt über die gegenseitige Mitteilung und das gegenseitige Anvertrauen von inneren Gefühlen erreicht werden kann. Durch ein wechselseitiges Veröffentlichen der äußerlich verborgenen seelischen Befindlichkeit wird ein gemeinsames Fühlen trotz getrennter und unterschiedener Innerlichkeiten möglich, ein Vorgang, den Stern (1993) als »intersubjektive Gefühlsabstimmung« beschrieben hat. Ohne die Sprache würde solch ein differenzierter intersubjektiver Austausch nicht die notwendige Prägnanz und Klarheit erlangen können. Mittels der Allgemeingültigkeit der Sprache gewinnen die Gefühle jedoch an Eindeutigkeit und werden unmissverständlich kommunizierbar.

Diese Tatsache macht es nachvollziehbar, warum Sprache für die Komponisten des Frühbarock von so großer Bedeutung war und eine intensivierte Verwendung fand. Denn ein differenzierteres Erkennen und Bezeichnen der Gefühle ist eine wesentliche Voraussetzung dafür, einen angemessenen affektiven Ausdruck in der Musik zu finden. Insofern war es für die Komponisten äußerst wichtig, über poetische Texte für ihre Kompositionen zu verfügen, die in der Lage waren, Gefühle differenziert zu beschreiben und auszudrücken. Monteverdi muss Torquato Tasso als solch einen Dichter sehr geschätzt haben, denn er hat zahlreiche seiner Gedichte vertont: »Ich vertraute mich dem göttlichen Tasso an, jenem Dichter, der aufs Trefflichste und mit größter Natürlichkeit die Leidenschaften ausdrückt, die er beschreiben will« (Monteverdi, Vorrede zum 8. Madrigalbuch).

Monteverdi wendet sich ab seinem 5. Madrigalbuch (1605) zwei neuen Gesangsformen zu und zwar dem Solomadrigal mit Generalbassbegleitung und dem konzertanten Madrigal. Letzteres enthielt neben dem solistisch-dramatischen Sologesang noch instrumentale Ritornelle und Choreinlagen (wie z.B. beim *Lamento della Ninfa*). Es ist auffallend, dass Monteverdi weiter daran festhält, diese neuen Formen als Madrigale zu bezeichnen. Aufgrund der festen Verknüpfung, die nach den hier vorgetragenen Überlegungen und Analysen das Madrigal mit dem mütterlichen Klangsprechen besitzt, drängt sich die Frage auf, ob nicht der affektive Ausdruck des individuellen Selbst in anderen, neuen Formen besser aufgehoben ist als im Madrigal. Wird mit diesen Ausdrucksformen das Madrigal nicht überfordert und seiner Natur entfremdet?

Vermutlich ist es Monteverdi schwer gefallen, die wohlklingende Welt des mütterlichen Klangsprechens zu verlassen und vom Madrigal Abschied zu nehmen. Das ist verständlich, weil es für jeden Musiker äußerst schmerzlich ist, von der dyadischen Einheit mit der Mutter, die gleichzeitig als die Ur-Heimat der Musik angesehen werden kann, Abschied zu nehmen. Dort ist jeder Musiker fest verankert. Und trotzdem verlangt die Weiterentwicklung des Seelischen, in diesem Paradies nicht stecken zu bleiben, sondern auch den individuellen Formen des Erlebens in der Musik einen Ausdruck zu verleihen.

Es ist meine Einschätzung, dass Monteverdis Versuch, individuellen Selbstausdruck mit dem Madrigal zu verbinden, nicht glücklich war, denn die Welt des Madrigals ist psychologisch gesehen nicht die Welt des individuellen Selbst. Monteverdis Solomadrigal und sein konzertantes Madrigal haben, wie zu erwarten, nicht Schule gemacht und kaum Nachfolger gefunden. Letztendlich werden im Fortgang der Musikgeschichte begleiteter Sologesang, instrumentale Ritornelle und dramatische Chöre ihren Platz in der Oper, im Oratorium und in der Kantate finden, wo sie wesentlich stimmiger und eindeutiger ihrem Anliegen gerecht werden als im Madrigal.

Die Konstituierung des individuellen Selbst ist nicht nur ein freudiger und befreiender Akt, sondern bedeutet gleichzeitig, von der vertrauten und Sicherheit gebenden dyadischen Verbundenheit mit der Mutter Abschied zu nehmen. Dieser aus der eigenen Entwicklungsnotwendigkeit heraus sich vollziehende Abschied kann vom Kind als äußerst bedrohlich angesehen werden und ein verstärktes Festklammern an der dyadischen Einheit zur Folge haben. Die notwendige Separation von der Mutter, der Weg hinaus in die eigene Individualität, kann wie etwas dem Tode Ähnlichen erlebt werden. »Von dir entferne ich mich und ich sterbe nicht?« heißt es im Eröffnungsmadrigal von Monteverdis 4. Madrigalbuch auf Worte von Giovanni Battista Guarini.

> Ach, schmerzvoller Abschied!
> Ach, Ende meines Lebens!
> Von dir entferne ich mich, und ich sterbe nicht?
> Und doch spüre ich den Todesschmerz
> und fühle im Abschied ein lebendiges Sterben,
> das dem Schmerz Leben gibt, damit das Herz unsterblich sterbe.

Die beiden Soprane beginnen in einem verschmolzenen Unisono, so als wollten sie die glückselige Ur-Einheit noch einmal beschwören, bevor sie sich im Folgenden in teils duettierenden, teils eigenständigen Melodielinien voneinander differenzieren. Auch die anderen Stimmen treten nach und nach mit eigenständigen Melodielinien hinzu.

Anfangstakte des Madrigals ›Ah dolente partita‹ von Claudio Monteverdi

Offensichtlich ist es vielen Komponisten am Übergang von der Renaissance zum Barock schwer gefallen, vom Madrigal, jenem Inbegriff dyadischer Verschmolzenheit mit der frühen Mutter, Abschied zu nehmen. Einige haben es überhaupt nicht geschafft.

Carlo Gesualdo, Fürst von Venosa, ist einer derjenigen, die hier zu nennen sind. Gesualdo hat bis ans Ende seines Lebens im Jahre 1613, in einer Zeit, in der der monodische Sologesang und die Oper längst ihren Siegeszug angetreten hatten, weiterhin fünfstimmige Madrigale komponiert. Man gewinnt den Eindruck, dass sich in dem übermäßigen Gebrauch von Dissonanzen, der für sein Spätwerk charakteristisch ist, eine Not artikuliert, die Not, aus der Verschmolzenheit mit der Mutter nicht herauszufinden. Gesualdo hat in seinen späten Madrigalen von dissonanten Klängen in einer äußerst eigentümlichen Weise Gebrauch gemacht, womit er sich außerhalb aller Regeln der damals gültigen Harmonielehre gestellt hat und worin viele Musiktheoretiker den Ausdruck einer Pathologie zu erblicken meinten. In diesem exzessiven Dissonanzengebrauch ist ihm kein Komponist wirklich gefolgt, weil wohl alle deutlich gespürt haben, dass dieser Weg nicht ins Freie, sondern in eine Sackgasse führt.

Die Härte der Dissonanzen in der Musik Gesualdos ist zweifelsohne ein Ausdruck seiner Qual, die dyadische Bezogenheit zur Mutter nicht aufgeben zu können. Und wo die Separation nicht gelingt, bleibt im unbewussten Erleben die existenzielle Abhängigkeit von der archaischen Mutterimago bestehen. Ein Sich-Abwenden der Geliebten wird dann erlebt wie »ein lebendiges Sterben«.

Gesualdo hat bei seiner ersten Frau, der schönen Maria d'Avalos, diese Abwendung zu einem anderen Mann in schmerzvoller Weise erleiden müssen. Das heißt, das »O Crudele« der madrigalischen Gesänge hat sich nicht nur für Giaches de Wert, sondern auch für Gesualdo im realen Leben ereignet. Was ein Impuls zur Weiterentwicklung zum individuellen Selbst in seiner Persönlichkeit hätte sein können, war Gesualdo zu nutzen unmöglich. Entsprechend hat er auf diese Erfahrung nicht anders als aus seiner symbiotischen Verhaftetheit heraus reagieren können. Ihre Untreue war wie eine tödliche Bedrohung seiner dyadisch verschmolzenen Welt, die ihn Opfer seiner archaischen Racheaffekte haben werden lassen. Den Todesschmerz hat er dann allerdings nicht selbst durchlitten, sondern – ausgesprochen unmadrigalisch – die »grausame Geliebte« erleiden lassen.

Monteverdi ist dieser Weg in die musikgeschichtliche Sackgasse erspart geblieben, er hat gleichsam den Weg ins Freie gefunden und eindrucksvoll beschritten. Wobei jedoch auch ihm der Abschied von Madrigal sichtlich schwer gefallen ist. Sein *4. Libro di madrigali* legt von dieser Schwierigkeit ein bewegendes Zeugnis ab. Diese Madrigalsammlung markiert gleichsam den Scheidepunkt vor der Hinwendung zum Neuen. Die im Madrigal Nr. 10 *Voi pu da me partite* gestellte Frage, »Wie kann man sich trennen ohne einen tiefen Abschiedschmerz zu empfinden« (»separarsi e non sentir dolore«), gilt vielleicht auch als eine Frage an sich selbst, denn Monteverdi ist ja nicht nur Monodist, sondern ist vor allem auch für seine wunderschönen Madrigalkompositionen berühmt geworden.

Man spürt sein Schwanken zwischen dem Verharren im wohligen vertrauten Nest und dem Entwicklungsdruck in Richtung eines individuellen Selbst. Dieses Schwanken finden wir auch musikalisch ausgedrückt, so z.B. im Madrigal *Voi pur da me partite* (ebenfalls im 4. Madrigalbuch), wo die helle und die dunkle Seite des Abschiednehmens zwischen der »grausamen Geliebten«, die offenbar keinerlei Probleme dem Abschiednehmen hat, und dem Erzähler-Ich aufgeteilt sind:

Also entfernt von mir ihr euch, harte Seele,
und es schmerzt euch nicht der Abschied.
Oh, das ist dem Sterben gleich, Grausame,
und ihr fühlt Freude?
Dies ist, der erhabenen Stunde nahe sein,
und ihr merkt es nicht.
Oh, das ist Ausdruck der äußersten Härte:
Einem Herzen die Seele sein und sich trennen
und nicht empfinden jeglichen Schmerz! (...)

Den Weg vom verschmelzenden mütterlichen Klangsprechen hin zur differenzierten individuellen Selbstdarstellung hat in der Vertonung durch Monteverdi einen bildhaften musikalischen Ausdruck darin erfahren, indem der mehrstimmige Gesang zunächst in einer kompakt-verschmolzenen Klangeinheit voranschreitet, doch dann bei den Worten »und ihr findet Freude daran?« sich plötzlich in einzelne Klangstränge aufspaltet, sich gleichsam in einem Akt des Aufbrechens der dyadischen Einheit individualisiert. Auf eine ähnliche musikalische Darstellung im Eröffnungsmadrigal *Ah dolente partita* hatte ich bereits hingewiesen.

Für Monteverdi ist mit dem 4. Madrigalbuch der Abschied offensichtlich gelungen, und er schickt sich an, »der erhabenen Stunde nahe zu sein«. Denn im *5. Libro di madrigali* startet er mit monodischem und generalbassbegleitetem Gesang, mit dem er in seinem Werk jene Stilwende einleitet, die sich als ein Spiegelbild der unbewussten Psyche der Menschen in dieser Zeit zu vollziehen beginnt und die psychologisch als Übergang von dyadisch-verschmolzenen Größen-Selbst zum separierten individuellen Selbst beschrieben werden kann.

Und Heinrich Schütz? Welchen Weg wählt er in seinen Kompositionen angesichts der beschriebenen epochalen Umwälzungen in den Phantasiebildern der unbewussten Psyche seiner Zeitgenossen?

Auch Schütz steht vor der nicht leichten Aufgabe, das Sinnlich-Affektive des mütterlichen Klangsprechens mit den neuen Möglichkeiten des semantischen Selbstausdrucks zu verbinden. Der Übergang vom dyadisch verschmolzenen zum individuellen Selbst markiert eine Entwicklungsphase, die von einer enormen emotionalen Vielgestaltigkeit ist und noch weit mehr Gefühlsfacetten aufweist, als die von Monteverdi bevorzugten Ausdruckweisen.

Charakteristisch für Monteverdi ist eine – wie Eggebrecht es ausgedrückt hat – »theatralisch zur Schau gestellte Bewegtheit des Rezitators«, also eine expressive affektive Entäußerung des narzisstischen Selbst.

Schütz wird einen anderen Weg einschlagen und entsprechend seiner anderen Herkunft und Persönlichkeitsstruktur andere Facetten dieses Gefühlsuniversums zum musikalischen Ausdruck bringen. Während Monteverdi implizit auf die Beziehung zur Mutter ausgerichtet bleibt, symbolisiert z.B. in der Marienverehrung, die für einen italienischen gläubigen Katholiken auch naheliegend ist, tritt mit Heinrich Schütz – wie wir sehen werden – erstmals die Beziehung zum Vater in die Musikgeschichte ein, die Beziehung zu jenem triangulären Vater, der aus der Enge der mütterlichen Dyade herausführt und entsprechend jubelnd begrüßt wird.

In dieser – aus psychologischer Sicht – unterschiedlichen Fokussierung von seelischen Prozessen am Übergang vom dyadischen zum triadischen Sein im kompositorischen Schaffen der beiden Großmeister des Frühbarock liegt möglicherweise auch der Umstand begründet, dass Monteverdi und Schütz, die sich bei Schützens zweitem Venedig-Besuch (1628/29) begegneten, offenbar wenig miteinander anzufangen wussten. Diese beiden Männer haben sich in ihren Äußerungen und Schriften kaum aufeinander bezogen; Monteverdi an keiner Stelle, Schütz nur sehr spärlich. Zu unterschiedlich waren ihre psychologischen Anliegen, die sie in ihrer Musik zu verwirklichen suchten.

II. Die schwärmerische Beziehung zum idealisierten Vater in der Musik von Heinrich Schütz

Der Erfolg seiner 1611 erschienen *Italienischen Madrigale* machte es möglich, dass Schütz seinen Aufenthalt in Venedig noch etwas verlängern konnte und er erst 1613 wieder an den Kasseler Hof zurückkehrte. Hier wirkte er einige Zeit als Organist, ließ aber auch sein kompositorisches Talent nicht verkümmern und schuf etliche mehrchörige Motetten und geistliche Konzerte, deren Publikation er jedoch mit Bedacht zurückstellte, um sich, wie er sich ausdrückte, in der Musik noch weiter zu »excolieren (...) und hierauff mit auslassung einer würdigen Arbeit« an die Öffentlichkeit zu treten. Das heißt, er machte sich strategische Gedanken, wie seine Kompositionen am wirkungsvollsten zu platzieren seien. Offenbar erschien es ihm günstiger, mit einer großen Motettensammlung anstatt mit Einzelausgaben an die Öffentlichkeit zu treten.

Seine Absicht, bis zum Erscheinen dieses großen Werkes sein Talent »gleichsamb verborgen zu halten«, ließ sich jedoch nicht verwirklichen. Sein musikalisches und kompositorisches Können blieb nicht unerkannt. So kam es, dass der sächsische Kurfürst Johann Georg I. auf Schütz aufmerksam wurde und ihn von seinem Dienstherrn auslieh und nach Dresden holte. Landgraf Moritz von Hessen gab seine Zustimmung nur widerwillig. Wahrscheinlich ahnte er zu diesem Zeitpunkt bereits, dass er Schütz für immer an den sächsischen Hof verloren hatte.

Offensichtlich muss Schütz in Dresden einen nachhaltigen Eindruck hinterlassen haben, denn bereits 1615 wird er zum »Director der Musica« ernannt und schon zwei Jahre später darf er sich sächsich-kurfüstlicher Hofkapellmeister nennen, eine ehrenvolle Anstellung, die er bis ins hohe Alter bekleidet hat.

Im dritten Jahr seiner Kapellmeistertätigkeit in Dresden sah er offensichtlich die Zeit für gekommen, seine in der Zwischenzeit komponierten Motetten und Konzerte als ein Gesamtwerk in den Druck zu geben. Im Jahre 1619, datiert auf seinen Hochzeitstag am 1. Juni, erscheint sein Opus 2, die *Psalmen Davids*. Mit dieser prachtvollen Sammlung von insgesamt 26 doppel- und mehrchörigen Motetten und Konzerten begibt sich Schütz in die ureigene Domäne seines väterlichen Lehrers Giovanni Gabrieli.

Und ohne Zweifel ist dieses bedeutende Werk als eine Hommage an den verehrten und zu dieser Zeit bereits verstorbenen venezianischen Lehrmeister zu verstehen. Vielleicht wollte Schütz seinen deutschen Komponistenkollegen und Zuhörern nicht ohne einen gewissen Stolz zeigen, was er bei seinem hoch verehrten Johan Gabriel gelernt hatte und in welcher Weise sich diese welsche Kunst auch auf Werke in deutsche Sprache anwenden lässt. Denn die Texte dieser Motettensammlung sind ausschließlich in deutscher Sprache. Es handelt sich um ausgewählte Psalmtexte in der Übersetzung Martin Luthers.

1. Heinrich Schütz – ein deutscher Giovanni Gabrieli?

Das Klangvolle und Prächtige steht bei Schützens *Psalmen Davids* eindeutig im Vordergrund und wird sicherlich auch dem Herrscherhaus in Dresden gut gefallen haben, konnten diese glanzvollen Musiken doch auch gut in den Dienst der Verherrlichung kurfürstlicher Macht gestellt werden. Und so widmete Schütz dieses Werk seinem Landesvater, dem sächsischen Kurfürsten Johann Georg I., dessen junger Hofkapellmeister er geworden war.

Schützens Opus 2 enthält die folgenden Motetten und Konzerte:

Der Herr sprach zu meinem Herren (SWV 22)
Warum toben die Heiden (SWV 23)
Ach Herr, straf mich nicht in deinem Zorn (SWV 24)
Aus der Tiefe rufe ich, Herr, zu dir (SWV 25)
Ich freu mich des, das mir geredt ist (SWV 26)
Herr, unser Herrscher (SWV 27)
Wohl dem, der nicht wandelt (SWV 28)
Wie lieblich sind deine Wohnungen (SWV 29)
Wohl dem, der den Herren fürchtet (SWV 30)
Ich hebe meine Augen auf zu den Bergen (SWV 31)
Danket dem Herrn, denn er ist freundlich (SWV 32)
Der Herr ist mein Hirt (SWV 33)
Ich danke dem Herrn von ganzem Herzen (SWV 34)
Singet dem Herrn ein neues Lied (SWV 35)
Jauchzet dem Herren, alle Welt (SWV 36)
An den Wassern zu Babel (SWV 37)
Alleluja! Lobet den Herren in seinem Heiligtum (SWV 38)

Lobe den Herren, meine Seele (SWV 39)
Ist nicht Ephraim mein teurer Sohn (SWV 40)
Nun lob mein Seel den Herren (SWV 41)
Die mit Tränen säen (SWV 42)
Nicht uns, Herr, sondern deinem Namen (SWV 43)
Wohl dem, der den Herren fürchtet (SWV 44)
Danket dem Herren, denn er ist freundlich (SWV 45)
Zion spricht, der Herr hat mich verlassen (SWV 46)
Jauchzet dem Herren, alle Welt (SWV 47)

Viele der für Gabrielis mehrchörige Werke charakteristischen Merkmale finden sich auch in Schützens *Psalmen Davids* wieder. Schütz übernimmt die vokal-instrumentale venezianische Klangpracht und lässt unterschiedlich stark besetzte Gruppen miteinander in einen Dialog treten: Solostimmen und kleinbesetzte Favoritchöre gegen volltönende Kapellchöre, die – wie Schütz es ausdrückte – »zum starken Getön und zur Pracht« beitragen sollen. Wir finden hohe Stimmengruppen, die mit tiefen Stimmgruppen kontrastieren, wie z.B. bei der Motette *Wohl dem der nicht wandelt* (SWV 28). Besondere Klangpracht entwickelt Schütz bei der vierchörigen Vertonung des 136. Psalms *Danket dem Herrn* (SWV 45), der einen nach jeder Zeile wiederkehrenden Refrain »Denn seine Güte währet ewiglich« aufweist und deren Schluss ein vollstimmiger Kapellchor mit schmetternden Trompeten und donnernden Pauken bildet. Beim Psalm 100 *Jauchzet dem Herrn alle Welt* (SWV 36) übernimmt der zweite Chor die ganze Motette hindurch die Rolle eines Echochores.

Die Vielfalt an Satztechniken und Stilarten sowie die aufwendige Besetzung unterschiedlichster Vokal- und Instrumentalchöre lassen es als unwahrscheinlich erscheinen, dass diese Motetten für den Gottesdienstgebrauch gedacht waren. Es ist vielmehr davon auszugehen, dass sie für besondere und festliche Anlässe komponiert worden sind und Schütz mit ihnen einen neuen künstlerischen Anspruch in der deutschen kirchenmusikalischen Landschaft setzen wollte, was ihm ohne Frage gelungen ist.

Ist Heinrich Schütz ein deutscher Giovanni Gabrieli? Auf den ersten Blick bzw. beim ersten Hören kann man zu diesem Eindruck gelangen. Die musikalischen Gestaltungsmittel und die Klangregie in den *Psalmen Davids* lehnen sich sehr eng an diejenige Gabrielis an. Der Glamour und der Glanz des venezianischen Concertos erstrahlt auch in Schützens prächtiger Mehrchörigkeit. Und doch ist in seinen Motetten ein ganz neuer Ton vernehmbar, der bei Gabrieli so nicht zu hören ist und der zu Schützens eigener, unverwechselbarer Tonsprache werden wird. Dieses Neue und Unverwechselbare ist kompositions- und satztechnisch schwerlich zu bestimmen. Es wird jedoch unmittelbar evident und sprachlich benennbar, wenn wir uns von der Seite der Psycho-Ästhetik her seiner Musik nähern.

2. Der präödipale idealisierte Vater

Damit der Mensch ein Individuum werden kann, muss er sich aus der mütterlichen Dyade lösen und zum Dritten, d.h. zum Vater, in Beziehung treten. Die Gestaltung dieser neuen Beziehung zum Dritten geschieht natürlich zunächst einmal nach dem Muster der bislang vertrauten Beziehung zur Mutter, die vor allem durch eine Idealisierung geprägt war. Idealisiert war das Selbst und die Einheit mit der Mutter, die als vollkommen und paradiesisch phantasiert wurde. Bei der Öffnung der Dyade zur Triade wird diese Idealisierung nun nach außen verschoben. Nicht mehr das Selbst und die Mutter werden als vollkommen erlebt, sondern es ist nun der Vater, dem alle Vollkommenheit, Größe und Macht zugeschrieben wird. Er erscheint als Held und als Retter aus der Enge der Dyade mit der Mutter. Mit dieser Triangulierung ist ein erstes Erwachen des Realitätssinnes verbunden, der das Kind ansatzweise seine Kleinheit wahrnehmen lässt. Die bis dahin phantasierte eigene Größe und Vollkommenheit ist nun auf den Vater übergegangen, und dieser Verlust kann nur dadurch ausgeglichen werden, dass das Kind sich möglichst viel in der Nähe und an der Seite des Vaters aufhält und so an dessen Allmacht und Vollkommenheit partizipiert.

Ist solch eine Begeisterung über die befreiende Tat des triangulierenden Vaters, der als ein Erretter aus symbiotischer Verschmelzung mit der Mutter jubelnd begrüßt wird, nicht eines der durchgängigen Themen in Schützens Opus 2?

Und wenn dies die (unbewusste) Ausdrucksintention des Komponisten war, dann müssen ihm die Psalmtexte geradezu wie eine perfekte Vorlage erschienen sein, um diesen in der Psyche des frühen Kindes epochalen Entwicklungsschritt von Separation und Triangulierung musikalisch auszuphantasieren.

Nun mag man einwenden, dass es in den Psalmen um die Verherrlichung des himmlischen Vaters und nicht eines irdischen Vaters geht. Dieser ernst zu nehmende Einwand macht es notwendig, sich über einen möglichen

Zusammenhang von Gottesbeziehung und Vaterbeziehung eingehender Gedanken zu machen.

2.1. Die Gottesbeziehung aus religionspsychologischer Sicht

Damit sind wir in das Minenfeld einer nicht ganz einfachen religionspsychologischen Problematik geraten, nämlich der Frage nach dem Ursprung und der psychischen Bedeutung der Vorstellung eines Gottes. Was sind die zugrunde liegenden Motive, dass ein Mensch eine Gottesvorstellung entwickelt oder von anderen übernimmt? Und welche psychologische Funktion kommt dem Glauben an einen Gott im Leben eines Menschen zu? Oder anders formuliert, für welche psychische Wirklichkeit ist der Glaube an einen allmächtigen Gottvater ein Ausdruck?

Es gibt eine natürliche Scheu, diese letzten Fragen der religiösen Sinnsuche einer psychologischen oder psychoanalytischen Betrachtung zu unterwerfen. Aber es wäre wiederum auch eine unverständliche Unterlassung, wollte man diesen so wichtigen Teil des menschlichen psychischen und kulturellen Lebens – Freud (1927, S. 335) bezeichnete die Religion als »das vielleicht bedeutsamste Stück des psychischen Inventars einer Kultur« – außerhalb wissenschaftlichen Denkens und Forschens belassen. Der Psychoanalytiker Müller-Pozzi (1981, S. 193) vertritt die Meinung:

> »Wenn der Vorstellung von Gott und dem Glauben an Gott eine psychologische Bedeutung überhaupt zukommt, muss sich Ursprung und Wesen der Gottesidee im Entwicklungsgeschehen des Menschen nicht nur zeitlich, sondern auch metapsychologisch, d.h. in ihrer Bedeutung für das psychische Leben der Person, ausmachen lassen.«

In der Urmatrix des psychischen Lebens, also in der frühen Mutter-Kind-Matrix, sieht die psychoanalytische Religionspsychologie die Wurzeln des Religiösen. In der psychischen Verschmelzung mit der bedürfnisbefriedigenden Mutter fühlt sich das Kind sicher geborgen und in der Grenzenlosigkeit vollkommen und allmächtig. Diese primärnarzisstische Illusion stellt einen paradiesischen Urzustand dar, aus dem der Mensch, mit dem Aufkommen und Anwachsen des Realitätsprinzips und der unausweichlichen Separation und Individuation von der Mutter, vertrieben wird. Gleichsam als eine Gegenbewegung gegen die notwendige Anerkennung des Realitätsprinzips hält der religiöse Glaube daran fest, dass die Geborgenheit in den Armen der Mutter nie verloren gehen wird: »Religiöser Glaube verkündet das Wissen des Kindes, dass – komme, was wolle – die ewigen Arme der Mutter da sein werden« (Klauber 1974, S. 372).

In der Identifizierung mit der mächtigen Mutter vermag das Kind sich selbst als vollkommen und allmächtig zu empfinden. Mit der Überhöhung der Mutter hat auch eine Überhöhung des Selbst stattgefunden. Diese Selbstidealisierung finden wir auch im Gottesglauben wieder. Durch seine Unterwerfung unter den Willen des Gottes und seine Gemeinschaft mit ihm, gewinnt der Gläubige Anteil an dessen Allmacht und Herrlichkeit und fühlt sich als Teilhaber an seiner Göttlichkeit.

Die unvermeidlichen enttäuschenden Erfahrungen an der Mutter führen jedoch zu der realistischen Einsicht, dass die Mutter eine eigenständige, vom eigenen Selbst getrennt lebende Person ist. Die Macht der Mutter, die anfangs geschätzt wurde, bekommt nun zunehmend bedrohliche Seiten und lässt beim Kleinkind eine Angst entstehen, aus der Abhängigkeit zu dieser mächtige Person nicht herauszufinden.

An diesem Punkt beginnt das Kind, Ausschau nach einer neuen Person zu halten, die sich außerhalb der symbiotischen Dyade mit der Mutter befindet und dabei behilflich sein kann, den Weg ins Freie zu finden. Diese Person ist der Vater, der als Retter aus der engen Bindung an die Mutter ersehnt und jubelnd begrüßt wird. Das Kind bildet nun zunächst einmal eine Dyade mit dem Vater, der zum neuen Träger der narzisstischen Vollkommenheit wird und eine entsprechende Idealisierung erfährt.

Diese Vorstellung einer *idealisierten Vaterimago* (Kohut) kommt natürlich der Vorstellung Gottes als eines idealen und allmächtigen Vaters sehr nahe: »Würde der reale Vater der Idealisierung standhalten, wäre er Gott, und der Mensch müsste sich keinen anderen schaffen« (Müller-Pozzi 1981, S. 197). Doch da die Unvollkommenheit des Vaters über kurz oder lang für das Kind enttäuschende Realität werden wird, gibt es nur noch eine letzte Möglichkeit, an der narzisstischen Vollkommenheitssehnsucht festzuhalten, indem die Imago eines allmächtigen Vatergottes gebildet wird. Und so kommt Müller-Pozzi zu dem Schluss:

> »Die jüdisch-christliche Religion hat die Vorstellung eines Gottes nach dem Vorbild des präödipalen idealisierten Vaters geschaffen. Dieser Gott transzendiert die Realität von Trennung, Verlust und Tod, von Spaltung in Selbst und Objekt. Gottesvorstellung und religiöser Glaube sind somit eine Möglichkeit des Menschen, unabhängig von seinen Beziehungen zu den realen Objekten und ohne diese Beziehungen zu gefährden, die im

> primären Narzissmus wurzelnde Gewissheit zu bewahren, mit dem Urgrund des Lebens verbunden, trotz Trennung und Individuation ›heil‹ und ganz zu bleiben« (ebd., S. 197).

Finden wir etwas von solch einer Gottesvorstellung, die sich an der kindlichen Bezogenheit zu seinem idealisierten Vater gebildet hat, in den von Heinrich Schütz vertonten *Psalmen Davids* wieder?

2.2. Das Gottesbild einer »dyadischen Mutter« und eines »triangulierenden Vaters« in den *Psalmen Davids*

Wie im vorhergehenden Absatz dargestellt, wurzelt – aus psychologischer Perspektive – die Religion in der dyadischen Verschmolzenheit mit der Mutter als dem Urbild narzisstischer Vollkommenheit, zu der der befreiende Aspekt eines trianglierenden Vaters hinzutritt. Folglich wird diese Gottesvorstellung sowohl umsorgend mütterliche als auch befreiend väterliche Eigenschaften aufweisen. Wenn wir zunächst einmal nur die Texte der von Schütz vertonten Psalmen auf solche mütterlichen und väterlichen Eigenschaften untersuchen, so stellen wir fest, dass in ihnen beide Facetten enthalten sind. Die folgende Auflistung vermag einen Eindruck von diesen mütterlichen und väterlichen Eigenschaften zu vermitteln (die Zahl in der Klammer benennt die Nummer der Motette, aus der das Zitat stammt):

Gott als vollkommene dyadische Mutter

- Der Herr ist mein Hirt, mir wird nichts mangeln, er weidet mich auf einer grünen Aue und führet mich zum frischen Wasser (…) Du salbest mein Haupt mit Öle und schenkest mir voll ein (12)
- Er gibt Speise denen, die ihn fürchten (13)
- Denn bei dem Herrn ist Gnade und viel Erlösung bei ihm (1)
- (…) und des Menschen Kind, dass du dich sein annimmst (6)
- Denn der Vogel hat ein Haus gefunden und die Schwalbe ihr Nest da sie Junge hecken (…) Er wird kein Gutes mangeln lassen den Frommen. Wohl dem Menschen, der sich auf dich verlässt! (8)
- Meine Hilfe kommt vom Herren (…) Er wird dein' Fuß nicht gleiten lassen (…) Der Herr behütet dich; der Herr ist dein Schatten über deiner rechten Hand, dass dich des Tags die Sonne nicht steche noch der Monde des Nachts. Der Herr behüte dich vor allem Übel (10)

- Danket dem Herrn, denn er ist freundlich, und seine Güte währet ewiglich (11)
- (...) der dir alle deine Sünden vergiebet und heilet alle deine Gebrechen; der dein Leben vom Verderben erlöset, der dich krönet mit Gnad und Barmherzigkeit (...) vergiss nicht, was er dir Guts getan hat (18)
- (...) er heilt dein Schwachheit groß; errett' dein armes Leben, nimmt dich in seinen Schoß. Mit reichem Trost beschüttet (...) (20)

Aber, wie wir bereits herausgestellt haben, erschöpft sich die jüdisch-christliche Religion nicht in matriarchalen Vorstellungen, sondern hat im Bild eines Vater-Gottes, der aus der Gefangenschaft herausführt, also eines triangulierenden Vaters, eines machtvollen Helden, eine große befreiende Entwicklungspotenz anzubieten. Die großartigen heldenhaften Attribute dieses triangulierenden Vaters kommen in den *Psalmen Davids* nicht zu kurz und sind im Folgenden unter der Überschrift »Gott als allmächtiger triangulierender Vater« zusammengetragen. Dieser Gott führt sicher durchs rote Meer und verhindert, dass die bedrohlichen (mütterlichen) Fluten zurückschwappen und in verderblicher Weise die weitere Entwicklung der »Kinder Israels« aufhalten und zunichte machen.

Gott als allmächtiger triangulierender Vater

- Herr, unser Herrscher, wie herrlich ist dein Name in allen Landen (6)
- Wohl den Menschen, die dich für ihre Stärke halten (8)
- (...) der große Wunder tut alleine, der die Himmel ordentlich gemacht hat (...) der Ägypten schlug an ihren ersten Geburten und führet Israel heraus durch mächtige Hand und ausgestreckten Arm, der das Schilfmeer in zwei Teile teilet und ließ Israel durchgehen, der Pharao und sein Heer ins Schilfmeer stieß, der sein Volk führet durch die Wüste, der große Könige schlug und erwürget mächtige Könige (...) (11)
- Groß sind die Werke des Herren (...) was er ordnet, das ist löblich und herrlich (...) Er lässt verkündigen seine gewaltigen Taten seinem Volk (...). Heilig und hehr ist sein Name. (13)
- (...) denn er tut Wunder. Er siegt mit seiner Rechten und mit seinem heil'gen Arm (14)
- Lobet ihn in der Feste seiner Macht, lobet ihn in seinen Taten, lobet ihn in seiner großen Herrlichkeit (17)

- Aber unser Gott ist im Himmel, er kann schaffen, was er will (22)

Dieser Vater, in dessen Person sich alle Güte, alle Hilfe, alles Glück und alle Macht und Stärke vereint, ist ein idealer Vater, an dessen Seite und in dessen Obhut leben zu dürfen man sich glücklich schätzen darf. Entsprechend gebührt diesem idealen Vater alles Lob, aller Dank und alle Ehrerbietung:

Lob und Preis dem vollkommenen Gott

- Ehre sei dem Vater und dem Sohn und auch dem heilgen Geiste (insgesamt 12x)
- Danket dem Herren, denn er ist freundlich. (11)
- Ich danke dem Herrn von ganzem Herzen. (13)
- Singet dem Herrn ein neues Lied. (14)
- Jauchzet dem Herrn alle Welt. Dienet dem Herrn mit Freuden, kommt vor sein Angesicht mit Frohlocken! Danket ihm, lobet seinem Namen! (15)
- Alleluja! Lobet den Herren in seinem Heiligtum, lobet ihn in der Feste seiner Macht. Lobet ihn in seinen Taten, lobet ihn in seiner Herrlichkeit. Lobet ihn mit Posaunen, lobet ihn mit Psaltern und Harfen. Lobet ihn mit Pauken und Reigen, lobet ihn mit Saiten und Pfeifen. Alles, was Atem hat, lobe den Herrn Alleluja. (17)
- Lobe den Herrn, meine Seele. (18)
- Nun lob, mein Seel, den Herren. (20)
- Danket dem Herrn, denn er ist freundlich (…) (24)
- Jauchzet dem Herren alle Welt, singet rühmet und lobet! Lobet den Herrn mit Harfen und mit Psalmen (…) Lobet den Herrn alle Heiden, preiset ihn alle Völker. (26)

Die Texte der Psalmmotetten enthalten also beide Aspekte eines vollkommenen Gottes, die mütterlich-fürsorglichen und die väterlich-befreienden. Den Ausdruck der mütterlichen Anteile übernimmt Schütz – satztechnisch und klanglich gesehen – von Giovanni Gabrieli. Die Klangpracht, die Farbigkeit, die Weichheit, also all diejenigen Facetten, die zum mütterlichen Klangsprechen zählen, lassen Schütz in der Nähe seines verehrten Lehrers verbleiben. Hier folgt Schütz der Gabrielischen Klangregie.

Wofür es kein Vorbild für Schütz gibt und was er sich selbst erarbeiten muss und offensichtlich auch mit vehementem Elan erarbeiten will, gehört der andere Teil dieses Gottesbildes, nämlich die kindlich-schwärmerische Beziehung zu einem idealisierten, vollkommenen Vater.

3. Die schwärmerische Beziehung zum idealisierten Vater in der Musik von Schütz

Ich kann mich wirklich nicht entsinnen, je eine Musik gehört zu haben, die solch eine ausgelassene, übermütige und überschäumende kindliche Freude zum Ausdruck bringt wie der Beginn der Motette *Jauchzet dem Herren, alle Welt* (SWV 493). Es sei mir gestattet, dass ich ausnahmsweise nicht mit einer Motette aus den *Psalmen Davids* beginne, sondern mit einem Werk des über 80-jährigen Schütz aus seinem *Schwanengesang*. Nach dem Introitus erklingt die Textzeile »Dienet dem Herrn mit Freuden«. Es ist unglaublich, wie in diesem Soggetto in Achtel- (Fusen) und Sechzehntel-Noten (Semifusen) die Stimmen in völliger Atemlosigkeit dahinfegen und sich gleichsam überschlagen. Ins Bildliche übersetzt erleben wir hier ein kleines Kind, dass mit strahlenden Augen und glucksenden Lauten in irrwitzigem Tempo dem heimkehrenden Vater entgegenrennt, der seine Arme weit geöffnet hat, um sein Kind sicher aufzufangen.

Anfangstakte der doppelchörigen Motette ›Jauchzet dem Herrn alle Welt‹ (SWV 493)

Diese überschäumende, sprühende Emotionalität, die in der Musik steckt, entfaltet sich allerdings nur, wenn sie entsprechend lebendig gesungen wird. Sehr entscheidend ist das Tempo und natürlich die Lust, mit der musiziert wird. Mir liegt eine Aufnahme mit dem englischen »Cambridge Bach Ensemble« vor, das an dieser Stelle ein atemberaubendes Tempo anschlägt, das von doppelter Geschwindigkeit ist, als diese Stelle üblicherweise zu hören ist. Die musikalische Wirkung ist einfach grandios. Wie hier die beiden Stimmgruppen das »Dienet dem Herrn« und das »mit Freuden« sich gegenseitig zusingen, ja zujubeln und sich dabei wie eine brandende Welle nahezu überschlagen, ist umwerfend. Ja, wenn diese Textzeile in dieser Weise gesungen wird, bekommt die unbändige Freude, die in Schützens Musik steckt, eine Chance, sich zu zeigen.

O lieber Herre Gott (SWV 381)

Einer ähnlich lebendigen kindlichen Freude begegnen wir in der Motette *O lieber Herre Gott* aus der *Geistlichen Chormusik* von 1648. Auch hier hat Schütz einen Text mit Bedacht ausgesucht, vielleicht genau darum, weil er jenen kindlichen Geist atmet, zu dem Schütz eine besondere Affinität verspürt. Es handelt sich um Martin Luthers Eindeutschung der vorreformatorischen Adventskollekte *Excita, Domine*:

> O lieber Herre Gott, wecke uns auf,
> dass wir bereit sein, wenn dein Sohn kömmt,
> ihn mit Freuden zu empfahen
> und dir mit reinem Herzen zu dienen
> durch denselbigen deinen lieben Sohn,
> Jesum Christum, unsern Herrn.
> Amen

In diesem Stück ist nicht nur der Herre Gott »lieb«, sondern auch Jesus Christus, den es mit Freuden und mit reinem Herzen zu empfangen gilt. Das Stück hat insgesamt ein liebes Gepräge und eine angenehme Weichheit, die unmittelbar an süße zarte Kinderärmchen denken lässt, über die man gerne streichelt. Damit soll nicht gesagt werden, dass es in dieser Motette nur diese eine Ebene gäbe. Nein, die Musik ist gleichzeitig ausgesprochen »erwachsen«, indem eine sanfte Melancholie mitschwingt, die zu Phantasien über das Heilige anregt und über Ewigkeit und Vergänglichkeit ins Nachdenken geraten lässt.

Doch verbleiben wir noch einen Augenblick bei der kindlichen Anmutungsebene. Die Motette fließt in einem *alla breve*-Takt in Ganzen, Halben und Viertelnoten sanft dahin. Dieser ruhige Fluss erfährt jedoch bei den Worten »ihn mit Freuden zu empfahen« eine überraschende Verlebendigung. In einem tänzerischen 3/2 bzw. 3/1 Takt beginnt der ganze Chor urplötzlich mit freudiger Erregung seiner kindlichen Freude über die Ankunft des Herren Ausdruck zu verleihen:

Aus: Motette ›O lieber Herre Gott‹ (SWV 381)

Um nicht den Eindruck zu erwecken, als würde das Wort »Freude« Schütz stets zu kindlichen Ausdrucksfiguren verleiten, sei auf die Motette *Die mit Tränen sähen* (SWV 378), ebenfalls aus der *Geistlichen Chormusik*, verwiesen. Auch hier kommt das Wort »Freude« vor, sogar an zwei Stellen. Auch hier wird voller freudiger Gefühle gesungen, aber diese Freude ist durchaus als eine erwachsene Freude erlebbar und nachvollziehbar. In der Lebendigkeit dieser Passage mag das Kindliche enthalten sein. Es ist jedoch nicht dominant, sondern in eine erwachsene Freude gut integriert.

Der Herr ist wahrhaftig auferstanden und Simoni erschienen (SWV 50)

Ein weiteres Beispiel kindlich übermütiger Affektivität begegnet uns in der Auferstehungshistorie von 1623. Ich denke hier an den Einwurf des sechsstimmigen Chores, der voll innerer Erregung das Unglaubliche den Umstehenden verkündet: »Der Herr ist wahrhaftig auferstanden und Simoni erschienen.«

Chorsatz aus der ›Auferstehungshistorie‹ (SWV 50)

Diese Chorpassage ist alles andere als eine sachliche Berichterstattung. So artikulieren sich auch keine freudig erregten Erwachsenen, nein, dieser Chor hat eine ausgesprochen kleinkindhafte Ästhetik. Wie Kinder plappern die Sänger die unglaubliche Kunde von der Auferstehung Christi vor sich her. Aber gerade diese urtümliche Unbekümmertheit, diese kindliche Naivität verleiht dieser Szene einen besonders eindrücklichen und anrührenden Charakter.

Abschließend sei noch auf eine ähnlich kindlich-affektive Figur in der Motette *Also hat Gott die Welt geliebt* (SWV 380) aus der *Geistlichen Chormusik* hingewiesen, wo das Wort »alle« zunächst dem natürlichen Sprachduktus entsprechend durch zwei halbe Noten gedehnt vorgestellt wird, dann aber in schnellen Achtelnotenwerten in dreimaliger Aufeinanderfolge »alle, alle, alle« wiederholt wird. Die bewusste Überlegung des Komponisten mag dabei gewesen sein, den Wortsinn durch die Vervielfältigung des »alle« bildhaft auszudrücken. Der hörästhetische Eindruck ist jedoch ein ausgesprochen kindlicher, der einen schmunzeln lässt.

Es ist sehr anrührend und bewegend, wenn man in musikalischen Darbietungen diese in Schützens Vokalmusik angelegte sehnsüchtige kindliche Affektivität ausgedrückt findet. Es sind vornehmlich die exzellenten englischen Chöre, die sich nicht scheuen, diese kindliche Affektivität in bewegender Weise darzubieten. Bei deutschen Chören gibt es überwiegend eine Scheu oder Hemmung, dem Hörer die Schütz'sche Emotionalität zu übermitteln. Schützens Musik wird entweder in der Nachfolge Gabrielis als klangprächtige Gemälde glamourartig »mit starkem Getön« vorgetragen oder aber geistig verklärt, von jeglicher subjektiven Affektivität gereinigt und in ein puristisches Klanggewand gehüllt.

Warum diese Hemmung, Schützens feinsinnige, überaus verletzliche kindliche Gefühlswelt zum Ausdruck zu bringen? Fürchtet man, dem Senior der deutschen Musik damit zu nahe zu treten oder ihn vom Denkmal zu stoßen? Oder geht es vielleicht vielmehr um den Schutz der eigenen Person, d.h. um eine Angst, mit den schwierigen frühkindlichen Gefühlen im eigenen Innern konfrontiert zu werden? Mitunter hat man den Eindruck, Schütz gegen seine Interpreten in Schutz nehmen zu müssen, die vom festen Bild eines altehrwürdigen Heiligen nicht lassen möchten und sich gegen eine lebendige, im Sinne einer mit frühkindlicher Affektivität angefüllten Interpretation seiner Werke zur Wehr setzen.

Wenn die Hypothese einer kindlich-schwärmerischen Beziehung zum idealisierten Vater als eine latente Sinnebene in der Musik von Heinrich Schütz zutreffend ist, so wird sich der affektive Ausdruck nicht nur auf die kindliche Freude beschränken, sondern auch andere Gefühle übermitteln, die für diese frühkindliche Bezogenheit kennzeichnend sind. Damit komme ich zurück zu den *Psalmen Davids*, in denen ein reiches Spektrum an solchen urtümlichen Gefühlen zum Vater auffindbar ist, wie ich im Folgenden belegen möchte.

3.1. Die Sehnsucht nach der körperlichen Nähe des Vaters

Beginnen möchte ich mit der Motette *Wie lieblich sind deine Wohnungen* (Psalm 84, SWV 29), in der sich textlich ein sehnsuchtsvolles Wünschen des Psalmisten artikuliert, im Hause des Herrn wohnen zu dürfen.

> Wie lieblich sind deine Wohnungen, Herr Zebaoth!
> Mein' Seel' verlanget und sehnet sich
> nach den Vorhöfen des Herren;
> mein Leib und Seele freuen sich
> in dem lebendigen Gott.
> Denn der Vogel hat ein Haus funden
> und die Schwalbe ihr Nest da sie Junge hecken,

nämlich deine Altar, Herre Zebaoth,
mein König und mein Gott.
Wohl denen, die in deinem Hause wohnen;
die loben dich immerdar. Sela.

Wohl den Menschen, die dich für ihre Stärke halten
und von Herzen dir nachwandeln!
Die durch das Jammertal gehen und graben daselbst Brunnen,
und die Lehrer werden mit viel Segen geschmücket;
sie erhalten einen Sieg nach dem andern,
dass man sehen muss, der rechte Gott sei zu Zion.

Herr, Gott Zebaoth, höre mein Gebet;
Vernimm's, Gott Jakobs! Sela.
Gott, unser Schild, schau doch;
siehe an das Antlitz deines Gesalbten!
Denn ein Tag in deinen Vorhöfen
ist besser denn sonst tausend.

Ich will lieber die Tür hüten in meines Gottes Hause,
als lange wohnen in der Gottlosen Hütten.
Denn Gott, der Herr, ist Sonn' und Schild;
der Herr gibt Gnad und Ehre,
er wird kein Gutes mangeln lassen den Frommen.
Herr Zebaoth, wohl dem Menschen,
der sich auf dich verlässt!

Die durchgängige psycho-ästhetische Qualität dieser Motette, die auch die meisten der anderen Motetten der *Psalmen Davids* auszeichnet, ist eine klangvolle harmonische Verschmolzenheit, wie wir sie bereits in den Madrigalen und der doppelchörigen Motette der venezianischen Komponisten erfahren haben. Es ist das glückselige Einssein mit der Mutter, das den Hörer wohlig umfängt. In diesem Klang ist Schütz seinem verehrten Lehrer sehr nahe, der ausschließlich die grandiose Einheit mit der Mutter in seiner Musik malt. Doch bei Schütz kommt gerade in dieser Motette etwas Neues hinzu.

War in der Verschmolzenheit mit der Mutter das Selbst und die gemeinsame Einheit groß und vollkommen, so zeichnet sich die Beziehung zum idealisierten Vater durch ein asymmetrisches Verhältnis von einem kleinen Kind zu einem übergroßen allmächtigen Vater aus. Die Zurkenntnisnahme der eigenen Kleinheit lässt im Kind eine gewisse Ängstlichkeit und

Furchtsamkeit aufkommen, da die früher phantasierte eigene Vollkommenheit nun vollständig auf den Vater übergegangen ist. Dem Kleinkind wird in dieser Entwicklungsphase seine Abhängigkeit vom Vater bewusst. Ohne ihn fühlt sich das Kind einsam, klein und hilflos, an der Seite des überaus bewunderten starken Vaters jedoch erlebt es sich sicher und gut, da es Anteil an dessen Glanz und Größe hat.

Ist es nicht genau diese Mischung aus kleinkindhafter Ängstlichkeit und Abhängigkeit einerseits und kindlichem Sehnen, vom Vater liebevoll anerkannt und in die Aura seiner Vollkommenheit aufgenommen zu werden andererseits, die sich in Schützens Musik zu diesem Psalm ausdrückt?

Die doppelchörige Motette beginnt in einem sehnsuchtsvollen Gefühlston und einer feinen madrigalhaften Zeichnung des Wortes »lieblich«, das zweimal wiederholt wird. Jeweils bei dem Wort »lieblich« erleben wir eine ungewöhnliche Rückung, die durch eine überraschende harmonische Modulation, verbunden mit einem Halbtonschritt aufwärts im Sopran von der Silbe »lieb-« auf »-lich« erreicht wird.

Anfangstakte (Chor I) der Motette ›Wie lieblich sind deine Wohnungen‹ (SWV 29)

Wird die Musik beim Wort »lieblich« vom ausführenden Chor sorgsam und gefühlvoll gestaltet und erhält diese ungewöhnliche – weil unvorbereitete – Harmoniefortschreitung von F-Dur nach A-Dur und von G-Dur nach H-Dur jene überraschende Qualität, die in ihr angelegt ist, so vermag sich beim Hörer diese zweimalige harmonische Rückung in eine bildliche, körperlich-sinnliche Rückung zu verwandeln. In meiner Phantasie entsteht an dieser Stelle stets das Bild eines kleinen Jungen, der mit seinem Vater auf einer Bank sitzt und sehnsüchtig, aber auch ein wenig ängstlich versucht, in zwei rückenden Bewegungen näher an ihn heranzurutschen. Das heißt, der vom Psalmisten vermutlich allegorisch gemeinte Text erfährt durch

Schützens Musik eine konkret-sinnliche Ausdeutung einer körperlichen Bewegung, die aber zugleich auch eine emotionale Bezogenheitsqualität eines kleinen Kindes zu einem über alles geliebten und bewunderten großartigen Vater zum Ausdruck bringt, in dessen Nähe das Kind zu gelangen wünscht.

Dieses sehnsuchtsvolle Verlangen nach der Nähe des Vaters erfährt in den folgenden Takten eine Fortsetzung. Der Text »Mein Seel verlanget und sehnet sich nach den Vorhöfen des Herren« ist von Schütz sehr weich und gedehnt gestaltet und bestärkt den Eindruck einer schmachtenden Sehnsucht nach dem Vater. Die ersehnte Beziehung zu Gott ist hier nach meinem Eindruck ganz nach dem Bild der Beziehung eines kleinen Kindes zu seinem geliebten persönlichen, irdischen Vater gezeichnet. Und Schützens frische und lebendige Musik ist gleichsam ein Beweis und eine authentische Bestätigung für den folgenden Ausruf dieser kindlichen Seele: »Mein Leib und Seele freuen sich in dem lebendigen Gott«.

Das folgende Bild des Vogels, der ein Haus und die Schwalbe, die ein Nest gefunden hat, wird in luftiger madrigalesker Art vertont, sodass man als Zuhörer nahezu selber zur Schwalbe wird, die durch die Lüfte gleitet. Dieser Teil mündet in die zuversichtliche und vertrauensvolle Anrede an den bewunderten Vater: »Mein König, und mein Gott. Wohl denen die in deinem Hause wohnen; die loben dich immerdar. Sela.« In den folgenden Zeilen wird die Stärke dieses Vaters beschrieben und die Aufforderung an alle Gläubigen ausgesprochen, ihm nachzuwandeln.

Zu diesem Vater erschallt ein Gebet in einer von Schütz eher selten verwandten Technik eines psalmodierenden Gesangs, bei dem zwar mehrstimmig (auf einer Tonstufe) gesungen, der Text aber rezitativisch deklamiert wird.

Psalmodierender Gesang aus der Motette ›Wie lieblich sind deine Wohnungen‹ (SWV 29)

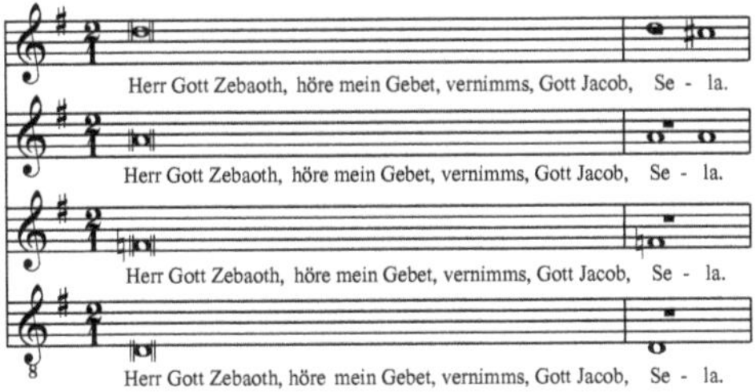

Dieser psalmodierende Gesang vermittelt sehr bildhaft ein kollektives Beten zum Vater im Himmel. Und noch einmal wird abschließend die Güte und

Allmacht dieses Vaters textlich und musikalisch ausgedrückt. Mit einem äußerst markigen »Herr Zebaoth« und einem dazu in Kontrast stehenden sehr weichen »wohl dem Menschen, der sich auf dich verlässt« endet diese überaus lebendige und vielgestaltige Motette.

Nach meinem Erleben ist der zentrale Affekt dieses Musikstücks eine körperlich-sinnlich sich ausdrückende Vatersehnsucht, die sich durch ihre Frische, Unmittelbarkeit und Beweglichkeit als eine frühkindliche Affektivität zu erkennen gibt. Die Kindlichkeit des Ausdrucks wird meines Erachtens auch dadurch erreicht, dass man eine hohe Identifizierung des Komponisten mit dem Ich des Psalmisten verspürt. Schütz schlüpft höchstpersönlich in dieses kindliche Ich, das kindlich-vertrauensvoll die Nähe zum Vater sucht. Diese persönliche Identifizierung des Komponisten ist es, die diesen Text ihres allegorischen Charakters entkleidet und ihn zu einer sinnlich-affektiven Entäußerung einer inneren Befindlichkeit macht, die den Charakter einer schwärmerischen Beziehung zu einem idealisierten Vater beinhaltet.

Etwas von dieser Affektivität finden wir auch im folgenden Konzert, der Nr. 18 aus Schützens Psalmvertonungen.

Das Konzert »*Lobe den Herren, meine Seele, und vergiss nicht, was er dir Gutes getan hat*« (SWV 39) gehört zu jenen Chorstücken von Schützens Opus 2, die nicht einen vollständigen Psalmtext zur Grundlage haben. Der emphatische Ausruf wird im doppelchörigen Ritornell dieses Konzertes mehrmals wiederholt (abwechselnd im Vierer- und im Dreiertakt), jeweils unterbrochen von zwei eingeschobenen Strophen:

Anfangstakte (Chor I) des Konzertes ›Lobe den Herren meine Seele‹ (SWV 39)

Lobe den Herren meine Seele,
und vergiss nicht, was er dir Gutes getan hat.

Der dir alle deine Sünden vergiebet
und heilet alle deine Gebrechen.

Lobe den Herren meine Seele,
und vergiss nicht, was er dir Gutes getan hat.

Der dein Leben vom Verderben erlöset,
der dich krönet mit Gnad und Barmherzigkeit.

Lobe den Herren meine Seele,
und vergiss nicht, was er dir Gutes getan hat.

Bleiben wir zunächst einmal beim Text, der ja vermutlich von Schütz aus Psalmtexten und anderen Bibeltexten kompiliert worden ist, so fällt auf, dass hier selbstreflexiv die eigene Seele angesprochen wird. Der Text drückt gleichsam einen inneren Dialog aus zwischen einer Person und ihrer persönlichen Seele. Kann man sich vorstellen, dass Gabrieli solch einen Text vertont hätte? Diese Form eines Selbstgespräches, diese Bezugnahme auf die eigene Psyche, die Schütz hier zur Darstellung bringt, ist für Gabrieli eher untypisch. In Gabrielis Motetten finden wir durchaus eine anrührende Affektivität und natürlich wunderschöne musikalische Gesten, wie sie für einen Mutter-Kind-Dialog auch zu erwarten sind. Die Affektivität Giovanni Gabrielis, wie sie sich in seiner Musik ausdrückt, ist jedoch – so könnte man formulieren – von einer allgemeinen, überpersönlichen Art. Die Person des Komponisten kommt darin nicht vor.

Bei Schütz hingegen ist eine deutliche Individualisierung und Personalisierung seiner Musik festzustellen, die einen Einblick in die Innenwelt eines Beters vermittelt, möglicherweise sogar in die Innenwelt des Komponisten, der mit diesem Beter persönlich hoch identifiziert erscheint. Das hat offenbar schon Philipp Spitta erkannt, indem er anmerkt:

> »Schütz besaß die geheimnisvolle Gabe, jene herzbewegenden Akzente und Tonbiegungen zu finden, welche, scheinbar den Modulationen der Sprache abgelauscht, uns in die Tiefen individuellen Empfindens hinabschauen lassen« (Spitta 1894, S. 56).

Die Art und Weise, wie Schütz dieses »Lobe den Herrn meine Seele« vertont, hat eine ganz besondere innige Qualität, die diese Verszeile aus ihrer Allgemeingültigkeit einer gläubigen Haltung heraushebt und zu einer sehr persönlichen, eindringlichen und gefühlvollen Ansprache der Seele im eigenen Inneren macht. In der Musik Schützens spricht ein sich seiner Seele im eigenen Inneren bewusstes Selbst, das aus einer exzentrischen Perspektive heraus zu sich liebevoll in Kontakt tritt. Für das Selbst der Mutter-Kind-Dyade ist solch ein Selbstbezug undenkbar. Es erlebt sich in seinem Fühlen noch nicht von der Mutter getrennt, er ist noch innerhalb der Dyade und kann infolgedessen nicht von außen auf sich schauen. Erst wenn das Kleinkind den symbiotischen Kokon verlassen hat und auf den Schoß des Vaters geklettert ist, hat es jene exzentrische Position erreicht, die es ihm erlaubt, aus einer sicheren Distanz reflexiv auf die Beziehung zur Mutter und auf sich selbst zu schauen.

Ich bin immer wieder überrascht, wie unterschiedlich das Ansprechen der eigenen Seele in Schützens Konzert je nach musikalischer Interpretation ausfallen kann. Ein Chor kann den Refrain »Lobe den Herrn meine Seele« äußerst schwungvoll in einem zügigen Tempo nehmen und wird den Hörer einen lebendigen Dialog mit sich selbst und einen freudigen Lobgesang auf die Güte und Barmherzigkeit des Vaters erleben lassen. Nimmt man das Tempo aber nur ein wenig zurück und lässt das Melodische über den rhythmischen Impuls dominieren, so verändert sich das Gefühl nahezu ins Melancholische, weil diesmal das klangliche Ansprechen der eigenen Seele von einer Innigkeit und Feinheit ist, dass man von einer sehnsuchtsvollen Traurigkeit erfüllt wird.

Die Vatersehnsucht, die in *Wie lieblich sind deine Wohnungen* ausgesprochen hoffnungsvoll klang, bekommt in dieser Motette einen leicht melancholischen Unterton, der je nach Interpretation verborgen gehalten oder hörbar gemacht werden kann.

Damit gehen wir über zu einem nächsten Affekt frühkindlicher Bezogenheit zum Vater, wie er sich in der Musik Schützens ausdrückt.

3.2. Bewunderung für die Kraft und Stärke des Vaters

Aus der Fülle derjenigen Motetten, die die Größe und Stärke des Vaters beschreiben und den Stolz des Sohnes auf diese übergroße Allmacht ausdrücken, möchte ich die dreichörige Motette *Nicht uns, Herr, sondern deinem Namen* (Psalm 115, SWV 43) als Beispiel herausgreifen. Konrad

Junghänel wählt in seiner Aufnahme der *Psalmen Davids* mit dem »Cantus Cölln« und dem »Concerto Palatino« aus dem Jahre 1998 diese Motette als krönenden Abschluss:

Nicht uns, Herr, nicht uns,
sondern deinem Namen gib Ehre
um deiner Gnad und Wahrheit willen!
Warum sollen die Heiden sagen:
Wo ist nun ihr Gott?
Aber unser Gott ist im Himmel;
er kann schaffen, was er will.

Jene Götter aber sind Silber und Gold,
von Menschenhänden gemacht.
Sie haben Mäuler und reden nicht,
sie haben Augen und sehen nicht,
sie haben Ohren und hören nicht,
sie haben Nasen und riechen nicht,
sie haben Hände und greifen nicht,
Füße haben sie und gehen nicht,
und reden nicht durch ihren Hals.

Die solche machen, sind gleich also
und alle, die auf sie hoffen.
Aber Israel hoffe auf den Herren!
Er ist ihre Hülfe und Schild.
Das Haus Aaron hoffe auf den Herren!
Der ist ihre Hülfe und Schild.
Die den Herren fürchten, hoffen auf den Herren!
Der ist ihre Hülfe und Schuld.

Der Herr denkt an uns und segnet uns;
er segnet das Haus Israel,
er segnet das Haus Aaron.
Er segnet, die den Herrn fürchten,
beides klein und groß.
Der Herr segnet euch je mehr und mehr,
euch und eure Kinder!
Ihr seid die Gesegneten des Herren,
der Himmel und Erden gemacht hat.

Der Himmel allenthalben ist des Herren;
aber die Erde hat er den Menschenkindern gegeben.
Die Toten werden dich Herr nicht loben,
noch die hinunterfahren in die Stille.
Sondern wir loben den Herren
von nun an bis in Ewigkeit.
Alleluja.

Die Motette beginnt mit einem vom *basso continuo* begleiteten Tenorsolo in einer demütigen, etwas unterwürfigen Verbeugung vor der Größe Gottes. Bei der Erwähnung der Heiden, die ungläubig nach dem Aufenthaltsort des christlichen Gottes fragen, wird es lebendig. Durch Taktwechsel und einen schnelleren rhythmisierten homophonen Klangblock wird das lautstarke Durcheinanderreden der Ungläubigen dargestellt. Der Vers schließt mit einer Bekräftigung der Allmacht Gottes »er kann schaffen, was er will«.

War der Beginn atmosphärisch durchaus dem Erleben einer Erwachsenenwelt zuzuordnen, so erinnert die nun folgende Aufzählung von Körperteilen sehr an die kindliche Märchenwelt von »Rotkäppchen und der Wolf«: »aber Großmutter, warum hast du so große Augen?« etc. Aber für Schütz stellt dieser ans Märchenhafte grenzende Text keine Schwierigkeit in der Vertonung dar. Im Gegenteil. Mit ausgesprochen kindlicher Lust lässt er die beiden Chöre in der Aufzählung von Mäulern, Augen, Ohren, Nasen und Händen abwechseln.

Der dann folgende Vers benennt einige derjenigen Attribute, die das kleine Kind beim Vater als etwas faszinierend Neues entdeckt, wofür die Mutter nicht stand: »Er ist Hülfe und Schild«. Diese Eigenschaften eines »Ritters in strahlender Rüstung« werden dreimal wiederholt und sollen offenbar den Kindern Israels neue Hoffnung geben.

Im vierten Vers wird durch die Musik in sehr gefühlvoller und fast naiver Weise – so wie ein Kind es aussprechen und deklamieren würde – über Gott gesagt: »Der Herr denkt an uns und segnet uns«, mit einer besonderen Hervorhebung des »denkt an uns« und »segnet uns«. Es wird mit einem gewissen Stolz aufgezählt, wen Gott alles segnet. So wie das kleine Kind in der Nähe des Vaters an dessen Glanz und Stärke teilhat, so wird hier stolz verkündet: »Ihr seid die Gesegneten des Herren«, womit eigentlich gemeint ist, »ich bin der Gesegnete des Herrn« und zwar eines allmächtigen Vaters, »der Himmel und Erde gemacht hat«. Die Worte »Himmel« und

»Erde« geben Schütz noch einmal Gelegenheit, in madrigalischer Manier das Oben des Himmels und das Unten der Erde mit Tönen zu malen.

Und mit kindlichem Stolz wird weiter berichtet, dass der Himmel zwar Gott gehört, »aber die Erde, hat er den Menschenkindern gegeben«. Auch hier wieder eine ausgesprochen kindliche Diktion in der Musik: das Wort »Erde« wird zweimal wiederholt in einem äußerst gewichtigen Tonfall, so als würde man etwas äußerst Bedeutsames mitteilen.

Warum die Toten den Herrn nicht loben, verbleibt etwas im Dunkeln. Aber mit den Worten »sondern wir loben den Herrn« wird die Musik wieder lebendig, ja geradezu übermütig. Und beim abschließenden »Alleluja, Alleluja« kann man sich auf Grund der ausgesprochen kindlichen Diktion (schnelle punktierte Viertelnoten) ein Schmunzeln nicht verkneifen.

Diese Motette endet mit einem lustvollen kindlichen Spaß daran, den großartigen Vater zu loben und zu preisen. Und es ist nicht so sehr der Psalmist als vielmehr Schütz, der durch seine Vertonung diesen frischen und lebendigen Schlusspunkt setzt.

3.3. Das ängstliche Flehen eines kleinen Kindes

Wie bereits erwähnt, beinhaltet die Gefühlswelt des kleinen Kindes gegenüber seinem idealisierten Vater nicht nur freudige Gefühle, sondern aufgrund der in seiner Entwicklung erstmalig verspürten Kleinheit und Abhängigkeit auch furchtsame, ängstliche Gefühle. Von dieser Emotionalität erfahren wir etwas in der doppelchörigen Motette *Ach Herr, straf mich nicht in deinem Zorn* (Psalm 6, SWV 24).

> Ach Herr, straf mich nicht in deinem Zorn
> und züchtige mich nicht in deinem Grimme!
> Herr, sei mir gnädig, denn ich bin schwach;
> heile mich, Herr, denn meine Gebeine sind erschrocken
> und meine Seele ist sehr erschrocken.
> Ach du, Herr, wie lang!
>
> Wende dich, Herr, und errette meine Seele,
> hilf mir um deiner Güte willen!

Denn im Tode gedenket man dein nicht;
Wer will dir in der Hölle danken?
Ich bin so müde vom Seufzen;
ich schwemme mein Bett die ganze Nacht
und netze mit meinen Tränen mein Lager.
Meine Gestalt ist verfallen vor Trauren und ist alt worden,
denn ich allenthalben geängstiget werde.

Weichet von mir, alle Übeltäter;
denn der Herr hört mein Weinen.
Der Herr hört mein Flehen;
mein Gebet nimmt der Herr an.
Es müssen alle meine Feinde
zuschanden werden und sehr erschrecken;
sich zurückekehren und zuschanden werden plötzlich.
Ehre sei dem Vater und dem Sohn
und auch dem heiligen Geiste,
wie es war im Anfang jetzt und immerdar
und von Ewigkeit, Amen.

In dem eindringlichen musikalischen Ausdruck der Anrede »Ach Herr«, die unmittelbar anschließend ein zweites Mal dargeboten wird, ist bereits in nuce das gesamte Anliegen des Psalms und der besondere, unverwechselbare Schützsche Ton enthalten.

Anfangstakte (Chor I) der Motette ›Ach Herr, straf mich nicht in deinem Zorn‹ (SWV 24)

Wir hören ein schweres Seufzen, das das Seufzen Hiobs sein könnte, aber das zugleich auch etwas Kindliches ausdrückt: Die Helligkeit des Sopranklanges hat eine gewisse Ästhetik des Kindlich-Naiven, in der sich die

Reinheit und Unmittelbarkeit einer noch unschuldigen kindlichen Seele ausdrückt. Das Ich des Psalmisten wendet sich an den himmlischen Gott wie an einen irdischen Vater, den es etwas ängstlich und flehentlich um Schutz und Hilfe bittet.

In einer Art Wechselgesang werden die Bitten vortragen. Die Doppelchörigkeit steht hier nicht im Dienst einer Klangpracht oder eines betörenden stereophonen Raumklangs. Nein, die Teilchöre wirken sehr nahe beieinander. Sie unterstützen sich gegenseitig und verstärken die Eindringlichkeit der vorgetragenen flehentlichen Bitten. Interessanterweise vergisst man, dass die Anreden von zwei Chören, also als ein kollektives Sprechen, vorgetragen werden. Die Wirkung ist dergestalt, dass man meint, dass hier eine einzelne Stimme spricht.

Durch eine solistische Besetzung ohne farbgebende Instrumente, nur mit Continuo-Begleitung, gelingt es Schütz hier, eine äußerst intime Situation herzustellen. Diese Wirkung ist wirklich sehr erstaunlich und lässt sich eigentlich nur dadurch erklären, dass auch hier eine persönliche Ergriffenheit bzw. ein persönliches Identifiziertsein des Komponisten mit eingeflossen ist, und der Komponist sich nicht scheut, diese Ergriffenheit seinen Hörern zu zeigen. Der Psalmist macht es vor, wie er ohne Scheu sein Innerstes nach außen kehrt: »Ich bin so müde vom Seufzen, ich schwemme mein Bett die ganze Nacht« etc. Wie ein kleines Kind seinem geliebten Vater alle Sorgen erzählt, so schüttet der Psalmist hier sein Herz aus. Aber es ist vor allem die Musik Schützens, durch die diese kindlich-vertrauensvolle Stimmung erzeugt wird.

Auch darin stoßen wir auf eine wichtige Facette des sich entwickelnden individuellen Selbst am Ende des ersten Lebensjahres. Das empathische Einfühlen in die eigene Innerlichkeit und in die Innerlichkeit des Anderen, das zur beiderseitigen Aktivität dieser Phase gehört, lässt das Kind erstmalig die Erfahrung von psychischer Intimität machen. Es spürt, dass es seine innere Befindlichkeit mitteilen oder auch zurückhalten kann, dass es seine Innenwelt öffnen und sich anvertrauen oder aber sich vor den anderen schützen und verschließen kann. Dazu Daniel Stern:

> »Das Verlangen, im Sinne eines wechselseitigen Sichanvertrauens des subjektiven Erlebens den Anderen zu erkennen und selber erkannt zu werden, ist groß (...) Letztlich geht es um nichts Geringeres als um die Erkenntnis, welcher Teil der privaten Welt inneren Erlebens mit dem Anderen geteilt werden kann und welcher Teil außerhalb des Bereichs gemeinsamer menschlicher Erfahrungen liegt« (Stern 1993, S. 181).

Wenn alles gut geht, lehrt die Erfahrung mit den Eltern, dass man auch als getrenntes Individuum Gemeinsamkeit erleben kann, indem man seine inneren Befindlichkeiten den Eltern mitteilt und von ihnen ein empathisches Mitfühlen erfährt.

Etwas von diesem kindlichen Sichanvertrauen hat diese Schütz-Motette. Und es schwingt auch die kindliche Hoffnung mit, dass der göttliche Vater das noch junge Selbst in seinen Nöten und seinem Leid erkennt und versteht. Die kindliche Atmosphäre wird auch dadurch erzeugt, dass Schütz hier zu einem wahren »musicus poeticus« wird. Die Musik ist sehr tonmalerisch-figurenhaft. Aussprüche, wie »ich bin schwach«, »sehr erschrocken«, »ich bin so müde« oder die Pause hinter »plötzlich« werden in kindlich naiver Malerei dem Hörer präsentiert. Die Ergriffenheit des Komponisten, die auch zu einer Ergriffenheit des Hörers wird, geschieht nicht aus einer Identifikation mit unserem Erwachsenen-Ich, sondern aus einer Identifikation mit dem ängstlichen Kind in unserem Inneren, das hier fleht und bittet und sich gleichzeitig hoffnungsvoll anvertrauen möchte.

Eine gleichartige Emotionalität erleben wir auch in der Motette *Aus der Tiefe rufe ich, Herr, zu dir* (Psalm 25, SWV 25). Auch hier wiederum dieser ängstlich-flehentliche Ton eines kleinen Kindes.

Aus der Tiefe rufe ich, Herr, zu dir.
Herr höre meine Stimme!
Lass dein Ohren merken auf die Stimme meines Flehens!
So du willst Sünden zurechnen –
Herr, wer wird bestehen?
Denn bei dir ist die Vergebung,
dass man dich fürchte.

Ich harre des Herrn, meine Seele harret,
und ich hoffe auf sein Wort.
Meine Seele wartet auf den Herren
von einer Morgenwache bis zur andern;
Israel hoffe auf den Herren!
Denn bei dem Herren ist die Gnade
und viel Erlösung bei ihm.
Und er wird Israel erlösen
aus allen seinen Sünden.
Ehre sei dem Vater und dem Sohn

Und auch dem heilgen Geiste.
Wie es war im Anfang,
jetzt und immerdar
und von Ewigkeit zu Ewigkeit.
Amen.

Am Beginn der Motette erleben wir einen ruhigen vierstimmigen Chorklang, der die Tiefe malt, aus der der Ruf ertönt. Musikalisch ergibt sich ein Bogen, der auf das »zu dir« hinzielt, das dadurch eine Betonung und die Ästhetik einer sehr persönlichen Ansprache erhält. Fast ungeduldig und laut rufend setzt dann das »Herr« ein, das durch den belebten Wechselgesang der beiden Teilchöre zu einer eindringlichen Anrufung wird mit dem etliche Male wiederholten Nachsatz »höre meine Stimme!«.

In dieser kurzen Sentenz wird durch die Art der musikalischen Gestaltung aus einer Anrufung an einen fernen Gott im Himmel eine flehentliche Anrede an einen Vater in unmittelbaren persönlichen Nahraum. Der folgende Satz »Lass deine Ohren merken auf die Stimme meines Flehens« ist sehr sprechsprachlich gestaltet, mit gehobener Stimme bei »Lass deine Ohren merken« und abgesenkter und leiserer Stimme, die ein noch näheres Heranrücken an den Angesprochenen suggeriert und den Inhalt als besonders wichtig erscheinen lässt »auf die Stimme meines Flehens«. Hier artikuliert sich ein flehentlicher Verweis auf das eigene individuelle Selbst, auf das der Vater seine Aufmerksamkeit richten soll.

Aus der Motette ›Aus der Tiefe rufe ich, Herr, zu dir‹ (SWV 25)

Die Hoffnung, dass der Vater den Rufer nicht nur versteht, sondern ihm auch hilft, weil er ein gütiger und starker Vater ist, wird in der zweiten Strophe ausgesprochen. Die eigene Seele wird als eine starke, beharrliche und geduldige Seele dargestellt, die ihre Zuversicht aus der erhofften Verlässlichkeit des Vaters gewinnt. Dass sie bereit ist, lange »von einer Morgenwache bis zur anderen« zu warten, wird sehr anschaulich durch den lang andauernden Wechselgesang der beiden Teilchören zu dieser Textstelle ausgedrückt. In sehr schönen weichen Soggetti werden dann im Folgenden die Gnade und die Erlösung dargestellt, die der Vater zu geben bereit ist. Eine wohlklingende, Hoffnung verströmende und das zuvor Gesagte bestärkende Doxologie »Ehre sei dem Vater« führt die Motette zu einem beruhigenden Abschluss.

Das Bild eines ängstlich-flehenden Kindes findet sich nicht nur in den beiden beschriebenen Motetten aus Schützens Psalmvertonungen, sondern ist ein öfter anzutreffendes Wesensmerkmal seiner Musik. Aus der Fülle möglicher Beispiele möchte ich die Vertonung des *Vater unser* (SWV 411) aus den *Symphoniae sacrae III* herausgreifen. Ich wähle diese Motette auch aus dem Grund, um dem Eindruck entgegenzuwirken, dass es sich bei der von mir herausgestellten psycho-sozialen Ästhetik eines kindlichen Selbst vielleicht nur um meinen alleinigen, voreingenommenen Höreindruck handeln mag. Denn zu dieser Motette liegt auch eine Hörerassoziation des Schützbiographen Hans Joachim Moser vor.

Das Besondere an der »Vater unser«-Vertonung ist, dass Schütz hier in den Text eingegriffen und wohl zur gesteigerten Betonung der Vatersehnsucht bei jeder Bitte eigenmächtig den Ruf »Vater« vorangesetzt hat.

> Vater, Vater, Vater unser, der du bist im Himmel,
> Vater, geheiligt werde dein Name,
> Vater zukomm dein Reich,
> Vater, dein Will gescheh, wie im Himmel, also auf Erden.
> Vater, unser tägliches Brot gib uns heute,
> etc.

Die Motette beginnt sogar mit einem dreimaligen Ruf nach dem Vater im Sopran, den die tieferen Stimmen jeweils mit einem Echo beantworten.

Anfangstakte der Motette ›Vater unser‹ (SWV 411)

Zu dieser Potenzierung des Rufens nach dem Vater bemerkt Moser:

> »Jedenfalls gibt dieser Eingriff dem vierteiligen Ganzen den stark subjektiven Grundzug vertrauensvollen, ja leidenschaftlichen Flehens eines Kindes« (Moser 1936, S. 525).

Hans Joachim Mosers Denken und Schreiben über Musik zeichnet sich dadurch aus, dass er sich nicht scheut, in sehr offner und oftmals auch drastischer und emphatischer Weise seine subjektiven Anmutungen dem Leser anzubieten. Moser macht aus seinem Herzen keine Mördergrube. Dabei kann man nicht allen seinen Einschätzungen und Anmutungen jeweils zustimmen. Aber seiner mutigen und engagierten Sprache haben wir andererseits viele sehr treffende Charakterisierungen zu verdanken. Zu letzteren zähle ich das eben angeführte Zitat. Seine Einschätzung, dass sich in den wiederholten »Vater unser«-Rufen in der gleichnamigen Motette aus den *Symphoniae sacrae III* ein »vertrauensvolles, ja leidenschaftliches Flehen eines Kindes« ausdrückt, teile ich voll und ganz mit ihm.

3.4. Zuversicht und Vertrauen auf die Hilfe und den Schutz des Vaters

Es gehört zur christlichen Heilsbotschaft, dass die Ängstlichkeit und Bangigkeit des Menschen durch die Gewissheit eines verlässlichen väterlichen Beistandes überwunden werden kann. Von dieser Zuversicht und Gewissheit spricht die Motette *Ich hebe meine Augen auf zu den Bergen* (Psalm 121, SWV 31).

> Ich hebe meine Augen auf zu den Bergen,
> von welchen mir Hilfe kommet.
> Meine Hilfe kommt vom Herren,
> der Himmel und Erde gemacht hat.
>
> Er wird dein' Fuß nicht gleiten lassen,
> und der dich behütet, schläft nicht.
> Siehe, der Hüter Israels
> schläft noch schlummert nicht.
>
> Der Herr behütet dich;
> der Herr ist dein Schatten über deiner rechten Hand,
> dass dich des Tags die Sonne nicht steche
> noch der Monde des Nachts.

Der Herr behüte dich vor allem Übel,
er behüte deine Seele;
der Herr behüte deinen Ausgang und Eingang
von nun an bis in Ewigkeit!

Die Motette hebt an mit einem monodischen generalbassbegleiteten Sopransolo eines individuellen Selbst, dessen Blick sich allmählich in die Höhe auf jene Berge richtet, von welchen Hilfe kommt.

Die Gewissheit über die gewährte Hilfe wird in einer mehrmaligen Wiederholung dieses Nachsatzes »von welchen mir Hilfe kommet« und in einem vollstimmigen Chorsatz zum Ausdruck gebracht. Eine mit Zuversicht und Vertrauen angefüllte individuelle Seele (Alt-Solo) spricht es im Folgenden aus, und ein ausgearbeiteter Wechselgesang der Teilchöre bestätigt es: »meine Hilfe kommt vom Herren«.

Auch die folgenden Zeilen werden jeweils solistisch eingeleitet und chorisch abgeschlossen. Dabei sei auf das interessante Phänomen verwiesen, welches die Madrigalkunst und den Traum miteinander verbindet und beide als kreative Gestaltungen der unbewussten Psyche ausweist: Sowohl der Traum als auch das Madrigal (hier die Motette) kennen keine Verneinung. Die Aussagen über den Hüter Israels, dass er »nicht schläft« und »nicht schlummert«, werden beide positiv als ein Schlummern und Schlafen in madrigalischer Manier musikalisch gemalt.

Die Zuversicht auf das väterliche Behüten wird im folgenden Absatz noch einmal betont. Ein Kleinod ganz besonderer Art begegnet uns in der Zeile »Der Herr ist dein Schatten über deiner rechten Hand«. Hier wird musikalisch ein Schatten spendender Schirm aufgespannt, indem jede der vier Einzelstimmen nacheinander diesen Satz auf einer Tönhöhe (bei harmonischem Wechsel in der Begleitung) deklamiert und anschließend im vierstimmigen Vollklang der Sopran in langen ruhigen Notenwerten diesen

Schirm noch einmal aufspannt, während die Unterstimmen sich darunter schmiegsam hin und herbewegen (s. Notenbeispiel). Ein weicher, harmonischer Gesang, der jenseits seiner Bildhaftigkeit in anrührender Weise Gefühle einer glückseligen, urtümlichen Geborgenheit vermittelt. Einfach wunderschön! Man kann sich einer Gänsehaut auf dem Rücken kaum erwehren!

Aus der Motette ›Ich hebe meine Augen auf zu den Bergen‹ (SWV 31)

Abgerundet wird diese Motette durch ein Gebet, in dem ein weiteres Mal das Behüten durch den Vater erbeten wird. Der kompakte achtstimmige Chor legt sich hierbei ausgesprochen fürsorglich um die einzelnen kurz ertönenden Einzelstimmen. Auch hier ist die Diktion sehr sprechsprachlich, so als handele es sich um ein persönliches Ansprechen des Vaters im zwischenmenschlichen Nahraum.

Wie wir sehen, hat sich Schütz in einigen seiner *Psalmen Davids* deutlich von Gabrieli entfernt, indem er eine neue, im entwicklungspsychologischen Sinne reifere Qualität eines Selbstempfindens präsentiert. Gabrieli bringt in seinen geistlichen Werken eine kollektiv-kirchliche, mythisch-projektive Sicht des Heilsgeschehens zum Ausdruck. Die emotionale Grundstimmung entstammt dem symbiotischen Einssein mit der Mutter, erhöht zur Mutter Gottes. Gabrielis Person kommt darin allenfalls indirekt vor.

Schütz nimmt in seiner Musik durchaus Bezug auf diese Erlebnisqualität der urtümlichen harmonischen Ungeschiedenheit und Geborgenheit in der Mutter-Kind-Dyade. Aber der Rückbezug auf diese undifferenzierte Ur-Einheit geschieht auf dem sicher erreichten Boden eines individuellen Selbst, das seine innere Seele entdeckt hat und das Erleben in seinem eigenen Inneren vertrauensvoll seiner sozialen Umgebung mitteilt und sich natürlich in besonderer Weise an den Vater wendet, den er als Beschützer und Garanten dafür empfindet, dass dieser erreichte Status eines individuellen Selbst nicht regressiv wieder verloren geht, sondern sich als eine verlässliche psychische Struktur konstituiert und stabilisiert.

Schütz markiert in der Musikgeschichte jenen Quantensprung, der mit der Triangulierung durch den Vater und die Individuation des subjektiven Selbst verbunden ist. Schütz tut dies unter Verwendung einer musikalischen Gattung, die ich zuvor im Zusammenhang mit Giovanni Gabrieli als den Inbegriff dyadischen Interagierens mit der vollkommenen Mutter vorgestellt hatte, nämlich der doppelchörigen Motette. In diesem Festhalten an einer in gewisser Weise »altmodischen« Musikform erweist sich Schütz als konservativ. Doch dieser Konservativismus lässt sich damit rechtfertigen, dass er die doppelchörige Motette dazu verwendet, jenen Gott anzurufen und zu preisen, der in seiner Person mütterlich-dyadische und väterlich-triangulierende Elemente miteinander vereint. Darüber hinaus erfährt die doppelchörige Motette unter den Händen von Schütz in einigen Fällen eine Weiterentwicklung, die durchaus den Charakter einer Triangulierung annimmt, wie ich im folgenden Absatz aufzeigen möchte.

4. Die Triangulierung der doppelchörigen Motette bei Heinrich Schütz

Schütz hatte die Doppelchortechnik bei Giovanni Gabrieli in Venedig kennen gelernt, wo sie in der Tat der Verherrlichung eines grandiosen Interagierens in einer abgeschlossenen vollkommenen Welt des Größenselbst diente. Die Aura glückseliger Verbundenheit mit der vollkommenen Mutter drückt sich in Gabrielis Musik nicht nur in der musikalischen Anmutung, sondern auch textlich aus. In beiden Bänden von Gabrielis *Symphoniae sacrae* (1597 und 1615) wird die »sancta et immaculata Virginitas« der Mutter Gottes bzw. die »beata virgo« in vielfacher Weise besungen. Die Verherrlichung der göttlichen Vollkommenheit der Mutter wird damit zu einem zentralen Thema, wie es der Ausschmückung eines Lebens im Größenselbst gemäß ist.

In Schützens Motetten taucht diese Thematik an keiner Stelle auf. Im Zentrum seiner Motetten steht im Gegensatz zur Marienverehrung, wie wir gesehen haben, die Verherrlichung des göttlichen Vaters, dessen Name herrlich und groß ist. Das darf man natürlich von einem lutherischen Kirchenmusiker auch nicht anders erwarten. Aber es ist sicherlich nicht diesen äußeren Bedingungen allein zuzurechnen, dass Schütz sich der Ausgestaltung des väterlich Triangulären zuwendet.

Der Jubel über die Befreiung aus den Fängen des festhaltenden Mütterlichen drückt sich in einigen doppelchörigen Motetten von Heinrich Schütz darin aus, dass das Trianguläre, das Raum schaffende, in besonderer Weise herausgestellt wird. Einige Motetten erfahren dabei eine extreme Triangulierung, bei der die Separiertheit überbetont wird. Schütz vergrößert die Distanz der beiden Teilchöre in einer Radikalität, die das physische Zusammensein der beiden Klangkörper nahezu sprengt. Dies möchte ich an zwei Beispielen verdeutlichen.

In der Schlussmotette der *Musikalischen Exequien* aus dem Jahr 1636, *Herr, nun lässest du deinen Diener in Frieden fahren* (SWV 281), stehen sich ein irdischer Gemeindechor und ein aus drei Solistenstimmen bestehender himmlischer Engelschor gegenüber. Die Separiertheit drückt sich hier dadurch aus, dass beide Chöre einen je unterschiedlichen Text singen und sich an keiner Stelle zu einer gemeinsamen homophonen Klangfläche vereinigen. Allenfalls kommt es vor, dass sie sich hier und da beim Singen ihres Textes überlappen. Grundsätzlich aber verbleiben irdischer Chor und himmlischer Chor in ihren jeweiligen Sphären. Die Separiertheit der Welten wird hier konsequent durchgehalten.

Auch in der Motette *Da Pacem, Domine* (SWV 465) von 1627, die Schütz anlässlich eines Kurfürstentreffens in Mühlhausen (Thüringen) komponierte, erleben wir diese neuartige Eigenständigkeit und Separiertheit der Teilchöre. Hier kommt – als eine Steigerung – zu einer textlichen Getrenntheit noch eine extreme räumliche Trennung hinzu. So lässt Schütz einen Teilchor im Inneren der Kirche Gott um Frieden bitten, während der andere Teilchor am Portal – oder sogar außerhalb des Portals – die angereisten deutschen Fürsten mit »Vivat-Rufen« willkommen heißt. Hier gehören die Teilchöre zwei getrennten Welten an, der Innenchor einer liturgisch-religiösen Welt und der Außenchor der irdischen Welt, die eigentlich auf Grund ihrer inhaltlichen Unverträglichkeit nicht in eine gemeinsame Motette hineinpassen. Hinzu kommt noch, dass der räumliche Abstand dermaßen extrem ist, dass ein gemeinsames Singen im Grunde nicht mehr möglich ist. Man könnte sagen, die Gabrielische Doppelchörigkeit, die im Dienste der Verherrlichung des Größenselbst stand, wird bei Schütz einer Separation und Individuation unterworfen, bei der das Eigenständige und Individuierte über das Gemeinsame dominiert.

Die zuvor benannte Motette *Herr, nun lässest du deinen Diener in Frieden fahren* aus den *Musikalischen Exequien* ist nicht nur ein Beispiel für eine musikalische Triangulierung der doppelchörigen Motette, sondern in ihr spiegelt sich auch eine besondere Art von Jenseitsvorstellung, die uns heute eher fremd ist, für die Menschen zur Zeit des 17. Jahrhunderts jedoch als ausgesprochen vertraut angesehen werden muss. Diese bemerkenswerte Jenseitsvorstellung ist für unsere Fragestellung insofern von Bedeutung, weil sie verständlich macht, warum in der Zeit des Barock Gottesbeziehung und Vaterbeziehung in einem engen Zusammenhang zu sehen sind.

5. »Diesseits« und »Jenseits« in der Musik von Schütz

In den *Musikalischen Exequien* stoßen wir auf eine Eigenart des barocken Glaubensverständnisses, das – wir würden es heute als kindlich naiv bezeichnen – das Jenseits als eine Verlängerung des Diesseits versteht. Vor allem das Lustvolle und Freudige dieses Lebens projizierte man auf das jenseitige Leben und stellte sich das ewige Leben gleichsam als eine nie endende Fortsetzung weltlicher Glückseligkeit vor. Lieselotte von der Pfalz z.B. hatte sich das folgende Bild vom Jenseits zurecht gelegt:

> »Vielleicht wird an Abrahams Tafel im Paradies Salat sein und die Engel, so noch im Garten Eden sind, können wohl gute Kräuter daraus sammeln; und dass man Öl im Himmel macht, da können wir nicht (dar)an zweifeln, nachdem Elias durch Mirakel so viel Öl gemacht hat (Könige 17, 16)« (zit. n. Freund 2004, S. 134).

Schützens *Musikalische Exequien* sind für ein derartiges Jenseitsverständnis ein Beleg. Es handelt sich bei diesem Werk um eine Beerdigungsmusik für den Landesherrn Heinrich Posthumus Reuß aus Gera, der die Texte selbst ausgewählt und die Anweisung erteilt hatte, diese auf seinen Sarg außen eingravieren zu lassen. Dieser Sarg ist noch heute im Heinrich-Schütz-Haus in Bad Köstritz zu besichtigen.

In dieser von Schütz vertonten Requiemsmusik taucht an keiner Stelle eine Traurigkeit auf. Die Musik ist nahezu ausschließlich von einer freudigen Grundstimmung geprägt. Tod und Abschiedsschmerz werden gleichsam übersprungen (man könnte auch sagen, sie werden verleugnet), so als ginge das irdische Leben am Lebensende bruchlos in das freudige ewige Leben im himmlischen Paradies über.

Dass Schütz bei seiner Vertonung dieser Texte von solch einer Vorstellung erfüllt war, wird durch die Ergebnisse einer experimentellen Untersuchung gestützt, die ich im Jahre 2004 durchgeführt habe (Oberhoff 2005b). Es war meine Absicht, in einem Gruppenassoziationsexperiment zu erkunden, welche ästhetische Anmutungsqualität die Probanden der Schlussmotette der *Musikalischen Exequien* zuschreiben. Wie erwähnt stehen sich in diesem Musikstück ein irdischer Gemeindechor (Chor I) und ein jenseitiger dreistimmiger Engelschor (Chor II), bestehend aus zwei Engeln und der glücklichen Seele des Verstorbenen (»beata anima cum Seraphinis«), gegenüber. Diese beiden Chöre singen die folgenden Texte:

Irdischer Gemeindechor
Herr, nun lässest du deinen Diener in Frieden fahren,
wie du gesagt hast.

Engelschor
Selig sind die Toten, die in dem Herren sterben.

Irdischer Gemeindechor
Denn meine Augen haben meinen Heiland gesehen,
welchen du bereitet hast für allen Völkern.

Engelschor
Selig sind die Toten, die in dem Herren sterben,
sie ruhen von ihrer Arbeit und ihre Werke folgen ihnen nach.

Irdischer Gemeindechor
Ein Licht zu erleuchten die Heiden,
und zum Preis deines Volks Israel.

Engelschor
Sie sind in der Hand des Herren,
und keine Qual rühret sie.
Selig sind die Toten, die in dem Herren sterben.

Die Probanden des Gruppenassoziationsexperimentes (insgesamt 37 Personen) wurden aufgefordert, nach dem Anhören der Motette ihre Gefühle, Phantasien, Körperempfindungen etc. aufzuschreiben, die die Musik in ihnen ausgelöst hatte. Die vollständigen Probandenassoziationen befinden sich im Anhang II. In der hier folgenden Auflistung sind die Nennungen der Übersichtlichkeit halber zu Assoziationsclustern zusammengefasst worden (die Zahlenangaben in den Klammern bezeichnen die Häufigkeit der Nennungen).

Es wurden die folgenden Assoziationen zur Motette: *Herr, nun lässest du deinen Diener in Frieden fahren* (SWV 281) genannt:

- **Lebendig, abwechslungsreich**: lebendig, schwungvoll, belebend, rhythmisch (6), Aufbruch, Ermutigung, Freude (6), Energie, Dynamik, Bewegung (4), das Leben ist bunt und facettenreich (3), überraschender Wechsel (2), stürmisch-brausend (2), Sehnsucht nach Einheit/Erlösung (2), unruhig (1)

- **Körperlich, kraftvoll**: Kraft, kraftvoll (3), Herzklopfen, Aufgeregtheit (3), losgehen (2), höhere Atemfrequenz (1), angenehmes Körpergefühl (1), Körperspannung (1), starke Durchblutung (1), Kribbeln (1) mein gesamter Körper findet sich in der Musik wieder (1), tanzen und schwitzen, in Kontakt/Berührung sein (1), aufrütteln (1), Kampf (1), Tatkraft (1), hinunterrennen (1), »Gemeinsam sind wir stark« (1), Widerstand (1)

- **Wechselseitig interaktiv**: sprechen miteinander, Dialog (5), wechselnder Chorgesang (3), kindliches Spiel (1), miteinander – gegeneinander (1), gewinnen/verlieren (1), individuell und gemeinsam (1), Dominanz/Unterwerfung (1), Korrespondenz, Austausch (1), ich fühle mich angesprochen (1)

Die Assoziationen der Probanden ordnen der Motette emotionale Qualitäten zu, die etwas sehr Sinnlich-Lebendiges beinhalten, das üblicherweise mit dem kindlichen Spiel in Verbindung gebracht wird: lebendig, schwungvoll, belebend mit überraschenden Wechseln, dabei sehr körperbetont und körperbewegt mit spielerischem Sich-Abwechseln. Ein Proband spricht von »kindlichem Spiel«.

Die Assoziationen der Hörer machen zweierlei deutlich. Zum einen zeigt sich in den Hörerassoziationen die zuvor für den Barockmenschen bereits aufgezeigte Tendenz, Tod und Abschiedsschmerz auszuklammern und das ewige Leben bruchlos an das irdische anschließen zu lassen. Das erklärt, warum in dieser Motette das Hinscheiden aus dieser Welt vom Komponisten mit derartig freudig-tatkräftiger Musik versehen worden ist.

Der Tod wird als das Ende irdischen Leidens und der Beginn des eigentlichen, von Mühsal befreiten Lebens in göttlicher Vollkommenheit dargestellt. Zu diesem Aspekt Schützscher Musik ist bereits in dem von Ingeborg Stein herausgegebenen Sammelband »Diesseits- und Jenseitsvorstellungen im 17. Jahrhundert« Vielfältiges zusammengetragen worden (Stein 1996).

Zum anderen ist die Anmutungsqualität der Schützschen Musik ausgesprochen diesseitig, d.h. körperlich, sinnlich und von einem lebendigen zwischenmenschlichen Interagieren geprägt. Dieser lebendigen Interaktivität kommt zugleich etwas Kindlich-Spielerisches zu. So hat es den Anschein, dass die damaligen Menschen – und mit ihnen auch Schütz – davon ausgingen, dass die im Diesseits erfahrene Vaterbeziehung »dort drüben« ihre Fortsetzung findet und man Gottvater wie den Vater der frühen Kindheit als einen idealen, allmächtigen und vollkommenen Vater antreffen wird und mit ihm in einen sinnlichen Körperkontakt treten kann.

Es hätte also der religionspsychologischen Darlegungen im Grunde gar nicht bedurft, um aufzuzeigen, dass sich in der Musik von Heinrich Schütz ein Gottesbild ausdrückt, das sich an den Erfahrungen mit dem irdischen präödipalen Vater gebildet hat. Bei einem Jenseitsverständnis, wie es für die Barockzeit kennzeichnend ist, lässt sich die frühkindliche schwärmerische Beziehung zum idealisierten Vater mühelos auf die Beziehung zu Gottvater übertragen. Das gilt sowohl bezüglich der bewussten oder bewusstseinsnahen Affekte, von denen in diesem Kapitel die Rede war, als auch bezüglich der verborgenen, unbewussten Leidenschaften, von denen im nächsten Kapitel die Rede sein wird.

Fassen wir zusammen: Wie die Musik Monteverdis, so spiegelt auch die Musik von Schütz auf einer unteren Sinnebene Facetten der Geburt des individuellen Selbst wider. Während Monteverdi den affektiven Selbstausdruck in den Mittelpunkt stellt, gestaltet Schütz in seiner Musik die Beziehung zum präödipalen idealisierten Vater. Diese Imago eines großartigen allmächtigen Vaters, der aus der Enge der Mutter-Kind-Dyade befreit, evoziert im Kind eine Fülle an unterschiedlichsten Gefühlen: Freude, an seiner Größe teilhaben zu können, Sehnsucht nach seiner körperlichen Nähe, Bewunderung für seine Kraft und Stärke, aber auch Ängste, in der eigenen Kleinheit und Ohnmacht die Hilfe und den Schutz des Vaters entbehren zu müssen. Schütz malt in seiner Musik die Größe und die Macht des idealisierten Vaters, die besonders in den klangvollen mehrchörigen *Psalmen Davids* zur Darstellung gelangt.

Aber noch anrührender ist die musikalische Ausgestaltung der Affektivität des kleinen Kindes. Das hat es vor Schütz in der Musikgeschichte noch nicht gegeben, dass eine Musik in solch einer eindringlichen Art und Weise kindliche Gefühle von Freude, Sehnsucht, Hoffnung und Verzagtheit vor dem Hörer ausbreitet. Diese Unmittelbarkeit, Naivität und Frische, die sich hier in der Musik zeigt, ist wohl nur darstellbar, wenn eine hohe persönliche Identifikation des Komponisten mit diesen schwärmerischen Gefühlen gegenüber einem verehrten und bewunderten Vater vorliegt. Offenbar besaß Schütz eine hohe Durchlässigkeit zu dem Kind im eigenen Innern, die ihn diese schwärmerischen Gefühle gegenüber dem präödipalen idealisierten Vater auszudrücken erlaubte.

Neu und bemerkenswert an den dokumentierten Beobachtungen ist die Tatsache, dass die musikgeschichtliche Entwicklung offenbar in einer gewissen Parallelität zur Abfolge frühkindlicher unbewusster Phantasien verläuft. Es drängt sich die Frage auf, ob es nicht möglicherweise sogar die unbewussten Phantasien sind, die im Sinne der Freudschen These von der Dominanz des Unbewussten als die treibende Kraft für die Suche nach neuen musikalischen Ausdrucksformen von der Renaissance zum Barock angesehen werden müssen. Wenn weitere Forschungen diesen Zusammenhang bestätigen sollten, wäre es sinnvoll und bereichernd, die Darstellung der Musikgeschichte um diese psychologische Perspektive zu ergänzen.

Wir haben den Weg vom Madrigal zur Monodie als den Wandel des verschmolzenen dyadischen Selbst zum individuellen Selbst nachzeichnen können, dessen vielfältige Facetten in der Musik von Monteverdi und Schütz eine je eigene Fokussierung erfahren haben. Doch diese Parallelität des Musikalischen mit dem Psychologischen ist erstaunlicher Weise damit noch nicht an ihr Ende gelangt. Die Musik Schützens verfolgt diesen Reifungsprozess des individuellen Selbst offensichtlich noch einen Schritt weiter und geleitet den Hörer auf einer unbewussten Tiefenebene bis über die Grenze zur Erlebniswelt des Ödipalen.

III. Die erotische Beziehung zum himmlischen Vater

Es ist nicht leicht, im Bereich des Psychischen, zumal des unbewusst Psychischen, sichere Markierungen in der Abfolge von Phasen vorzunehmen. Es wird sich eher um einen unmerklichen Übergang handeln, wenn sich in die Idealisierung des Vaters durch den kleinen Sohn erste libidinöse Affekte hineinmengen und das staunende Bewundern des Vaters beim kleinen Kind in eine erotisch getönte Vaterliebe übergeht. Die Wegstrecke vom idealisierten Vater, dem alle narzisstische Vollkommenheit zukommt, zum sexuellen, phallischen Vater, zu dem sich der kleine Sohn erotisch hingezogen fühlt, ist nicht weit.

Es gehört durchaus zur frühen idealisierenden Phase, dass auch der Körper des Vaters idealisiert wird. Seine körperliche Größe, seine starken Muskeln und natürlich auch die Größe seines Penis sind Akzidenzien seiner beeindruckenden Stärke und Allmacht. In dieser staunenden Bewunderung findet sich zunächst noch nichts von einer sexuellen Rivalität oder eines ödipalen Neides auf die sexuelle Potenz des Vaters.

1. Von der idealisierenden zur erotischen Vaterliebe: *Das Wort ward Fleisch* (SWV 385)

Es war für die Barockzeit und die Barockdichtung im Grunde nichts Fremdes, sich erotischer Symbolik zu bedienen. Das gilt nicht nur für die weltliche Poesie, sondern erotische Phantasien finden sich auch in Schöpfungen der geistlichen Dichtkunst. Die literarischen Werke der mystischen Bewegungen aus dieser Zeit gefallen sich darin, zu einer sexuellen Erregung beim Leser beizutragen. Das Objekt der Begierde in solch einer religiösen Erotik ist oftmals die Person Jesu. Bei Racek lesen wir dazu:

> »Das süße Gefühl mystischen Rausches bei der Darstellung von Gefühlsbeziehungen zur Erscheinung Christi entspringt in der Regel dieser latenten erotischen Erregung (...). Die schwärmerische Sehnsucht nach Jesus ist umso gewichtiger, als das Verlangen nach seiner Nähe dringender ist. Die Gestalt Christi pflegt in der Barockpoesie mit dieser fast ausschließlich menschlichen Erotik umgeben zu werden (...) Damit hängt

die sinnliche Erregung, Leidenschaft und Sehnsucht nach großen und erschütternden Sensationen zusammen. Zu dieser aufgepeitschten Sinnlichkeit gelangt der Barockdichter durch überreizte erotische Vorstellungskraft, die manchmal geradezu physiologisch betont ist. Bemüht sich doch der Barockdichter, den Leser in einen Zustand der Gefühlserregung zu bringen, und führt daher alle Abstraktionen in anschauliche, gegenständliche Bilder über, damit die ästhetische Wirkung und das Erlebnis möglichst konkret sein sollen« (Racek 1965, S. 66ff.).

Anklänge an solch eine naturalistische körperliche Erotik finden sich auch bei Heinrich Schütz. Ein sehr schönes musikalisches Beispiel für einen noch kindlich-naiven und bewundernd-staunenden Blick auf die körperliche Potenz des Vaters, in den sich aber bereits erste sexuelle Facetten hineinmengen, bietet uns die Schütz-Motette *Das Wort ward Fleisch* (SWV 385) aus der *Geistlichen Chormusik* von 1648.

Die erste Verszeile »Das Wort ward Fleisch« wird von Schütz in einem grandiosen sinnlich-lustvollen Anschwellen des vollstimmigen Chores gestaltet. Das Anschwellen geschieht in einer langsam sich entfaltenden crescendierenden Bewegung über sechs Takte hinweg mit einem großem Atembogen zum Zielwort »Fleisch«.

Was dann auf die Worte »und wohnet unter uns« folgt, ist eine markante rhythmische Auf- und Ab-Bewegung, die man als »leicht-schwer-leicht-schwer-leicht-schwer« oder eben auch als »auf-ab-auf-ab-auf-ab« charakterisieren kann. Dieses sehr körperhafte »Auf-ab« entspricht ziemlich genau der rhythmischen Kontur, wie wir sie z.B. in Dimitrij Schostakowitsch's

Oper »Lady Macbeth von Mzensk« erleben, und zwar im dritten Bild des 1. Aktes, in der es zu einer Kopulationsszene auf der Bühne kommt. Die Harmonik ist bei Schostakowitsch natürlich eine völlig andere, eine des 20. Jahrhunderts. Aber die rhythmische Kontur des Motivs ist auffallend ähnlich.

Bemerkenswert ist, dass dieses dreimalige »Auf-ab« als eine sexuelle Bewegung am eindeutigsten in der Bassstimme zu finden ist. Dieses körperhafte »Auf-ab« des Basses ist aber so dominant, dass es auch die anderen Stimmen ergreift und automatisch dazu verleitet, diese rhythmischen Hebungen und Senkungen zu übernehmen. Ein Chor muss schon sehr dagegen anarbeiten, um diese sinnlich-erotische Figur glatt zu bügeln, d.h. nicht hörbar werden zu lassen (was einigen Chören tatsächlich gelingt!).

Dieser lustvolle Vorgang am Beginn der Motette wird in den folgenden Takten sogleich wiederholt, wobei sowohl das sinnliche Anschwellen als auch das rhythmische »Auf-ab« noch jeweils um einige Takte verlängert wird, d.h. das sinnliche Erleben wird noch um einige Momente gesteigert: Das lustvolle Anschwellen bringt es nun auf neun Takte (vorher sechs) und das ruckartige »Auf-ab« auf sieben Takte (vorher fünf).

Was darauf folgt, ist eine Weiterführung der sinnlich-sexuellen Szenerie und zwar zu den Worten »und wir sahen, wir sahen, seine Herrlichkeit«. Die besondere Heraushebung des Wortes »sa-hen« mit der halben Note auf dem »sa« lässt geradezu das Bild von weit aufgerissen Kinderaugen entstehen, die fasziniert auf die »Herrlichkeit« schauen, die unten in der Männerstimme in einer erigierenden Bewegung (aufsteigende Achtelnoten beim Wort »Herrlichkeit«) bestaunt werden kann. Diese erigierte Herrlichkeit findet sich an keiner Stelle bei den Frauenstimmen, sondern nur bei den Männerstimmen (beim ersten Mal im Tenor, später beim Bass).

Mit diesen sinnlichen Elementen wird auch im weiteren Verlauf der Motette gespielt. Das Anschwellen wird zu den Worten »voller Gnade« noch einmal dargeboten und auch die erigierende »Herrlichkeit« in der Männerstimme darf noch zweimal bewundert werden. Der Charakter der Musik dieser Motette ist insgesamt von einer wohligen Sinnlichkeit, in der es primär um ein Bestaunen sinnlich-faszinierender Körperlichkeit geht, in die sich aber bereits gewisse sexuelle Tönungen hineinmischen. Der idealisierte Vater wird gleichsam durch phallische Eigenschaften angereichert, die andeuten, dass sich im Erleben des Kindes die ödipale Triebdynamik *ante portas* befindet oder vielleicht sogar das Kinderzimmer bereits erreicht hat.

In der Musik Schützens scheint sich jener Übergang vom Präödipalen zum Ödipalen zu vollziehen, bei dem das Idealisieren des Vaters seine kleinkindhaft-narzisstische Qualität verliert, aber das ödipale Drama des sexuellen Begehrens der Mutter und des heftigen Rivalisierens mit dem Vater noch nicht die Lebensbühne betreten hat. Es handelt sich offenbar um jenes Zwischenreich, das Freud mit dem Namen des »negativen Ödipus« belegt hat, das sich auf einer latenten Ebene bei Schütz zu artikulieren beginnt. Diese neue Entwicklungsphase wartet mit ausgesprochen ungewohnten Phantasien auf, die aufzuspüren nicht ganz einfach ist. Es waren die Daten eines Gruppenassoziationsexperimentes, die mir hier einen Weg gewiesen und wertvolle Hinweise auf dieses Zwischenreich geliefert haben.

2. »*Da Pacem, Domine*« – Über irdische und himmlische Väter

Die im vorigen Kapitel bereits erwähnte Motette *Da pacem, Domine, in diebus nostris* (SWV 465) gehört zu den eher unbekannten Werken von Heinrich Schütz, was verwundert, denn dieses Musikstück ist sehr eindrucksvoll. Moser bezeichnet es in seiner Schützbiographie sogar als »eines der stärksten Stücke von Schütz überhaupt« (Moser 1936, S. 381). Aber wahrscheinlich sind die Gründe dafür, dass diese Motette heutzutage so selten aufgeführt wird, darin zu suchen, dass sie sehr eng an ein zeitgeschichtliches Ereignis gebunden ist. Heinrich Schütz hatte in seiner Funktion als Dresdner Hofkapellmeister bereits im Jahre 1621 zwei Musikwerke zur Huldigung seines Kurfürsten Johann Georg I. anlässlich einer Festlichkeit in Breslau komponiert, in denen thematisch der ausgebrochene (Dreißigjährige) Krieg und Wünsche nach Frieden zum Ausdruck gebracht wurden. Sechs Jahre später schuf er ein drittes Werk dieser Gattung, die doppelchörige Motette *Da pacem, Domine*, die für den Kurfürstenkollegtag am 8. Oktober 1627 in Mühlhausen (Thüringen) bestimmt war. Zusammen mit 18 Mitgliedern seiner Hofkapelle reiste Schütz damals im Gefolge des sächsischen Kurfürsten zu diesem politischen Ereignis nach Mühlhausen. Es war eines der vielen – wie wir heute wissen vergeblichen – Treffen, in denen versucht werden sollte, den Dreißigjährigen Krieg zu beenden.

Schütz war mit der Komposition einer huldigenden Begrüßungsmusik für die anreisenden Potentaten betraut worden. Das Werk, das Schütz dann vorlegte und in Mühlhausen mit seinen Musikern aufführte, war jedoch eine Motette ganz eigener Art, die sich nicht darauf beschränkte, die Kurfürsten ehrenvoll zu begrüßen, sondern es war vom Komponisten zusätzlich zu den Huldigungspassagen die geistliche mittelalterliche Antiphon »Da pacem, Domine« in das Musikstück eingeflochten worden.

Der beginnende Chor I wendet sich an Gott und bittet diesen um Frieden mit den Worten:

> Da Pacem, Domine, in diebus nostris.
> Quia non est alius, qui pugnet pro nobis,
> nisi tu, Deus noster.

In deutscher Übersetzung (von Martin Luther):

> Verleih uns Frieden gnädiglich, Herr Gott zu unseren Zeiten.
> Es ist ja doch kein anderer nicht, der für uns könnte streiten,
> denn Du, unser Gott, alleine.

Dieser fünfstimmige Chorus sollte nach Schützens Anweisungen von fünf Violen gespielt und von einer oder zwei Diskant-Stimmen dazu gesungen werden.

Anfangstakte von Chor I der Motette ›Da pacem, Domine‹ (SWV 465)

Chor II wendet sich an die angereisten Kurfürsten und besingt diese mit Vivat-Rufen:

> Vivat Moguntinus, vivat Trevirensis, vivat Coloniensis,
> vivant tria fundamina pacis;
> vivat Ferdinandus, caesar invictissimus.
> Vivat Saxo, vivat Bavarus, vivat Brandenburgicus,
> vivant tria tutamina pacis;
> vivat Ferdinandus, Caesar invictissimus.

In deutscher Übersetzung (der Text stammt vermutlich von Schütz selbst):

> Es lebe der Mainzer, es lebe der Trierer, es lebe der Kölner,
> sie leben, die drei Begründer des Friedens;
> es lebe Ferdinand, der unbesiegbare Kaiser.
> Es lebe der Sachse, es lebe der Bayer, es lebe der Brandenburger,
> sie leben, die drei Beschützer des Friedens.
> es lebe Ferdinand, der unbesiegbare Kaiser.

Dieser zweite Chorus soll von vier Sängern gesungen werden, »welche die Wort mit feiner gratia aussprechen und sonst starck singen, und kan dieser Chor Von dem ersten absonderlich gestellet werden« (Ordinanz des Komponisten, Vorwort Schütz-Gesamtausgabe, Band 38, S. XIII).

Anfangstakte von Chor II der Motette ›Da pacem, Domine‹ (SWV 465)

Die Aufbaustruktur der Motette Da pacem, Domine, in diebus nostris sieht folgendermaßen aus:

Chor I (1 Singstimme + Gamben)	Chor II
Da pacem, Domine, in diebus nostris	
	Vivat Moguntinus, Vivat Trevirensis, Vivat Coloniensis, Vivant tria fundamina pacis Vivant Ferdinandus, Caesar invictissimus
Da pacem, Domine, in diebus nostris	
	Vivat Saxo, Vivat Bavarus, Vivat Brandenburgicus, Vivant tria tutamina pacis Vivant Ferdinandus, Caesar invictissimus
Quia non est alius, qui pugnet Trevirensis, pro nobis,	Vivat Moguntinus, Vivat Vivat Coloniensis, Vivat Saxo, Vivat Bavarus, Vivat Brandenburgicus,

	Vivant Ferdinandus, Caesar invictissimus
Nisi tu Deus noster	Vivat Moguntinus, Vivat Trevirensis, Vivat Coloniensis, Vivat Saxo, Vivat Bavarus, Vivat Brandenburgicus, Vivant Ferdinandus, Caesar invictissimus
Da pacem, Domine, in diebus nostris	Da pacem, Domine, in diebus nostris

Die vom Komponisten angeregte Möglichkeit der unterschiedlichen Positionierung der beiden Chöre im Raum erfährt beim Schütz-Biographen Martin Gregor-Dellin sogleich eine Konkretisierung. Gregor-Dellin (1984, S. 143ff.) spricht »vom Innenchor (mit Streicherbesetzung), der im Innern der Kirche postiert war und vom Außenchor vor dem Kirchenportal (mit Pauken und Trompeten)«. Zu dieser Darstellung bemerkt Hanheide: »Die Darstellung Martin Gregor-Dellins, nach der der zweite Chor, die Vivat-Rufe singend, am Kirchenportal aufgestellt, der erste Chor seine Da-pacem-Rufe aber aus dem Innern der Kirche vortrug, ist zwar sinnfällig, entbehrt jedoch der historischen Quelle« (Hanheide 1998, S. 441).

Es handelt sich also vermutlich nicht um eine getreue Darstellung der historischen Aufführung damals in Mühlhausen, sondern offenbar um eine bildhafte Phantasie von Gregor-Dellin. Dies wird schon daran deutlich, dass es praktisch gar nicht sein kann, dass ein Chor – wie Gregor-Dellin sagt – ein Außenchor ist, der sich »vor dem Kirchenportal« befindet. Wie soll ein Chor in der Kirche mit einem Chor außerhalb der Kirche gemeinsam eine Motette singen?

2.1. Die bewusste Konzipierung zweier Welten

Wenn Gregor-Dellins Fantasie schon keine historische Wahrheit widerspiegelt, so doch vielleicht eine symbolische. In seiner Metapher geschieht eine übermäßige örtliche Trennung zwischen Chor I und Chor II, wodurch sich beide Chöre in gewissem Sinne verschiedenen Welten zuordnen lassen: Chor I einer sakralen Innenwelt und Chor II der profanen Außenwelt; Chor I huldigt Gott-Vater und Chor II huldigt den Landesvätern. Dies kann durchaus als eine von Schütz bewusst konzipierte Aufteilung angesehen werden. Solch eine Aufteilung von Teilchören zu verschiedenen Welten findet sich auch in anderen Werken wieder, wie wir es bereits für die Abschlussmotette aus den *Musikalischen Exequien* (»Herr, nun lässest Du Deinen Diener in Frieden fahren«) erwähnt haben.

Dass es sich um die Darstellung zweier Welten handelt, können wir auch daran erkennen, dass ein bestimmter einheitlicher Duktus für den jeweiligen Chor ausgewählt und durchgehalten wird. Schütz weicht hier von seiner sonst üblichen madrigalischen Manier ab, die Bedeutung der einzelnen Worte musikalisch auszudrücken. So ist z.B. auffällig, dass er die Worte »qui pugnet pro nobis« (»der für uns könnte streiten«) in dem gleichen ruhigen und sehnsuchtsvollen Ausdruck vertont, wie die übrigen Worte der alten Antiphon. Es geht Schütz also offenbar nicht um die bildliche Ausgestaltung einzelner Worte, sondern um eine einheitliche und durchgängige Charakteristik, in diesem Fall um die Sehnsucht nach der göttlichen Welt des allmächtigen Vaters.

Aus der Konzeption der Motette lässt sich durchaus auch eine Bewertung der beiden Welten durch den Komponisten herauslesen. Die Welt des göttlichen Vaters genießt offensichtlich die größeren Sympathien. Denn sowohl der Anfang als auch der Schluss gehören allein der Anrufung Gottes »Da pacem, Domine!«. Und auch im Mittelteil, in dem die Kurfürsten ihre Huldigung erfahren, werden immer wieder Passagen des Antiphons hineingesungen, und im Schlussteil des Werkes vereinigen sich sogar beide Chöre zum »Da pacem, Domine!« Das Werk schließt also nicht mit Hochrufen auf die Landesväter, sondern mit einer innigen Bitte um Frieden an den göttlichen Vater (s. Aufbaustruktur der Motette).

Verbleiben wir auf der Ebene eines bewussten Kompositionsplanes, so stellt sich die Frage: Ist diese Parteinahme des Komponisten so zu deuten, dass Schütz von den Kurfürsten enttäuscht ist und er anzweifelt, ob sie den Frieden herbeiführen können und wollen? Handelt es sich also um eine »politische« Musik? Die zahlenmäßige Bevorzugung des »Da pacem, Domine« wie auch dessen sehr viel kunstvollere und ausdrucksstärkere Gestaltung legt solch eine Deutung nahe, wenn auch der Musikwissenschaftler Hanheide hier vor voreiligen Schlussfolgerungen warnt: »Wollte man allerdings aus der Faktur dieser Motette schlussfolgern, dass Schütz den Herrschern die Gewinnung des Friedens nicht mehr zutraute, würde man sich auf schwankendes Eis begeben, denn man weiß zu wenig über Schütz' Haltung zur Politik seiner Zeit« (ebd., S. 441).

Wenn man die Ebene des Bewusstseins nicht verlassen möchte, so kann man sich mit dem bisher Gesagten zufrieden geben und sich mit der Deutung begnügen, dass hier die Welt des göttlichen Vaters der Welt der Landesväter gegenübergestellt wird und Schütz in seiner musikalischen Gestaltung der Welt des Göttlichen eine Priorität einräumt und ein größeres Zutrauen in die Friedensfähigkeit Gottes zum Ausdruck bringt.

Mit dieser Beschränkung scheint mir jedoch die besondere Ausdrucksqualität dieser Motette noch nicht hinreichend erklärt. Schützens Musik ist durch eine ungewöhnliche Kontrastierung gekennzeichnet. Zunächst erlebt der Hörer sehr anrührend-sehnsuchtsvolle Klänge bei Chor I und dann einen unangenehmen Klangbruch beim lauten und grobschlächtigen Ertönen von Chor II, der ausgesprochen irritierend wirkt.

Dieses ungewöhnliche, irritierende Klangerleben hat mich lange Zeit beschäftigt und in mir eine Ahnung aufkommen lassen, dass es sich hierbei vermutlich weder um eine kompositorisch-satztechnisch zu erklärende Besonderheit noch um eine Reaktion des Komponisten auf politische Ereignisse handelt, sondern um einen bislang noch verborgenen psychologischen Bedeutungsinhalt, der sich in dieser Musik artikuliert.

2.2. Psycho-ästhetisches Erleben von *Da pacem, Domine*

Zur Erkundung der psycho-ästhetischen Qualität der Schütz-Motette habe ich im Rahmen eines experimentell hergestellten Gruppensettings mit insgesamt 47 Personen in drei verschiedenen Gruppen die Schütz-Motette dargeboten (im Blindverfahren: zu Titel und Komponist wurden keine Angaben gemacht). Danach wurden die Probanden aufgefordert, ihre Assoziationen, Phantasien, Gefühle und Körperempfindungen zu der gehörten Musik aufzuschreiben (Gruppen A und C) bzw. mündlich mitzuteilen (Gruppe B). Die mitgeteilten Assoziationen sind im Anhang III wiedergegeben. (Verwendete CD-Aufnahme: *Heinrich Schütz, Psalmen, Motetten, Konzerte*. Cantus Cölln, Musica Fiata, Knabenchor Hannover. Deutsche Harmonia Mundi 1992, EAN: 054727717529).

Bei den Assoziationen, Phantasien, Gefühlen und Körperempfindungen, die die Probanden nach dem Anhören der Motette mitgeteilt haben, gibt es viele Beschreibungen, die sich ausschließlich mit dem durch Chor I vermittelten Gehörseindruck beschäftigen und die die ästhetische Qualität von Chor II unerwähnt lassen. Chor I wird vielfach als »Die Frauenstimme« bezeichnet. Das ist verständlich, da in der dargebotenen Musikaufnahme nur eine Frauenstimme singt und die übrigen Stimmen von

Chor I instrumental (Streichinstrumente) ausgeführt werden. Diese Aufführungspraxis entspricht durchaus dem Willen des Komponisten, worauf ich oben bereits hingewiesen habe.

In der nachfolgenden Übersicht sind die von den Gruppenmitgliedern genannten ästhetischen Qualitäten der Übersichtlichkeit halber zu Themen-Cluster zusammengefasst. Es handelt sich um eine komprimierte Auswahl der Nennungen (die Häufigkeit der Nennungen ist in Klammern hinzugefügt). Die vollständigen Daten sind im Anhang III aufgeführt.

Zur ästhetischen Anmutung von Chor I (»Die Frauenstimme«):

a) *Paradiesische Glückseligkeit*
schön, angenehm, wohlig, verheißungsvoll, entspannt, harmonisch, weich, ruhig (15)
Schweben, Schwingen (7)
himmlisch, Engel, Engelstimme (7)
Klarheit, Reinheit, Licht, Sonne (7)
Höhe, hoch, nach oben öffnend (5)
Weite (3)
Sommergarten, Rosen, Paradies (4)

b) *Kirche, sakral, Vergangenheit, Refugium*
Kirche, gotische Kathedrale, Kloster, sakral, Claustrum, liturgisch (9)
Vergangenheit, Erinnerung(4)
Refugium, Geborgenheit, Heimat (4)
sphärisch (3)
Zukunft (2)
Mittelalter (1)
erhaben(1)
Vater (1)
Ewigkeit (1)

c) *melancholisch, einsam*
melancholisch, traurig, trauernd, elegisch, Abschied (5)
alleinsein, einsam (5)
Selbstauflösung, Erlösung im Tod (2)
sich selbst genug, größenwahnsinnig (1)

d) *Gefühlsabwehr, Hemmung, Kastration (als Gesamteindruck)*
Schöner Schall, heile Welt, die nicht stimmt, Harmoniesoße, süßlich, Doppelmoral,
unnatürlich, Harmoniescheiße, Scheiße bleibt außen vor (8)
gefangen, eingeengt, Stau, behindert (7)
Kastration, kastriert (4)
Diskrepanz, irgendwie nervt mich was, irritierend, anstrengend (3)

Die Fülle der Äußerungen zum Anmutungscharakter von Chor I lassen zunächst einmal ein ausdrucksvolles Bild entstehen, das von Harmonie, Ruhe und engelhafter Reinheit, aber auch Melancholie geprägt ist. Die »Engelstimme« wird als schön, harmonisch, weich und ruhig beschrieben, deren Bewegungsgestalt etwas Schwebendes und Schwingendes hat, das in die Höhe und in die Weite strebt. Als ein atmosphärisch ergänzendes Bild taucht ein »wunderschöner pastellfarbener Sommergarten« auf mit »Rosen, deren schwerer süßer Duft sich in der Mittagssonne verströmt« (B2). »Sieht so das Paradies aus?« fragt sich eine Hörerin (C3).

Eine sehr bildhafte ausführliche Darstellung dieser angedeuteten paradiesischen Welt findet sich in der kleinen Geschichte, die die Probandin B2 liefert:

> »Die Musik begann und sofort fiel Continuo- und Gambenklang (vor allem Gambenklang) in meinen Körper, von oben nach unten. Als dieser Wohlklang meinen Körper verließ, formte sich daraus eine große dunkelbraune Amphore aus rauhem Ton, in deren Boden ich hockte. Alles um mich herum war erfüllt von Klang (Dieser Erlebnisabschnitt war sehr kurz, blitzlichtartig).
>
> Dann erklangen verschiedene Stimmen von oben. Mein Blick richtete sich ebenfalls nach oben zur Öffnung der Amphore. Über mir strahlte ein klarer blauer mediterraner Himmel mit kleinen weißen Schönwetterwölkchen. Der Gesang war von Klang und Rhythmus mir sehr positiv, verheißungsvoll.
>
> Nun vernahm ich einzelne Worte: pacem (Frieden), Vivat (Leben). Also wurde mein Empfinden bestätigt. Nun glaubte ich auch zu wissen, was außerhalb meiner Amphore zu sehen, zu erleben sei. Wahrscheinlich lag ich mit meiner Amphore in einem wunderschönen pastellfarbenen Sommergarten, Rosen, deren schwerer süßer Duft sich in der Mittagssonne verströmte.
>
> Wenn sich die Amphore nun öffnen würde, von außen, durch die Menschen, die singend mir entgegenkamen, verheißungsvoll. Ich war in froher Erwartung.

Doch der Klang der Musik, der Gesang wurde ruhiger, leiser. Sie hatten die Amphore nicht gesehen.

Mein Blick richtete sich erneut nach oben. Über mir war es Nacht geworden; ein wunderschöner blitzklarer Sternenhimmel breitete sich aus. Durchaus zufrieden rollte ich mich wohlig auf den Boden der Amphore zusammen. Es war schön.«

In diesem »Gemälde« formt sich aus dem Klang, der durch den ganzen Körper geht, eine Schutz gebende Hülle, eine Amphore, in der sich die Erzählerin wohlig zusammenrollt. Das Ganze geschieht in einem paradiesischen Ambiente, einem Rosengarten. Diese Geborgenheit hat etwas Uterales, es erinnert an die ganz frühe Geborgenheit im Mutterleib.

Aber eine ebenso wichtige Rolle spielt der Himmel. Die Amphore ist oben geöffnet und erlaubt einen Ausblick auf einen »klaren blauen mediterranen Himmel«, der auch als »blitzklarer Nachthimmel« noch einmal eine Erwähnung findet. Dieser Himmel tröstet offenbar darüber hinweg, dass der Kontakt zu den Menschen misslingt, die an der Amphore achtlos vorübergehen. Das Bild vermittelt ein Erleben, das man folgendermaßen in Worte kleiden könnte: Was bedeuten schon menschliche Kontakte im Vergleich zu einer Geborgenheit in einer Welt göttlicher Vollkommenheit?

Die deutliche Himmelsbetonung mag als ein Indiz dafür dienen, dass das Sehnen sich auf eine »göttliche Vaterimago« richtet, dessen Nähe, Schutz und Geborgenheit gesucht wird, wie ja auch der Text eine Anrede an Gottvater beinhaltet: »Verleih uns Frieden gnädiglich, Herr Gott zu unseren Zeiten«.

Die musikalische Darstellung paradiesischer Glückseligkeit hat nicht bei allen Zuhörern ausschließlich angenehme Gefühle hervorgerufen. Es gibt insgesamt etwa ein Drittel an Assoziationen, die entweder etwas Beengendes, Gehemmtes oder Irritierendes oder sogar etwas Unechtes, Doppelbödiges oder Kastriertes zur Sprache bringen. Soweit sie sich auf Chor I beziehen, sind es vor allem Äußerungen wie »gefangen«, »eingeengt«, »kastriert« einerseits und andererseits »süßlich«, »Harmoniesoße«, »unnatürlich« bis hin zu recht heftigen Formulierungen wie »Harmoniescheiße«.

Diese sehr aggressiven Reaktionen sind nicht ganz einfach einzuordnen. Sie lassen im Grunde eine Deutung in zwei Richtungen zu. Sie können auf eine latente Aggressivität in der Musik hindeuten, sie können aber auch ihren Ursprung in einer Gefühlsabwehr der Probanden haben, die sich mittels abwertender Äußerungen vor den durch die Musik im eigenen Innern ausgelösten intensiven Gefühle zu schützen versuchen.

Nun gibt es in dieser doppelchörigen Motette noch einen zweiten Chor, der in der Einschätzung der Probanden zum ersten Chor über weite Strecken in einem deutlichen Kontrast steht, wie die folgende Übersicht über die genannten Assoziationen zu Chor II zeigt. Dieser Chor wurde überwiegend als »Die Männerstimmen« bezeichnet.

Zur ästhetischen Anmutung von Chor II (»Die Männerstimmen«):

a) *kraftvoll, belebend*
kraftvoll, vital, aktiv, lustvoll, belebend (7), dynamisch, Bewegung, (3), Ritter (4),
körperlich (1)

b) *aggressiv, störend*
aggressiv, einhämmernd, Marktschreier, unterbrechend, störend, ruppig, hektisch,
Unruhe, seelenlos, spannungsgeladen (9), Konkurrenz (2)

Der Text ist ein freudiger, der den angereisten Landesfürsten als Willkommensgruß und Huldigung zugedacht ist. Auf diese »Textebene«, die sozusagen die Oberfläche der Motette darstellt, beziehen sich eine Vielzahl von Hörerassoziationen. Die Musik wird als kraftvoll, vital, aktiv, belebend und dynamisch erlebt. Doch – und das ist eine Überraschung – erleben mindestens genau so viele Personen diese Musik als »aggressiv, einhämmernd, marktschreierisch, unterbrechend, störend, ruppig, hektisch, seelenlos und spannungsgeladen«. Wie ist das zu verstehen?

Diese widersprüchlichen Gehörseindrücke müssen dann nicht verwundern, wenn wir uns vergegenwärtigen, dass wir es hier offenbar mit zwei Ebenen des Erlebens zu tun haben, einer »Oberflächenästhetik« und einer »Tiefenästhetik«. Die Oberflächenqualität der Musik ist ohne Zweifel kraftvoll und dynamisch gegenüber der nahezu bewegungslos sehnsüchtigen Qualität von Chor I. Aber wenn es dem Hörer gelingt, diese Musik tiefer in sich einfließen zu lassen, so wird er einer unterschwelligen Affektivität gewahr, die eine andere psycho-ästhetische Qualität besitzt. Beide Gefühlseindrücke können als zutreffend angesehen werden, aber der unbewusste Sinn dieser Musik enthüllt sich nur auf der Ebene einer tiefenästhetischen

Anmutung, die uns die latente Aggressivität erleben lässt. Wie kommt diese Aggressivität in die Musik hinein und wie ist sie zu deuten?

Es kann nicht völlig ausgeschlossen werden, dass diese unterschwellige Aggression ein Reflex eines bewussten oder bewusstseinsnahen Ärgers des Komponisten auf die Kurfürsten und deren politisches Handeln ist. In diesem Fall würde die Motette in der Tat eine musikalische Stellungnahme zu politischen Ereignissen darstellen, wie von Schützbiographen gelegentlich gemutmaßt wurde. Ganz auszuschließen ist dies nicht. Was aber dagegen spricht, dass es sich hier um eine »politische« Musik handelt, ist der Gesamteindruck der Motette, der nicht wie eine klug konstruierte »Bewusstseinsmusik« wirkt, sondern der in seiner emotionalen Eindringlichkeit eher darauf verweist, dass hier ein tiefes emotionales Empfinden eingeflossen ist, worüber sich der Komponist vor seinem Bewusstsein vermutlich keine Rechenschaft abgelegt hat. So erscheint es plausibler, diese Aggressivität nicht als einen bewusstseinsnahen Affekt des Komponisten gegenüber den Kurfürsten aufzufassen, sondern als eine unbewusste Aggressivität, die sich gleichsam am Bewusstsein des Komponisten vorbei in diese Musik hineingemischt hat.

Wenn wir zusammenfassend den Versuch unternehmen, die genannten psycho-ästhetischen Gehörseindrücke zu beiden Chören auf einen begrifflichen Nenner bringen, so erleben wir in Chor I eine innige, fast mystische Verschmelzungssehnsucht mit einer allmächtigen Gottheit und in Chor II eine doppelbödige Ausdrucksgestalt, die zusammengesetzt ist aus einer kraftvoll belebenden Oberfläche und einer aggressiven Tiefenstruktur. Diese auffällige Unterschiedlichkeit zwischen Chor I und II bzw. die verwirrende Widersprüchlichkeit bezüglich des Ausdruckgehaltes von Chor II finden wir auch in den Assoziationen der Hörer-Probanden ausgedrückt, die zudem Anhaltspunkte dafür bieten, dass dieses Widersprüchlich-Doppelbödige in der Präsens von zwei in Spannung zueinander stehenden Sinnebenen ihre Ursache hat, einer manifest/bewussten und einer latent/unbewussten Sinnebene. Während der manifeste Sinn sich eng an den Inhalt der gesungenen Worte anlehnt, ist der Bedeutungsgehalt der unteren latenten Sinnebene verborgen und codiert und bedarf, um ihn verstehen zu können, einer tiefenhermeneutischen Decodierung.

2.3. Die Aufspaltung der Vater-Imago: Die Verschmelzungssehnsucht mit dem göttlichen Vater und die Wut auf den irdischen Vater

Wie die psychoanalytische Entwicklungspsychologie aufgezeigt hat, wendet sich das kleine Kind am Ende des ersten Lebensjahres dem Vater zu, als dem außerhalb der Dyade befindlichen Dritten, dem es nun all die Vollkommenheit und Größe zuschreibt, die im vorherigen Größenselbst mit der letztlich enttäuschenden Mutter nicht mehr gut aufgehoben waren. Der solcherart idealisierte Vater wird als Held und Retter aus der beängstigenden Mutterdyade erlebt.

Aber der Entwicklungsfortschritt ist an diesem Punkt nicht aufzuhalten, sondern setzt sich weiter fort. Auch der Vater als »Ritter in der strahlenden Rüstung« (Parzival) ist nur ein Durchgangsstadium und hält bereits eine weitere Desillusionierung bereit: Was tun, wenn auch der Vater sich schließlich als enttäuschend herausstellt, es aber dem Kind nach wie vor ein heftiges Anliegen ist, sich die Illusion und das erhebende Gefühl einer narzisstischen Vollkommenheit zu erhalten?

Da der reale Vater den Vollkommenheitsansprüchen nicht genügt, bleibt als eine letzte Möglichkeit, um die narzisstische Vollkommenheitsillusion aufrecht zu erhalten, nur die Deifizierung, d.h. die Vergöttlichung der Vaterimago. Bei Müller-Pozzi lesen wir: »An der Stelle, an der die Idealisierung des Vaters als Versuch, die narzisstische Welt zu retten, scheitert, und der Mensch sich vom endgültigen Verlust der primärnarzisstischen Einheit bedroht sieht, nimmt der Glaube an einen Vater-Gott seine spezifische Gestalt an« (Müller-Pozzi 1981 S. 197).

Es ist mein Eindruck – und dies wird im Folgenden durch die Hörer-Assoziationen zu belegen sein – dass Schütz in seiner Motette *Da pacem, Domine* etwas von dieser Dichotomie zwischen enttäuschenden irdischen Vätern und einem vollkommenen und grandiosen himmlischen Vater zum Ausdruck bringt. Die Sehnsuchtsgefühle zum vollkommenen und allmächtigen Gott erfahren durch Chor I eine sehr eindrückliche Darstellung. Die psycho-ästhetische Qualität ist eine kindlich-archaische. In dieser Weise schwärmt ein kleines Kind vom idealisierten allmächtigen Vater, den es für den Allergrößten hält und in dessen Schutz, Nähe und Geborgenheit es sich hineinphantasiert. Das Beeindruckende und emotional Anrührende steckt in der kindlichen Naivität, mit der hier bewundert, bestaunt, absolut vertraut und sehnsüchtig erfleht wird. Diese Unmittelbarkeit und Eindringlichkeit des Gefühlsausdrucks, die wir in der Musik erleben, trägt deutliche Züge eines frühkindlichen idealisierenden Erlebens.

Etwas von dieser psycho-ästhetischen Qualität einer kindlichen Vatersehnsucht, die aus einer femininen Position heraus artikuliert wird, vermittelt die Assoziation der HörerIn C1:

> »Ein Klostergarten, die Dame in Lila sitzt zwischen Rosen und wildem Wein, wandelt dann – träumend vom Schloss des Vaters – durch den lichtdurchfluteten Garten. Heimweh, Gedanken, Erinnerungen, Tagträume, immer wiederkehrende Bilder einer glücklicheren Zeit. Damals lebte der Vater noch (...)«

Dieses Bild beschreibt eine nach rückwärts gewandte sehnsuchtsvolle Wunschphantasie in eine kindlich-paradiesische Welt an der Seite eines idealen, großartigen Vaters (Schlossherr).

Im krassen Gegensatz zu dieser idealistisch-schönen Idylle steht das unterschwellig Aggressive und Ruppige von Chor II. Hier werden die anreisenden »Schlossherren« nicht mit sehnsuchtsvollen und liebevoll-harmonischen Klängen willkommen geheißen, sondern hier geschieht eine kränkende Abwertung und Erniedrigung der Landesväter. Die Worte drücken zwar Ehrerbietung aus, doch die Musik ist »marktschreierisch« und »seelenlos«.

In dieser Motette zeigt sich also ein auffälliger Kontrast im musikalischen Ausdruck von Chor I und Chor II, ein Kontrast, wie er in der frühkindlichen psychischen Entwicklung als Vatersehnsucht einerseits und Aggressionen gegen den Vater andererseits für eine ganz bestimmte Phase typisch ist, eine Phase, die Freud (1923) als den »negativen Ödipuskomplex« beschrieben hat, bei dem der Sohn den Vater aus einer »femininen Position« heraus begehrt.

2.4. Vatersehnsucht und Vatererniedrigung als Abkömmlinge der femininen Position?

Ist diese Ambivalenz von Vatersehnsucht und Vatererniedrigung bereits ein deutlicher Hinweis auf ein negativ ödipales Erleben, so zeigt sich in den Assoziationen der Probanden noch eine weitere Auffälligkeit, die in noch eindeutigerer Weise auf diese psychische Entwicklungsphase hinweist.

So wurde in Gruppe B viermal das Wort »Kastration« bzw. »kastriert« assoziiert, dessen Sinn zunächst einmal schwer einzuordnen ist.

Das Auftauchen der Worte »Kastration« bzw. »kastriert« ist insofern überraschend und unverständlich, da weder bei der vorgespielten Musikaufnahme ein Kastrat oder Kontra-Tenor beteiligt ist, noch der Text oder die musikalische Gattung »Motette« in irgendeiner Weise mit einer Kastrationsthematik in Zusammenhang gebracht werden kann. Diese auf den ersten Blick befremdlich anmutende Assoziation erhält jedoch einen Sinn, wenn wir sie auf das Erleben in der negativ ödipalen Entwicklungsphase beziehen.

Im positiven Ödipuskomplex tauchen Kastrationsängste im Rahmen kindlich-sexueller Phantasien auf, bei denen das männliche Kind den sexuellen Besitz der Mutter phantasiert und für diese Wünsche die Rache des Vaters in Form einer Kastration seines Geschlechtsorgans befürchtet. Diese ödipale Konflikt- und Angstsituation lässt sich jedoch schwerlich mit dieser Schütz-Motette in Verbindung bringen, da es hier an keiner Stelle um sexuelle Beziehungswünsche zur Mutter und auch nicht um ein Konkurrieren mit dem Vater um die Mutter geht, sondern wir im Gegenteil eine sehr innige Vatersehnsucht zu einem »erhöhten Vater« antreffen, die von Chor I zum Ausdruck gebracht wird.

Die Psychodynamik verweist also nicht auf ein positiv ödipales Geschehen, sondern auf die Phase davor, in der sich das Kind dem Vater gegenüber aus einer »femininen Position« heraus annähert. Auch in *Da pacem, Domine* artikuliert sich die Vatersehnsucht aus einer femininen Position heraus: Dieser sehnsüchtige Affekt wird von einer »Frauenstimme« vorgetragen. Schütz selbst hat die Anweisung gegeben, dass Chor I nur von einer oder zwei Frauenstimmen gesungen werden soll, obwohl es sich letztendlich um einen gemischtstimmigen Chorsatz mit Frauen- und Männerstimmen handelt. Um die Psychodynamik der femininen Position und die Rolle der Kastrationsängste darin zu verstehen, ist es notwendig, sich diesen unbewussten Phantasien etwas eingehender zuzuwenden.

Es gehört zur normalen Entwicklung des kleinen Jungen, dass er in einer Zeit bevor er den Vater als Konkurrenten um den sexuellen Besitz der Mutter erlebt, sexuelle Triebregungen und Wünsche in Richtung des Vaters verspürt und sich diesem – auf einer unbewussten Phantasieebene – als weibliche Partnerin, also als Ersatz für die Mutter, anbieten und annähern möchte. Aus der Identifikation mit der Rolle der Mutter heraus tauchen in dieser Konstellation Phantasien auf, dem Vater ein Kind zu schenken. Jedoch gibt es ein Dilemma mit diesen Phantasien, und zwar an dem Punkt, wo dem kleinen Jungen bewusst wird, dass er zusammen mit der femininen Position auch die weibliche Genitalität übernehmen muss, d.h. dass er seine männlichen Genitalien verliert, was er als eine Kastration erlebt. Da der Vater als der Verursacher dieser Kastration angesehen wird, richten sich deswegen Aggressionen gegen ihn, die man als Wünsche einer Vatererniedrigung zusammenfassen kann.

Dies ist in Kürze der Inhalt des negativen Ödipus, der zusammen mit dem positiven Ödipus den vollständigen Ödipuskomplex bildet. Die unbewussten Phantasien des negativen Ödipus haben zunächst einmal etwas Fremdes und Phantastisches an sich, das sich nicht unmittelbar erschließt. Ich möchte deshalb an dieser Stelle ein Fallbeispiel einfügen, das uns ein wenig vertrauter mit dieser unbewussten Phantasiewelt werden lässt.

Dieses Fallbeispiel ist auch noch aus einer anderen Hinsicht für unsere Fragestellung von Interesse, und zwar dadurch, dass es uns vor Augen führt, dass die Menschen des 17. Jahrhunderts bestimmte Phänomene des Psychischen, besonders solche sexueller Art, in einer Weise perzipiert haben, die sich von unserem heutigen Erleben deutlich unterscheidet. Zu diesem Fallbericht, der aus dem 17. Jahrhundert stammt und in schriftlichen Dokumenten niedergelegt wurde, hat Sigmund Freud gut zweihundert Jahre später »nach Aktenlage« den Versuch einer Diagnose unternommen. Die folgende wunderliche Geschichte nahm ihren Anfang um das Jahr 1669, also noch zu Lebzeiten von Heinrich Schütz.

Exkurs: Eine Teufelsneurose im siebzehnten Jahrhundert

Wie aus einem alten in einer Wiener Bibliothek aufgefundenen Manuskript hervorgeht, erlebte ein Maler mit Namen Christoph Haitzmann eine wundersame Erlösung von einem Teufelspakt durch die Gnade der heiligen Maria. Zu diesem Vorgang liegen zwei Berichte vor, ein in lateinischer Sprache abgefasster Bericht eines mönchischen Kompilators und das in deutsch geschriebene Tagebuch des Malers Haitzmann.

Über Umwege gelangte dieses Manuskript in die Hände von Sigmund Freud, der die Geschichte interessant genug fand, um sich daran zu machen, diesen Fall einmal näher zu untersuchen. [Ich halte mich im Folgenden eng an die Darstellung Freuds (1923). Wörtliche Zitierungen sind jeweils in Anführungszeichen gesetzt.]

Folgendes hatte sich zugetragen: Am 29. August 1677 wurde der Maler

Christoph Haitzmann in der Kirche in Pottenbrunn von schrecklichen Krämpfen befallen, die sich auch in den nächsten Tagen wiederholten. Auf die Frage des Pfarrers, ob er sich in unerlaubten Verkehr mit dem bösen Geist eingelassen habe, gestand Haitzmann, vor neun Jahren, als es mit seiner Kunst nicht gut ging und er Existenzsorgen hatte, dem Teufel, der ihn neunmal versucht hatte, nachgegeben zu haben und sich schriftlich verpflichtet zu haben, ihm nach Ablauf dieser Zeit mit Leib und Seele anzugehören. Dieser Termin war um den 24. September. Haitzmann beteuerte, dass er bereue und überzeugt sei, dass nur die Gnade der Mutter Gottes von Mariazell ihn retten könne, indem sie den Teufel zwinge, ihm die mit Blut geschriebene Verschreibung herauszugeben. Dem Manuskript sind etliche farbige Zeichnungen beigefügt, auf denen der Maler den Teufel gemalt hat.

Nachdem Haitzmann in Mariazell lange gebüßt und gebetet hat, erhält er am 8. September, dem Tag Mariä Geburt, um die zwölfte Nachtstunde vom Teufel, der in der Kapelle als geflügelter Drache erscheint, den unterschriebenen Pakt zurück. Die Heilung scheint gelungen. Doch nach einigen Wochen, der Maler war mittlerweile zu seiner verheirateten Schwester nach Wien gezogen, stellten sich weitere Anfälle ein. Seine Krämpfe waren von Visionen begleitet, die diesmal nicht teuflischer Natur waren, sondern es waren Heilige, die ihn heimsuchten, darunter Christus und die heilige Jungfrau. Aber diese Erscheinungen waren nicht minder bedrängend, weshalb der Maler sie in seinem Tagebuch ebenfalls als Erscheinungen des Teufels bezeichnete. Haitzmann entschloss sich schließlich, in den Orden der barmherzigen Brüder einzutreten, wo die Erscheinungen dann »mit Hilfe der Gnade Gottes« allmählich nachließen.

Freud wendet sich bei seiner analytischen Detektivarbeit zunächst der Frage zu, welches Motiv den Maler bewogen haben könnte, sich mit dem Teufel einzulassen. Aus den Unterlagen geht hervor, dass kurz zuvor der Vater des Malers gestorben und Haitzmann darüber in eine Melancholie verfallen war. Freud: »Da verschreibt sich also einer dem Teufel, um von einer Gemütsdepression befreit zu werden.« Der genaue Text dieser Verschreibung lautete:

> Anno 1669
> Christoph Haitzmann. Ich verschreibe mich diesem Satan,
> ich sein leibeigener Sohn zu sein,
> und in 9 Jahr ihm mein Leib und Seel zuzugeheren.

Freud fragt folgerichtig: »Zu was verpflichtet sich der Teufel denn?« Und kommt zu dem Schluss, für neun Jahre den verlorenen Vater zu ersetzen: »Durch den Tod des Vaters hat er Stimmung und Arbeitsfähigkeit eingebüßt; wenn er nun einen Vaterersatz bekommt, hofft er das Verlorene wiederzugewinnen.« Aber warum den Teufel als Vaterersatz?

Nachvollziehbar ist, »dass Gott ein Vaterersatz ist oder richtiger: ein erhöhter Vater oder noch anders: ein Nachbild des Vaters, wie man ihn in der Kindheit sah und erlebte.« Und da das Verhältnis zu diesem Vater von Anfang an ein ambivalentes ist, »umfasst es zwei einander entgegengesetzte Gefühlsregungen, nicht nur eine zärtlich unterwürfige, sondern auch eine feindselig trotzige. Dieselbe Ambivalenz beherrscht nach unserer Auffassung das Verhältnis der Menschenart zu ihrer Gottheit«. Es zerlegt sich in zwei scharf kontrastierende Gegensätze, eben in Gott und Teufel, wobei der Teufel ja bekanntlich früher ebenfalls göttlich war, und dann als ein gefallener Engel in die Tiefe verbannt wurde.

Freud ging des Weiteren davon aus, dass das Verhältnis des Malers zu seinem Vater sicherlich nicht nur »eitel Liebe« gewesen sei. »Im Gegenteil, eine Trauer nach dem Verlust des Vaters wird sich umso eher in Melancholie umwandeln, je mehr das Verhältnis zu ihm im Zeichen der Ambivalenz stand. Die Hervorhebung dieser Ambivalenz bereitet uns aber auf die Möglichkeit der Erniedrigung des Vaters vor, wie sie in der Teufelsneurose des Malers zum Ausdruck kommt.« In einer analytischen Behandlung würde man nach Situationen auf die Suche gehen, die den Patienten Anlass waren, seinen Vater zu hassen. Da man dies hier nicht machen kann, muss man sich an die »typischen Anlässe zu einer negativen Vatereinstellung« halten.

Bedeutungsvoll erschien Freud zum einen die Zahl 9, die er zu den 9 Monaten einer Schwangerschaft in Beziehung setzte und ein anderes Detail war das Aussehen des Teufels in den Zeichnungen des Malers, das mit zwei paar weiblicher Brüste und einem großen in eine Schlange auslaufenden Penis beschrieben wird, das eine deutliche sexuelle Tönung besitzt. Damit hatte Freud alle Momente zusammen, die ihn zusammenfassend die folgende Diagnose formulieren ließen:

> »Aus diesen beiden kleinen Anzeichen lässt sich doch erraten, welches typische Moment den negativen Anteil seines Vaterverhältnisses bedingt. Das, wogegen er sich sträubt, ist die feminine Einstellung zum Vater, die

> in der Phantasie, ihm ein Kind zu gebären (neun Jahre) gipfelt (...) Mit der Trauer um den verlorenen Vater, mit der Steigerung der Sehnsucht nach ihm, wird bei unserem Maler auch die längst verdrängte Schwangerschaftsphantasie reaktiviert, gegen die er sich durch Neurose und Vatererniedrigung wehren muss (...) Die feminine Einstellung zum Vater unterlag der Verdrängung, sobald der Knabe verstand, dass der Wettbewerb mit dem Weib um die Liebe des Vaters das Aufgeben des eigenen männlichen Genitales, also die Kastration zur Bedingung hat. Die Ablehnung der femininen Einstellung ist also die Folge des Sträubens gegen die Kastration, sie findet regelmäßig ihren stärksten Ausdruck in der gegensätzlichen Phantasie, den Vater selbst zu kastrieren, ihn zum Weib zu machen. Die Brüste des Teufels entsprächen also einer Projektion der eigenen Weiblichkeit auf den Vaterersatz (...)« (336).

Und Freud ergänzt:

> »Wenn das Widerstreben gegen die Annahme der Kastration unserem Maler die Erledigung seiner Vatersehnsucht unmöglich macht, so ist es überaus verständlich, dass er sich um Hilfe und Rettung an das Bild der Mutter wendet. Darum erklärt er, dass nur die heilige Mutter Gottes von Mariazell ihn vom Pakt mit dem Teufel lösen kann.«

Wohl wissend, dass diese hier dargelegten Zusammenhänge für Menschen, die der Psychoanalyse fern stehen, nur schwer nachvollziehbar sind, fügt Freud hinzu:

> »Kaum ein anderes Stück der psychoanalytischen Ermittlungen aus dem Seelenleben des Kindes klingt dem normalen Erwachsenen so abstoßend und unglaubwürdig wie die feminine Einstellung zum Vater und die aus ihr folgende Schwangerschaftsphantasie des Knaben. Wir können erst ohne Besorgnis und ohne Bedürfnis nach Entschuldigung von ihr reden, seitdem der sächsische Senatspräsident Daniel Paul Schreber die Geschichte seiner psychotischen Erkrankung und weitgehenden Herstellung bekannt gemacht hat. Aus dieser unschätzbaren Veröffentlichung erfahren wir, dass der Herr Senatspräsident etwa um das fünfzigste Jahr seines Lebens, die sichere Überzeugung bekam, dass Gott – der übrigens deutliche Züge seines Vaters, des verdienten Arztes Dr. Schreber an sich trägt – den Entschluss gefasst, ihn zu entmannen, als Weib zu gebrauchen und aus ihm neue Menschen von Schreberschem Geist entstehen zu lassen (...) An dem Sträuben gegen diese Absicht Gottes, welche ihm höchst ungerecht und ›weltordnungswidrig‹ vorkam, erkrankte er unter

den Erscheinungen einer Paranoia, die aber im Laufe der Jahre bis auf einen geringen Rest zurückbildete. Der geistvolle Verfasser seiner eigenen Krankengeschichte konnte wohl nicht ahnen, dass er in ihr ein typisches pathogenes Moment aufgedeckt hatte (...) Der Senatspräsident Schreber fand seine Heilung, als er sich entschloss, den Widerstand gegen die Kastration aufzugeben und sich in die ihm von Gott zugedachte weibliche Rolle zu fügen.«

Doch kommen wir zurück zu unserem Maler Haitzmann. Anzufügen sind noch die Inhalte seiner Visionen, während seiner Zeit in Wien.

»Zuerst meldet sich die Versuchung in Gestalt eines schön gekleideten Kavaliers, der ihm zureden will, den Zettel wegzuwerfen, der seine Aufnahme in die Bruderschaft vom heiligen Rosenkreuz bescheinigt. Da er widerstand, wiederholte sich dieselbe Erscheinung am nächsten Tag, aber diesmal in einem prächtig geschmückten Saal, in dem vornehme Herren mit schönen Damen tanzten (...). Nachdem er diese Vision durch Gebet zum Verschwinden gebracht, wiederholte sie sich einige Tage später in noch eindringlicherer Form. Diesmal schickte der Kavalier eine der schönsten Frauen, die an der Festtafel saßen, zu ihm hin, um ihn zur Gesellschaft zu bringen, und er hatte Mühe, sich der Verführerin zu erwehren. Am erschreckendsten aber war die bald darauf folgende Vision eines noch prunkvolleren Saales, in dem ein von ›Goldstück aufgerichteter Thron‹ war. Kavaliere standen herum und erwarteten die Ankunft ihres Königs. Dieselbe Person, die sich schon so oft um ihn bekümmert hatte, ging auf ihn zu und forderte ihn auf, den Thron zu besteigen, sie wollten ihn für ihren König halten und in Ewigkeit verehren.«

Freud merkt an:

»Mit dieser Ausschweifung seiner Phantasie schließt die erste, recht durchsichtige Phase der Versuchungsgeschichte ab (...) Es musste jetzt zu einer Gegenwirkung kommen. Die asketische Reaktion erhob ihr Haupt. Am 20. Oktober erschien ihm ein großer Glanz, eine Stimme daraus gab sich als Christus zu erkennen und forderte von ihm, dass er dieser bösen Welt entsagen und sechs Jahre lang in einer Wüste Gott dienen solle. Wir sehen, wie bei unserem armen Maler die Versuchungsphantasien von asketischen und endlich von Strafphantasien abgelöst werden (...) Er geht zwar nicht in die Wüste, um Einsiedler zu werden, aber er tritt in den Orden der Barmherzigen Brüder ein: religiosus factus est.«

Seit der Beschwörung scheint die Melancholie überwunden und wie Freud hinzufügt, »alle Gelüste des Weltkindes sind wieder rege«.

Dem Maler Christoph Haitzmann fiel es nicht leicht, der sündigen Welt zu entsagen. Aber endlich tat er es doch mit Rücksicht auf seine hilflose Lage. Er trat in den Orden ein und damit war sein innerer Kampf wie seine materielle Not zu Ende. Und Freud schließt mit der Mutmaßung:

> »Vielleicht war er so einer von jenen Typen, die als ›ewige Säuglinge‹ bekannt sind, die sich von der beglückenden Situation an der Mutterbrust nicht losreißen können und durchs ganze Leben den Anspruch festhalten, von jemand anderem ernährt zu werden. Und so legte er in dieser Krankengeschichte den Weg vom Vater über den Teufel als Vaterersatz zu den frommen Patres zurück.«

Dieser aktenkundige Fall des Malers Haitzmann zeigt, wie unbewusste Phantasien von den damaligen Menschen oftmals ganz konkretistisch als leibhaftige Wesen im eigenen Inneren wahrgenommen wurden. Wie bei einem Säugling sind dabei Phantasieebene und Realitätsebene ununterscheidbar. Wenn der Säugling Hunger im Magen verspürt, so glaubt er, dass ein böser Geist in seinen Magen sitzt und ihn zwickt. So wird auch im Falle des Malers Haitzmann eine Phantasie als leibhaftige Wirklichkeit angesehen. Der »böse Vater« ist ihm in den Leib gefahren und sitzt nun dort als ein bedrohlicher Teufel, von wo ihn nur eine Austreibung wieder fortschaffen kann.

Interessant an diesem Fallbericht sind für unsere Fragestellung vor allem Freuds Charakterisierungen des negativen Ödipuskomplexes, der seiner Darstellung nach im Wesentlichen durch zwei Affekte charakterisiert ist. Das sind:

1. die zärtlich-unterwürfigen homoerotischen Gefühle gegenüber dem Vater einschließlich der dazu gehörigen Schwangerschaftsphantasie.

Diese feminine Einstellung wird abgelehnt und verdrängt, weil sie im Erleben des Kindes die Umwandlung in ein Mädchen bedeuten würde, dessen Zustand als ein kastrierter angesehen wird. Aus dieser Ablehnung eines kastrierten Zustandes entwickelt sich

2. eine feindselig trotzige Aggression gegen den Vater als dem Verursacher

dieses kastrierten Zustandes, die sich in Versuchen der Vatererniedrigung (Kastrierung des Vaters) niederschlägt.

Der kleine Junge besitzt in dieser Entwicklungsphase gegenüber dem Vater also ambivalente Gefühle, »zärtlich unterwürfige« auf der einen Seite und »feindselig trotzige« auf der anderen Seite. In diesen kontrastierenden Affekten zeigt sich eine bemerkenswerte Parallelität zu jenen Affekten, die unsere experimentelle Untersuchung zur Motette *Da Pacem, Domine* ans Tageslicht gefördert hat. Deshalb erscheint es mir sinnvoll, mit diesem neu gewonnenen Wissen noch einmal zur Analyse der Schützmotette zurückzukehren.

2.5. Die Psychodynamik des negativen Ödipus in *Da Pacem, Domine*

Für die genauere Bestimmung der psycho-ästhetischen Qualität von Schützens *Da Pacem, Domine* stellt sich die Frage, ob die in den Probandenäußerungen zur Motette genannten »zärtlich unterwürfigen« und »feindselig trotzigen« Affekten von jener Art sind, wie sie für die negativ ödipale Erlebniswelt charakteristisch sind. Werfen wir noch einmal einen Blick auf die Probandenassoziationen.

Bezüglich des Gesangs der »Frauenstimme« (Chor I) habe ich als eine Zusammenfassung der Probandenäußerungen von einer »innigen, fast mystischen Verschmelzungssehnsucht« mit einem omnipotenten, göttlichen Vater gesprochen. Die nun auftauchende Vorstellung, dass es sich in dieser Motette um eine homoerotische Annäherungsphantasie des kleinen Jungen an den Vater handeln mag, erscheint mir durchaus als eine mögliche und plausible Spezifizierung der Hörerassoziationen. So finden wir z. B. in den folgenden Äußerungen eine deutlich libidinös getönte Aura:

- »Bei den ersten Klängen, Vibration im ganzen Körper; es ging dann in Pulsation über« (A15);
- »ein angenehmer Wechsel von Anspannung und Entspannung« (A1);
- »es hatte etwas sehr Lustvolles und Kraftvolles« (A4);
- »Frau, verführend fordernd, schön weich; auskosten« (A7);
- »Himmel und Erde nähern sich an und beginnen, miteinander zu tanzen« (C3);
- »ich habe das Gefühl, zu schweben« (C4 und A5);
- »die Gambe hat mich in die Horizontale gezogen« (B24);

- »sich vertrauensvoll hineinfallen lassen können« (A14);
- »ich habe mich gefühlt wie auf einer Wolke, die mich trägt« (B15).

Noch deutlicher wird diese Thematik in der bereits ausführlich zitierten Amphoren-Geschichte, die sich fast schon in Richtung einer Schwängerungsphantasie bewegt: »Die Musik begann und sofort fiel (...) der Gambenklang in meinen Körper, von oben nach unten. Als dieser Wohlklang meinen Körper verließ, formte sich daraus eine große dunkelbraune Amphore (...)« Die sehr sensible feminine Phantasie des kleinen Jungen, sich dem Vater als weibliche Sexualpartnerin anzubieten und ihm ein Kind zu gebären, ist ausgesprochen anfällig und irritierbar und löst sofort starke Ängste aus, wenn das Verhältnis zum Vater unsicher oder gestört ist und dessen phantasierte sexuelle Annäherung als ein aggressiver und gewalttätiger Akt gefürchtet werden muss. Wenn der Vater nicht als liebevoll, sondern als aggressiv und böse erlebt wird, verstärkt sich die Kastrationsangst, d.h. der Junge fürchtet, dass bei der sexuellen Annäherung des Vaters seine eigene Genitalität zerstört wird. Solch eine Ästhetik des bedrohlich Kastrierenden, das vom Vater ausgeht, spiegelt sich in den folgenden Probandenassoziationen, die sich auf Chor II (»Die Männerstimmen«) beziehen:

- »einhämmernde Männer« (A13);
- »einhämmernde Männerstimmen« (A2);
- »die impulsiveren Zwischenrufe der drei Männerstimmen sind Unterbrechungen! vertikal – kurz schlagend, rhythmisch; ich dachte an Tod, Knochenmann, wie Violinkonzert von Alban Berg Tod + Mädchen (A6);
- »die Männer ›ruppig‹« (A12); »ich hatte Angst, dass uns »heavy metal« vorgespielt wird (B22);
- »Männerstimmen: Störgeister, Unruhe, Stimmen fehlt Seele« (A14);
- »ich empfand zwei Bewegungen in mir: ein Öffnen und ein Schließen. Das Schließen passierte vor allem bei den aggressiven Vivat-Rufen« (B1).

Aufgrund von Kastrationsängsten entwickeln sich im kleinen Jungen Gegenaggressionen gegen den Vater, die mit »feindselig trotzig« gut umschrieben sind und die sich in Formen der Vatererniedrigung (Kastrierung des Vaters) niederschlagen. Die Vatererniedrigung realisiert sich in der Motette *Da pacem, Domine* im Wesentlichen darin,

1. dass scheinbar den Landes-Vätern gehuldigt wird, indem ein Text vorgetragen wird, der in klingenden Worten die Potentaten hochleben lässt, aber diese Ehrerbietung nur eine scheinbare ist, denn sie wird konterkariert durch eine unterschwellig aggressive und seelenlose Musik von minderer künstlerischer Qualität (Chor II),
2. dass am Ende der Motette nicht – wie man erwarten könnte – die Huldigung der anwesenden Landesväter steht, sondern ausschließlich die Huldigung des anderen, des »erhöhten Vaters«. Auch dies ist eine Kränkung der Kurfürsten, worauf die HörerIn C2 hindeutet, indem sie mutmaßt: »vielleicht ist aber auch nur das letzte Notenblatt mit einem weiteren »Vivat«-Ausbruch verloren gegangen!«
3. dass Chor II zum Schluss gezwungen wird, sich in die Rolle der »Frauenstimme« zu begeben und die zärtlich-unterwürfige Bitte (»Da Pacem, Domine«) von Chor I zu übernehmen.

Zusammenfassend können wir feststellen, dass durch die aufgeführten Befunde des Gruppenassoziationsexperimentes die Annahme, dass wir es in dieser Motette mit einer Psycho-Ästhetik des Negativ-Ödipalen zu tun haben, eine bedeutsame Unterstützung erfahren hat. Die durch die Probandenäußerungen zu Tage geförderten Anmutungsqualitäten, wie »zärtlich unterwürfige« Vatersehnsucht auf der einen Seite und »feindselig trotzige« Vatererniedrigung auf der anderen Seite, die Assoziationen »kastriert« und »Kastration«, die zunächst unverständlich waren, im Zusammenhang mit der frühkindlich-homoerotischen Vaterbeziehung jedoch einen Sinn erhalten und nicht zuletzt der Vortrag der zärtlich unterwürfigen Vatersehnsucht »aus einer femininen Position heraus« (»die Frauenstimme«), haben zusammengenommen die Annahme gefestigt, dass wir es in der Motette *Da Pacem, Domine* auf einer latenten Ebene des Erlebens mit einer Psycho-Ästhetik des Negativ-Ödipalen zu tun haben.

Wäre die Psycho-Ästhetik des Negativ-Ödipalen im musikalischen Schaffen von Heinrich Schütz auf diese eine Motette beschränkt, so könnte man bezüglich dieser These Zweifel hegen. Aber wir werden sehen, dass sich dieses spezifisch homoerotische Fluidum noch in weiteren Schütz-Motetten finden lässt.

Ein kleines prägnantes Beispiel für die in *Da Pacem Domine* gefundene kontrastierende Affektdarstellung von Vatersehnsucht auf der einen Seite und Vatererniedrigung auf der anderen Seite habe ich Hans Joachim Moser zu verdanken. Es handelt sich um eine Stelle im geistlichen Konzert *Meister wir wissen, dass Du wahrhaftig bist* (SWV 414) aus den *Symphoniae sacrae III*. Moser macht darauf aufmerksam, dass in der Schlusszeile »So gebet dem Kaiser, was des Kaisers ist und Gott, was Gottes ist« sich eine unterwürfig-zärtliche Gefühlsströmung zum göttlichen Vater und eine entwertende Affektivität gegenüber dem weltlichen Vater (Kaiser) gegenüberstehen. Moser bemerkt zu Schützens Vertonung dieser Zeile:

> »Über den Kaiser lacht er im Grunde als über einen Koloss mit tönernen Füßen – aber an Gott denkt er mit freudiger Hingabe. Und dieser Gegensatz beflügelt die gesamte Tuttidurcharbeitung der Sentenz (...)« (Moser 1936, S. 526).

Es gibt psychoanalytisch gesehen einen bewerkenswerten Unterschied im Umgang mit dem Negativ-Ödipalen in der Geschichte des »Teufels-Neurotikers« Haitzmann und in der Schütz-Motette *Da Pacem Domine*. Für Haitzmann ist die negativ ödipale Phantasie unannehmbar, weswegen er sie in die Verdrängung schickt, mit der Konsequenz seiner leidvollen Erfahrungen einer Teufelsneurose. Schützens Musik hingegen fördert die Integration dieser unbewussten Selbstanteile aus der kindlichen Vergangenheit, indem sowohl die homoerotische Vatersehnsucht als auch die vatererniedrigenden Aggressionen in seiner Musik einen symbolischen Ausdruck erfahren.

Dass sich eine negativ ödipale Thematik sowohl im Fallbericht Haitzmann als auch in der Schütz-Motette ausdrückt, mag reiner Zufall sein. Immerhin könnte diese Parallelität jedoch für psychohistorisch orientierte Forscher einen Anlass darstellen, sich einmal mit der Frage zu beschäftigen, ob nicht negativ ödipale Phantasien zu denjenigen Phantasien zählen, die die unbewusste Psyche der Menschen des Barock beschäftigt haben. Sowohl Schütz als auch Haitzmann sind Künstler und besitzen als solche eine besondere Sensibilität für nicht ausgedrückte unbewusste Themen des sozialen Kollektivs, dem sie angehören.

3. Die homoerotisch getönte Bruderliebe

Die Analyse der Motette *Da Pacem, Domine* hat eine Fährte in Richtung homoerotischer Liebesgefühle in der Musik von Heinrich Schütz gewiesen, die meines Wissens in der Schützforschung bislang noch keine Beachtung und keine Erwähnung gefunden haben. Ich glaube jedoch, dass solche in der negativ ödipalen Vaterbeziehung auftauchenden Gefühle in der Musik Schützens durchaus eine Rolle spielen. Ich möchte beispielhaft zwei Konzerte aus den Sammlungen *Symphoniae sacrae II* (1647) und *Symphoniae sacrae III* (1650) anführen, in denen etwas von dieser Homoerotik spürbar ist. In beiden Konzerten, denen ein verwandter Text zugrunde liegt, wird die Bruderliebe hoch gepriesen.

Bei der Motette *Siehe, wie fein und lieblich ist's, wenn Brüder einträchtiglich beieinander wohnen* (Psalm 133, SWV 412) handelt es sich um einen Hochzeitsgruß von Schütz an seinen Lieblingsbruder Georg vom 9. August 1619, den Schütz später umgearbeitet in die *Symphoniae Sacrae III* von 1650 aufgenommen hat. Dieses Hochzeitsgeschenk, dem Schütz noch eine lateinische Widmung beigefügt hat, in der er auf seine gerade veröffentlichten *Psalmen Davids* verweist, zielt auf das besonders innige Verhältnis zu seinem Bruder ab:

> Herzbruder, denn einzig einigte
> unser Gemüt doppelte Treu zu einand;
> jene Treue, die schon uns verband
> seit dem Schoße der Mutter,
> ewiglich steht sie und fest,
> dies geb' der gütige Gott.
> (Übersetzung nach Moser 1936, S. 97)

Wie in der negativ ödipalen Situation die Mutter aus der homoerotisch getönten Vater-Sohn-Beziehung ausgeschlossen bleibt, so scheint hier Ähnliches mit der Braut des Bruders zu geschehen. Schütz verwendet in der Widmung zunächst einmal die lateinische Sprache, die wahrscheinlich nur er und sein Bruder, nicht aber die Braut verstehen konnte. Weiterhin wird die Braut im Text an keiner Stelle erwähnt. Der gesungene Text betont eindrücklich und ausschließlich, dass die Bruderliebe ewig steht. Keine Wünsche für das junge Paar und das Gelingen ihrer Beziehung. Diese Auslassung setzt sich fort im eigentlichen Liedtext. Es werden aus Psalm 133 nur diejenigen Verse ausgewählt, die die Bruderliebe besingen. Die Verse über die Eheliebe werden weggelassen. Es scheint fast so, als falle es Schütz schwer, seinen Bruder in die Arme einer Frau abgeben zu müssen. Der Text lautet folgendermaßen:

Siehe, wie fein und lieblich ist's,
dass Brüder einträchtiglich beieinander wohnen,
wie der köstliche Balsam ist,
der vom Haupte Aaron herabfleußt,
in seinen ganzen Bart,
der herabfleußt in sein Kleid.

Wie der Tau,
der vom Hermon herabfällt,
auf die Berge Zion;
denn daselbst verheißt der Herr
Segen und Leben immer und ewiglich.

Das Stück beginnt in der Tat sehr fein und lieblich mit einem weichen Streichersatz, dessen Weichheit dann von den Bläsern aufgenommen und mit einem gefühlvollen Glanz versehen wird, bevor sich darauf folgend der Chor mit dem Eröffnungswort »Siehe« vernehmen lässt. Nach einem kurzen instrumentalen Zwischenspiel wird dann vom Chor die Textzeile fortgeführt »Siehe, wie fein und lieblich ist's«.

Beide Worte werden voneinander abgesetzt und damit erhalten sie beide Gewicht und Bedeutung. Aber es wird nicht verwundern, dass das »lieblich«, das uns bereits in der Motette *Wie lieblich sind deine Wohnungen* (SWV 29) begegnet ist und als »dulcis« in den *Cantiones sacrae* (Schützens Opus 4) wieder auftauchen wird, auch hier mit sehr innigen harmonischen Wendungen ausgedrückt wird.

Bei der Wiederholung dieser beiden Worte geht das »lieblich« im Sopran in eine bestaunenswerte lichte Höhe, eine ebenfalls geniale Möglichkeit, die Außergewöhnlichkeit dieses Gefühls zum Ausdruck zu bringen. Dann folgen die Männerstimmen, die in süßer Terzenseligkeit die folgende Textzeile »dass Brüder einträchtig beieinander wohnen« besingen. In ausgesprochen häufigen Wiederholungen wird lang andauernd das »beieinander wohnen« durch eine zärtliche an- und abschwellende Auf- und Ab-Bewegung zwischen Tonika und Terz zum Ausdruck gebracht. Ja, selbst nach einem instrumentalen Zwischenspiel, von dem man als Hörer annimmt, dass es zur nächsten Textzeile überleitet, wird das Beieinanderwohnen noch einmal wieder aufgegriffen und dem Hörer dargeboten, wodurch diese Textzeile eine herausgehobene Bedeutsamkeit erhält.

Es folgen zwei Bilder, in denen es um herabfließende Flüssigkeiten geht, die vom Haupte des Aaron in den Bart und in die Kleider »hinabfleußen«, sowie um den Tau, der auf die Berge Zion herabfällt. Diese Flüssigkeiten werden wie köstlicher Balsam empfunden. Dass auch bei einer Liebesvereinigung mannigfaltige Körperflüssigkeiten beteiligt sind, ist nicht unbekannt.

Für Johann Gottfried Herder ist dieser Psalm ein Text, »der wie eine liebliche Rose duftet«. Und auch bei Augustin steht die Süße im Zentrum: »So süß klingt er an das Ohr (...) Er ist süß wie die Liebe, welche Brüder zusammenführt« (zit. n. Zenger 2003, S. 118).

In der Auslegung des Theologen Zenger geht es hier um einen »Tau, der herabsteigt, befeuchtet und Wachstum und Leben ermöglicht« (S. 122), also der herabströmende Tau »als Bild der belebenden Wirkung der Brüderlichkeit« (S. 123). In die gleiche Richtung weist »Das Öl auf dem Haupt«, das nach Zenger »zum Sprachspiel des Festes und der Freude« gehört. Zenger deutet dieses Bild kulturgeschichtlich:

> »Ägyptische Bilder bezeugen die Sitte, bei festlichen Mählern den Gästen parfümierte Fette und Öle in sogenannten Salbkegeln auf den Kopf zu setzen, die dann im Laufe des Mahles auf den erhitzten Häuptern zerflossen, den Kopf herunterliefen und einen betörenden Wohlgeruch verbreiteten (...) Im Hohenlied schließlich wird als lyrisches Bild gerade der Wohlgeruch des (parfümierten) Öls gebraucht. Vor diesem kulturgeschichtlichen und literarischen Hintergrund sollte nun aber die Deutung von Vers 2 ab keinen Zweifel lassen: Das brüderliche Zusammenleben wird in seiner Ausstrahlung verglichen mit der wohltätigen, ja berauschenden Wirkung des parfümierten Öls, das zu vorgerückter Stunde während eines Festmahls von den Häuptern der männlichen Festteilnehmer in deren Bärte herabfließt« (ebd., S. 123f.).

Wie wir sehen, findet sich sowohl im Text als auch in der Musik viel an Lieblichkeit und Süße, die die Bruderliebe in ein ausgesprochen erotisches Fluidum eintauchen. Dieser überschwängliche erotisch getönte Lobpreis auf die Bruderliebe ist umso bemerkenswerter, als er am Hochzeitstag des Bruders in Anwesenheit der Braut vorgetragen wird. Auch wenn man in Betracht zieht, dass es möglicherweise in der damaligen Zeit bestimmt Riten oder Konventionen gab, die wir heute nicht mehr kennen, die den Lobpreis des Bruders am Hochzeitstage als geboten erscheinen lassen, ist doch auffällig, dass diesem brüderlichen Lobpreis viel sinnliche Erotik beigemengt ist.

Bei der anderen Komposition, in der Schütz ebenfalls diese poetisch-erotischen Bilder aufgreift, handelt es sich um die Motette *Drei schöne*

Dinge seind (SWV 365) aus den deutschen Konzerten der *Symphoniae sacrae II* von 1647 für drei Männerstimmen, zwei Violinen und basso continuo. Der Text stellt eine Kompilation folgender Bibeltexte dar: Psalm 133, 1–3; Buch Sirach 25, 1, 2; Sprüche Salomonis 27, 10; Galater-Brief 5, 14–15; Epheser-Brief 5, 28, 22, 32; Hebräer-Brief 13, 4.

Drei schöne Dinge seind,
die beide Gott und Menschen wohlgefallen:
wann Brüder eins seind.
Wie der köstliche Balsam ist,
der vom Haupt Aaron herabfleußt
in seinen ganzen Bart,
der herabfleußt in sein Kleid.
Wie der Tau,
der vom Hermon herab fällt auf die Berge Zion,
siehe so fein und lieblich ist,
dass Brüder einträchtig bei einander wohnen.

Drei schöne Dinge seind,
die beide Gott und Menschen wohlgefallen:
wenn Nachbaren sich lieb haben.
Wenn dir's übel gehet,
so ist dir ein Nachbar besser in der Nähe,
als ein Bruder in der Ferne.
Liebe deinen Nächsten als dich selbst.
Denn so ihr euch untereinander beißet, so sehet zu,
dass ihr nicht unter einander verzehret werdet.

Drei schöne Dinge seind,
die beide Gott und Menschen wohlgefallen:
wenn Mann und Weib sich miteinander wohl begehen.
Die Männer sollen ihre Weiber lieben, als ihre eigenen Leiber.
Wann jemand sein Weib liebet, der liebet sich selbst.
Die Weiber seien untertan ihren Männern in allen Dingen,
als dem Herren.
Die Ehe soll ehrlich gehalten werden bei allen
und das Ehebette unbeflecket.
Es ist ein groß Geheimnis vor Christo und der Gemeine.

Drei schöne Dinge seind,
die beide Gott und Menschen wohlgefallen:
Denn daselbst verheißt der Herr Segen und Leben immer und ewiglich.

Drei »schöne Dinge« werden hier gepriesen, die »Gott und Menschen wohlgefallen«: wenn Brüder eins sind, wenn Nachbarn sich lieb haben und wenn Mann und Weib einander wohl begehen. Auffällig ist, dass Schütz das »Einssein« der Brüder musikalisch in besonderer Weise betont, indem er nicht nur im Satz »wenn Brüder eins seind« auf dem Wort »eins« die drei Männerstimmen (Tenor, Tenor, Bass) und die Instrumente auf einem Ton unisono erklingen lässt, sondern dieses auffallende Unisono auch auf der Silbe »ein« im Wort »ein-trächtig« wiederholt wird. Dadurch erhält das »Einssein« der Brüder eine besonders hervorgehobene Betonung.

Aus der Bibel sehr viel vertrauter ist das Einssein von Mann und Frau: »und sie waren ein Fleisch«. Entsprechend würde man erwarten, dass Schütz auch bei der Zeile »wenn Mann und Weib sich mit *ein*ander wohl begehen« das Unisono bei der Silbe »ein« wiederholt. Dies geschieht aber nicht, wodurch wiederum der Eindruck genährt wird, dass dem Einssein der Brüder eine höhere Bedeutung zukommt als dem Einssein von Mann und Frau.

In diesem Zusammenhang sei auf eine Studie des holländischen Psychoanalytikers van der Chijs (1926), »Über das Unisono in der Komposition«, hingewiesen, die für die hier vermuteten Zusammenhänge nicht uninteressant ist. Ein Komponist legte van der Chijs zwei Kompositionen für Klavier vor, in denen jeweils ein schön klingendes Unisono auffallend war. Van der Chijs unternahm zusammen mit dem Komponisten eine Analyse dieses Stückes, in dessen Verlauf sich eine immer deutlicher werdende Affinität dieser Unisonopassagen zu homosexuellen Empfindungen des Komponisten ergaben, sodass sich van der Chijs fragte, ob es möglich sein könne, dass das Unisono im Zusammenhang mit homosexuellen Regungen stehe. Van der Chijs:

> »Wohl schrecke ich vor der Bejahung zurück, wenn ich überlege, wie oft wir das Unisono in den Schöpfungen eines Mozart, Beethoven, Wagner,

> Brahms antreffen. Ich glaube es denn auch kaum, um so mehr, da es an sich keine abweichende Konstruktion ist. Es strebt nach der vollkommenen Harmonie, und das ist, kurz gesagt – die Liebe, und der Inhalt der Liebe wieder ist, qua talis, immer derselbe, nur ist die Objektwahl eine andere. Ich bringe hier in Erinnerung, dass das Unisono nur an den Stellenhervortrat, wo wirklich von Liebe die Rede war und komme also zu folgender Hypothese: Das Unisono in der musikalischen Komposition ist anscheinend geeignet, als Symbol der Einheit in der Liebe, vielleicht speziell für die homosexuelle oder pseudo-homosexuelle Liebe, auftreten zu können« (van der Chijs 1926, S. 71).

Das Einssein der Brüder bekommt eine gewisse sexuelle Konnotation, indem auch hier wie in der zuvor besprochenen Motette *Siehe wie fein und lieblich* die köstlichen Flüssigkeiten Erwähnung finden, die am Körper des Aaron herabfließen, in den Bart und in sein Kleid sowie der Tau, der vom Hermon auf die Berge Zion herabfällt.

Wenn man drei Dinge aufzählt, geschieht es meist in der Absicht, entweder das erste oder das letzte in besonderer Weise zu betonen. Bei diesem Konzert ist es offensichtlich das erste, die Bruderliebe. Denn eine vergleichbare »Feinheit« und »Lieblichkeit«, wie sie für die Brüder kennzeichnend ist, finden wir in der Strophe von Mann und Weib nicht. Letztere Beziehung wird ausgesprochen nüchtern und distanziert beschrieben, was sowohl für den Text als auch für die musikalische Ausgestaltung gilt: »Die Männer sollen ihre Weiber lieben, als ihre eigenen Leiber. Wann jemand sein Weib liebet, der liebet sich selbst. Die Weiber seien untertan ihren Männern in allen Dingen, als dem Herren. Die Ehe soll ehrlich gehalten werden bei allen und das Ehebette unbeflecket.« Hier wird also an Gesetz, an Moral und an Pflicht erinnert, aber kein Wort von »fein« oder »lieblich«, wie es zwischen Brüdern beschrieben wurde. So erscheint die Bruderliebe in diesem Musikstück von Schütz mit besonderer Aufmerksamkeit und einer erotisch-libidinösen Qualität bedacht und mit Bildern einer körperlichen Sinnlichkeit und beziehungsmäßigen Innigkeit gestaltet worden zu sein.

Soweit die Erwähnung dieser beiden Beispiele, in denen eine homoerotischer Bruderliebe in sinnlicher Weise musikalisch ausgestaltet wird. Bei einer systematischen Untersuchung aller Konzerte ließen sich sicher noch weitere Beispiele finden, vor allem unter den zahlreichen Liedvertonungen nach Texten aus dem Hohen Lied Salomonis, wie z.B. das Konzert *O quam tu pulchra es* aus den *Symphoniae sacrae I* von 1629. Hier werden die körperlichen Reize einer Geliebten besungen. Schütz verwendet für diesen intimen Lobpreis die etwas ungewöhnliche Besetzung von zwei Männerstimmen. Wenn diese beiden Männerstimmen am Ende des Konzertes in ausgesprochen sinnlichen musikalischen Wendungen sich wechselseitig anschmachten mit den Worten » O wie schön bist du« (»O quam tu pulchra es«), so erlebt der Hörer auch hier reichlich viel »Süße«, mit der dieses Männerduett angefüllt ist.

Man könnte die in *Da Pacem, Domine* und in den soeben untersuchten Konzertstücken sich ausdrückende Homoerotik als randständiges Phänomen im Schaffen von Heinrich Schütz ansehen und es bei dieser kurzen Erwähnung belassen, wäre da nicht noch eine weitere große Motettensammlung, bei der dieses Thema nicht nur einzelne Stücke, sondern offenbar das gesamte Werk durchpulst. Insofern kann ein abschließendes Urteil zu dieser Facette des Schützschen Werkes wohl erst erfolgen, wenn wir uns eingehend mit seinem Opus 4, den *Cantiones sacrae* von 1625, auseinander gesetzt haben.

4. *Cantiones sacrae*: Die Umwandlung irdischer in himmlische Erotik

Bei den *Cantiones sacrae* handelt es sich um ein Werk, das bis heute etwas ausgesprochen Rätselhaftes an sich hat. Sowohl die Textauswahl als auch die Musik ist von einer Besonderheit, die schwer einzuordnen ist. Dieses Opus steht ein wenig wie ein Fragezeichen in der musikgeschichtlichen Landschaft. Kommt in Schütz-Biographien die Sprache auf diese Motettensammlung, so finden Eigenschaftsworte Verwendung wie »ungewöhnlich«, »auffällig«, »regelwidrig«, »problematisch«, »ausgefallen«, »einzigartig« oder »völlig neu«. Die Musikforschung hat einen großen Bogen um dieses Werk gemacht und sich kaum mit ihm beschäftigt. Es existieren nur zwei größere Arbeiten. Das eine ist die Dissertation von Anna Amalie Abert aus dem Jahre 1935 mit dem Titel »Die stilistischen Vorraussetzungen der ›Cantiones sacrae‹ von Heinrich Schütz«, worin die Autorin den Versuch unternimmt, dieser Solitärpflanze ihr Außenseiterdasein zu nehmen und es musikgeschichtlich einzuordnen, indem sie Verbindungslinien zu den alten Meistern der Motettenkunst und zum italienischen Madrigal zieht und Einflüssen geistlicher Werke deutscher Komponisten wie Raselius, Lechner, Franck, Praetorius, Schein u. a. nachspürt.

Bezüglich der Texte scheitert ihr Bemühen um eine Einordnung. Diese Mischung aus mystischen Andachtstexten von Andreas Musculus aus dem Jahre 1573 und Bibeltexten, die zudem, wie Abert des öfteren mit Befremden feststellt, von Schütz völlig »eigenmächtig« und »selbstherrlich« abgeändert und umformuliert worden sind, ist ohne jegliches Vorbild. Abert schreibt:

> »Diese Textauswahl und -zusammenstellung trennt die ›Cantiones‹ von allen Sammlungen der Vorgänger und Zeitgenossen ihres Schöpfers (...) Sie ist das einzig grundsätzlich Neue, das Schütz in diesem Werk seiner Zeit bietet, denn tatsächlich enthält es weder nach Form noch nach Inhalt irgend etwas, das sich nicht wenigstens in den Grundzügen schon in einem früheren Stadium der Motettenkomposition auffinden ließe« (Abert 1935, S. 230).

Die Musik sieht Abert nicht in gleicher Weise als grundsätzlich neu an, sondern findet in ihr einen Brückenschlag zwischen dem »Geist der Polyphonie« und dem »Geist der Monodie«: Nicht als Anfang einer völlig neuen Stilrichtung, sondern als Abschluss und Vollendung einer langen und bewegten Entwicklungsreihe erscheinen ihr die *Cantiones sacrae*. Die beiden Meister, die diese Entwicklung entscheidend beeinflusst haben, Orlando di Lasso und Giovanni Gabrieli, »finden in Heinrich Schütz zugleich Synthese und Erfüllung« (ebd., S. 231).

Die Musik ist es also nicht, die einzigartig ist, wohl aber der Text bzw. die Auswahl und die musikalische Ausdeutung des Textes. Abert sieht die Absicht von Schütz in Folgendem: »Er wollte die subjektive Gefühlsausdeutung des Einzelinhaltes bis zur schwärmerischen Inbrunst steigern und nicht nur einzelne Motetten, sondern, mit wenig Ausnahmen, das ganze Werk mit jener verzückten Stimmung erfüllen« (ebd., S. 230).

Es sind vor allem die ich-betonten Andachtstexte, die Abert im Zusammenhang mit der Mystik eines Jakob Böhme sieht. Als inhaltlicher Grundgedanke, der das gesamte Werk durchzieht, erscheint ihr das Schuldbewusstsein der sündigen Menschenseele und das daraus entspringende heiße Ringen um die göttliche Vergebung. Und sie fügt an: »darüber hinaus sind allerdings die kontemplativen Texte noch von einer ganz besonders inbrünstigen Sehnsucht nach dem ›süßen‹ Heiland durchglüht« (ebd., S. 3f.).

Aufgrund dieser nahezu erotisch-schwärmerischen Inbrunst erscheint ihr das Werk nicht für den gottesdienstlichen Gebrauch geeignet. So als gäbe es etwas Peinliches an diesem Opus, das man vor der Öffentlichkeit verbergen müsse, weist sie dieser Motettensammlung »eine Bestimmung für private Andachten in kleinem Kreise« zu. Ein ähnlicher Reflex findet sich auch bei Moser, der den allzu reichen Dissonanzengebrauch als einen »Vorstoß ins Problematische« (Moser 1936, S. 377) betrachtet und dafür gleichsam nach einer Entschuldigung sucht. Die tiefere Bedeutung dieses so ungewöhnlichen Werkes erscheint ihm offenbar nicht ganz geheuer, sodass er an anderer Stelle Schütz als einen Komponisten bezeichnet, »der die inneren Feuerströme fast schamvoll birgt und die Flamme im Geheimen hütet« (ebd., S. 223).

4.1. Modi und Affekte

Da Abert sich überwiegend mit dem musikgeschichtlichen Umfeld und weniger mit dem Werk selbst auseinander setzt, vermag sie nur wenig zum tieferen Verständnis der *Cantiones sacrae* beizutragen. Es ist als ein großer Glücksfall anzusehen, dass sich in jüngster Zeit eine weitere Forscherin, Heide Volckmar-Waschk, diesem Werk zugewandt hat und eine umfangreiche Abhandlung – ebenfalls eine Dissertation – mit dem Titel »Die ›Cantiones sacrae‹ von Heinrich Schütz. Entstehung, Texte, Analysen« vorgelegt hat. Dieser Publikation aus dem Jahre 2001 gelingt es in bewundernswerter Weise, den überaus kunstvollen und bis ins Detail durchdachten Bauplan dieser Motettensammlung offen zu legen. Als Schlüssel dient Volckmar-Waschk die Erkenntnis, dass die einzelnen Motetten von Schütz offensichtlich unterschiedlichen Kirchentonarten (Modi) zugeordnet worden sind und diese Zuordnung aufgrund der Affekte vorgenommen wurde, die Schütz in der jeweiligen Motette auszudrücken gedachte. Die Zuordnung von bestimmten Affekten zu einzelnen Modi geht, wie bereits erwähnt, auf Gioseffo Zarlino zurück. Nach dessen Affektenlehre galten als heitere Modi (»Modi laetiores«) das Ionische, Mixolydische und Lydische und als traurige Modi (»Modi tristiores«) das Dorische, Phrygische und Äolische. Schütz folgte in der Zusammenstellung der *Cantiones sacrae* in systematischer Weise dieser Modustradition, und es zeigt sich, »dass Schütz eine genaue Vorstellung vom Affektgehalt nicht nur einzelner Modusgruppen, sondern sogar der einzelnen Modusvarianten gehabt hat« (Volckmar-Waschk 2001, S. 39).

So entfaltet Schütz in dieser Motettensammlung eine Stimmungsskala von »tief traurig« bis »himmelhoch jauchzend«, die auch einer inhaltlichen Linie entspricht: Am einen Ende befindet sich der sündige Mensch, der verzweifelt ist und göttliches Erbarmen erfleht und schließlich durch

Buße und Entsagung aller irdischen Gelüste zur Einswerdung mit Gott gelangt. Diese »ordo salutis«, dieser Heilsweg, entspricht jedoch nicht der tatsächlichen Anordnung der insgesamt 40 Motetten. Volckmar-Waschk:

> »Zwar lässt sich beobachten, dass im ersten Teil der Sammlung die »Modi tristiores«, im zweiten Teil dagegen die »Modi laetiores« stärker vertreten sind, doch die streng aufeinander aufbauende Linie von »tristis« zu »laetus« hat Schütz offensichtlich bewusst vermieden. Womöglich schien ihm eine solche Anordnung als zu schematisch (...)« (ebd., S. 41).

In nachfolgender Übersicht ist der Versuch unternommen, die von Schütz vorgenommene Zuordnung von Modus und Affekt bzw. affektivem Thema im Aufbau der Motettensammlung einmal deutlich werden zu lassen. Bei der Zählung werden die Partes, die Teile, der einzelnen Motetten mitgezählt, sodass man, obwohl es nur 22 Motetten sind, auf die Zahl von 40 kommt. Bei den Motetten(teilen) 36 bis 40 handelt es sich um Tischgebete, die in der folgenden analytische Betrachtung unberücksichtigt bleiben, da sie für unsere Fragestellung nicht von Bedeutung sind. Die Übersicht versteht sich als Stimmungsskala und beschreibt die in den *Cantiones sacrae* ausgedrückten Affekte in aufstrebender Linie, die – wie schon angemerkt –, nicht immer mit der tatsächlichen Abfolge identisch ist.

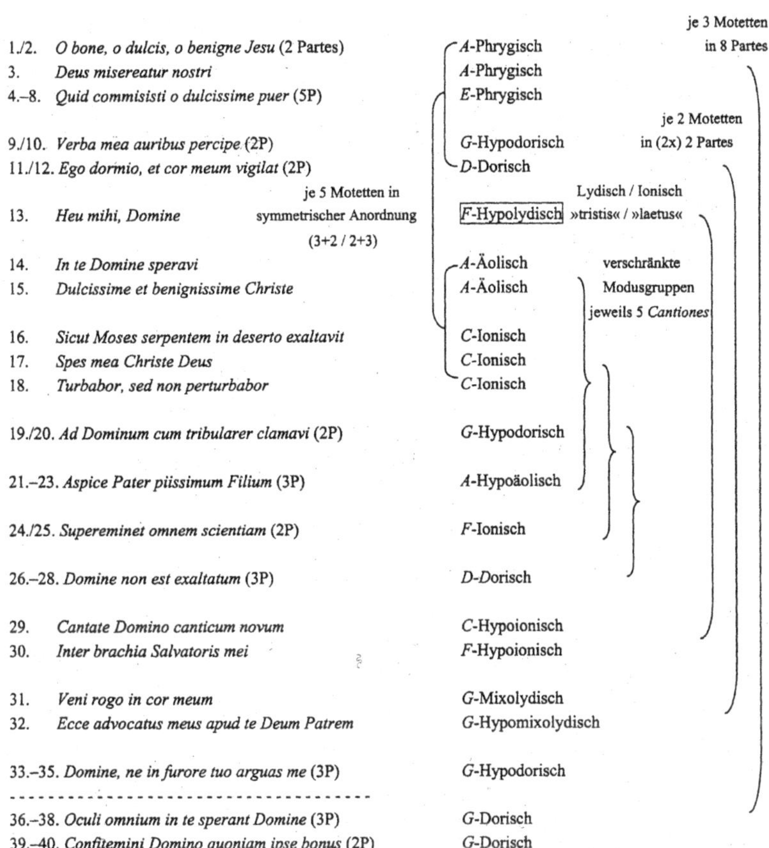

Die »Dispositio modi« der Cantiones sacrae (nach Volckmar-Waschk 2001, S. 45)

4.2. »O dulcissime puer«

Die *Cantiones sacrae* (Cs) beginnen mit drei Motetten im phrygischen Modus. Der phrygische Modus ist stimmungsmäßig ein schwieriger und gedrückter Modus. Er hat gemäß den Modustheoretikern »die Fähigkeit, die Hörer zum Weinen zu bewegen und passe zu Worten voller Traurigkeit und Klagen«. Er ist gleichzeitig ein »schmeichlerisch unterwürfiger Modus, der zu kläglichen Texten, zu Traurigkeit und Wehklagen, zu einem flehentlichen Jammern, wie man es aus Liebesgedichten kenne« (Schmalzriedt 1972, S. 46) passt. Das heißt, der Affektgehalt dieses Modus oszilliert zwischen Traurigkeit und Liebesschmerz.

Auch Schütz hält sich offenbar an diese Affektvorgabe, denn in den ersten drei Motetten im phrygischen Modus kommen genau diese beiden Facetten zum Ausdruck. Der Beter des Textes versenkt sich zum einen in das Leiden Jesu am Kreuz, in »die Wunde deines Schmerzes«, die »Hinrichtung«, die »Pein deiner Kreuzigung«, den »Tod« und er fragt sich: »Was hast du verbrochen, dass du so verurteilt wurdest?

Doch neben dieser Versenkung in Leid und Traurigkeit ist besonders in der ersten und vierten Motette atmosphärisch auch eine gewisse Liebeserotik spürbar. Es wird ein liebevolles Sehnen ausgedrückt, das sich vor allem in den liebkosenden Anrufen ausdrückt: »O guter, o süßer, o gütiger Jesus« in Cs 1 und »O süßester Knabe«, »O liebster Jüngling« in Cs 4. Hier erlebt der Zuhörer etwas von der »schwärmerischen Inbrunst«, von der Anna Amalie Abert gesprochen hat. Schütz trägt nicht unwesentlich zu dieser Inbrunst bei, indem er den Ursprungstext in den Andachtsbüchern des Andreas Musculus »O bone Jesu, o dulcis Jesu, o benigne Jesu« dahingehend verändert, dass er in den ersten beiden Anrufen den Namen »Jesu« wegfallen lässt, wodurch sich eine mit viel »süßem« Gefühl angefüllte Spannungssteigerung aufbaut, die erst am Schluss den Namen desjenigen benennt, auf den sich dieses süße Sehnen richtet: auf Jesus.

Cs 1

O bone, o dulcis, o benigne Jesu	O guter, o süßer, o gütiger Jesus,
te deprecor petr illum tuum sanguinem pretiosum	ich flehe dich an bei deinem kostbaren Blut,
quem pro nobis miseris	das du für würdig hieltest, für uns Armselige
effundere dignatus es in ara crucis	auf dem Altar des Kreuzes zu vergießen,
ut abjicias omnes iniquitates meas.	auf dass du alle meine Verfehlungen niederwerfen mögest.

Eine gleichartige Steigerung der schwärmerischen Inbrunst findet sich am Beginn der Motette *Quid commisisti*, bei der Schütz gegenüber dem Originaltext bei Musculus vor den beiden Anreden »süßester Knabe« (»dulcissime puer«) und »liebster Jüngling« (»amantissime juvenis«) jeweils noch einen empathischen »O«-Ausruf voranstellt.

Auffällig ist die wiederholte Verwendung des Wortes »dulcis« in zahlreichen Motetten, das nach Hugo Friedrich (1964, S. 54) als »Bezeichnung für verzücktes Überwältigtsein, für das lösende, nicht maßlose, sondern sanfte Einströmen der Gnade Gottes« gilt. In der Cs 4 erfährt dieses »dulcis« sogar noch die bereits erwähnte Steigerung zu »dulcissime«.

Auch Heide Volckmar-Waschk fällt der wiederholte Gebrauch des Wortes »dulcis« und »dulcissime« auf, weswegen sie »dulcissime« als »das Reizwort der *Cantiones sacrae*« (S. 186) bezeichnet. Sollte sich hinter diesem »Reizwort« »O süßester« das gleiche verbergen, was sich bei Thomas Mann hinter dem »Geheimwort« »hymnisch« verborgen gehalten hat, nämlich eine homoerotische Gefühlsregung (vgl. Kurzke 1999)?

Atmosphärisch sind diese ersten Motetten nicht nur von Trauer und Leid erfüllt, sondern enthalten eine gewisse sehnsuchtsvolle Erotik, die sich auf den »süßesten Knaben« Jesus richtet.

Die Motette »O bone, o dulcis« enthält viele auffallende Dissonanzen, in besonderer Weise im Zusammenhang mit dem Wort »dulcis«: die letzte Viertelnote jedes »dulcis«-Melismas bildet mit allen anderen gerade erklingenden Stimmen eine Dissonanz. Diese Dissonanzen stellen im Grunde Regelwidrigkeiten dar, und Volckmar-Waschk verwundert es, solche Regelwidrigkeiten in einer geistlichen Motette bei Schütz zu finden. Sie versucht sich diese Tatsache dadurch zu erklären,

> »dass die Musik hier bereits den schmerzlich, flehenden Gesamtaffekt vorwegnimmt, der an dieser Stelle durch den Text noch gar nicht begründet ist. Der gute und süße Jesus erweist sich somit als ein leidender Jesus, der die Sünden auf sich genommen und am Kreuz überwunden hat« (Volckmar-Waschk 2001, S. 101).

Doch man kann diese Dissonanzen auch anders deuten. Wir sollten nicht aus den Augen verlieren, dass wir davon gesprochen haben, dass diese Motette einen Liebesschmerz ausdrückt, einen Liebesschmerz, der sich auf den süßen Heiland richtet. Und dieser Liebesschmerz über eine jetzt im irdischen Leben noch nicht realisierbare Liebe ist Anlass genug, in die Süße des »dulcis« Dissonanzen hineinzumengen. Darüber hinaus gibt uns diese noch unerfüllte mystische Liebe dadurch, dass sie eine »widernatürliche« homoerotische Liebesregung ist, auch eine plausible Erklärung für die angesprochenen »Regelwidrigkeiten«, die in dieser Motette gehäuft auftauchen, über die Volckmar-Waschk »sehr verwundert« war und worin Moser »einen Vorstoß ins Problematische« sah. Auch die Homoerotik stellte im Urteil der damaligen Zeit – und somit auch für Schütz – eine

Regelwidrigkeit dar. Dazu passt es, dass Schütz für die ersten drei Motetten eine »irreguläre Tonart« verwendet, und als eine solche sieht Schmalzried den phrygischen Modus an (Schmalzriedt 1972, S. 43).

Quid commisisti ist eine der schönsten, weil dramatischsten und expressivsten Motetten der ganzen Sammlung. Bereits der Anfang dieser Motette fällt deutlich aus dem Rahmen, indem er nicht mit einer Motivimitation beginnt, sondern mit einem Akkord auf dem Fragewort »Warum« und einer nachfolgenden eckigen Achtelbewegung, der diesem kurzen Initium eine gewisse Aufgeregtheit und wohl auch Entrüstetheit verleiht, die dann umso deutlicher mit dem nachfolgenden »o dulcissime puer« kontrastiert, das eine sehnsuchtsvoll weiche Abwärtsbewegung beschreibt.

Anfangstakte der Motette ›Quid commisisti‹ (Cs 4)

Eine ähnliche plastische Bildhaftigkeit erleben wir dann im zweiten und dritten Teil, bei dem jeder Satz mit einem »Ego« und einem folgenden Bekenntnis eigener Schuld und Sündhaftigkeit beginnt. Es sind heftige Selbstanklagen, die durchaus etwas »schmeichlerisch Unterwürfiges« haben. Damit finden sich alle emotionalen Aspekte, die dem phrygischen Modus zueigen sind in dieser Motette wieder, das Traurige und Leidvolle, der sehnsuchtsvolle Liebesschmerz und die unterwürfigen Selbstanklagen.

Cs 4 (prima pars)

Quid commisisti o dulcissime puer	Was hast du verbrochen, o süßester Knabe,
ut sic judicareris?	Dass du so verurteilt wurdest?
Quid commisisti o amantissime juvenis,	Was hast du verbrochen, o liebster Jüngling,
ut adeo tractareris?	Dass du so behandelt wurdest?
Quod scelus tuum, quae noxa tua,	Was ist dein Verbrechen, was dein Vergehen,
quae causa mortis	was die Ursache für deinen Tod,
quae occasio tuae damnationis?	Was der Grund deiner Verdammung?

Cs 5 (secunda pars)

Ego sum tui plaga doloris,	Ich selbst bin die Wunde deines Schmerzes,
tuae culpa occisionis.	bin schuld an deiner Hinrichtung.
Ego tuae mortis meritum,	Ich verdiene deinen Tod,
tuae vindictae flagitium.	die Schande deiner Strafe.
Ego tuae passionis livor,	Ich bin die Wunde deines Leidens,
cruciatus tui labor.	Die Pein deiner Kreuzigung.

Cs 6 (tertia pars)

Ego enim inique egi, tu poena mulctaris.	Denn ich habe unrecht gehandelt, aber du büßt die Strafen.
Ego facinus admisi, tu ultione plecteris.	Ich beging das Verbrechen, dich trifft die Vergeltung.
Ego superbivi, tu humiliaris.	Ich war hochmütig, du wirst erniedrigt.
Ego tumui, tu attenuaris.	Ich habe mich aufgeplustert, du wirst geschwächt.
Ego praesumpsi vetitum tu mortis subiisti aculeum.	Ich habe mir das Verbotene angemaßt, du hat den Stachel des Todes auf dich genommen.
Ego pomi dulcedinem, tu fellis gustasti amaritudinem.	Ich koste die Süße der Frucht, du die Bitterkeit der Galle.

Diese Motette hält noch eine Besonderheit bereit, die nicht unerwähnt bleiben soll. Auf die Ich-Betonung in den von Schütz ausgewählten Motetten-Texten ist bereits hingewiesen worden. In den Motetten Cs 5 und

Cs 6 geschieht dies aber in einer aus dem Rahmen fallenden Häufung. Jede Zeile beginnt mit einem »Ego«, insgesamt 9 mal wird das »Ego« vorangestellt. Dies übermäßig gehäufte Ich-Betonung kann sich auf den christlichen Beter beziehen, der in den Psalmtexten und in den Meditationstexten spricht. Es kann aber auch Schütz selber sein, der uns hier in dem sehnsuchtsvollen Liebesschmerz und in den büßerischen Selbstanklagen seine Innenwelt eröffnet. Diese Annahme, dass Schütz selber sich in den Texten offenbart, erfährt eine bemerkenswerte Unterstützung durch ein musikalisches Motiv, das nicht nur hier – im zweiten und dritten Teil – auftaucht, sondern auch in der Motette Cs 20 *Quid detur tibi aut quid apponatur tibi.* Diese Motette, die in überwiegend ruhigen Halben und Viertelnoten dahinfließt, bekommt bei den Worten »sagittae potentis« eine auffallende Sechzehntelfigur (s. Notenbeispiel):

Aus der Motette ›Quid detur tibi aut quid apponatur tibi‹ (Cs 20)

Diese Geste oder Figur taucht überraschenderweise auch in den Motetten Cs 5 »Ego sum tui plage doloris« und Cs 6 »Ego enim inique egi« auf; in beiden Fällen gleich zu Beginn zum Wort »Ego« und genau wie bei »saggitae potentis« jeweils fünfmal. In Cs 5 erscheint das Motiv in Gegenbewegung, in Cs 6 sowohl wörtlich als auch in Gegenbewegung.

Aus der Motette ›Ich selbst bin die Wunde deines Schmerzes‹ (Cs 5)

Aus der Motette ›Denn ich habe unrecht gehandelt‹ (Cs 6)

Es ist kaum anzunehmen, dass es sich hier um einen absichtslosen Zufall handelt. Bei all der Sorgfalt und Genauigkeit, mit der Schütz in den *Cantiones sacrae* Text und Musik aufeinander bezieht, darf man annehmen, dass Schütz hier mit Bedacht und in voller Absicht das *sagittae* seines Namens (Henricus Saggitarius) mit dem »Ego« in den Motetten Cs 5 und Cs 6 in Verbindung gebracht hat. Diese Offenlegung geschieht natürlich nicht platt und offensichtlich, sondern es bedarf auf Seiten des Hörers bzw. Partiturlesers schon eines nachhaltigen detektivischen Spürsinns, um diese Zusammenhänge zu entdecken. Es ist also Schütz selbst, der hier reuevoll mitteilt »Ich, o ich bin die Qual deiner Schmerzen« und »Ich, nur ich bin der Missetäter«.

Was ist die Missetat des Komponisten? Was will er durch diese Bezugnahme ausdrücken bzw. mitteilen?

Wenn wir die aufgenommene Fährte weiterverfolgen, dass sich hier möglicherweise eine homoerotische Geheimsprache artikuliert, so vermag uns die Behandlung des Sagittae-Motivs einen Hinweis zu geben. In Motette Cs 5 erscheint das Motiv ausschließlich in Gegenbewegung, in Motette Cs 6 sowohl wörtlich als auch in Gegenbewegung. Berechtigt diese Motivbehandlung zu der Annahme, dass Schütz hier auf die Gegenbewegung, d.h. auf die Widernatürlichkeit seiner erotisch-sexuellen Phantasien anspielt, die ihn als Sünder peinigen? Man könnte den Beginn der Motette Cs 6, die mit dem »wörtlichen« Sagittae-Motiv im Tenor beginnt und sofort im Bass die Gegenbewegung folgen lässt, geradezu als einen in die Musiksprache transponierten Satz auffassen, der da lautet: »Ich, Sagittarius, (Tenor) bin durch meine geschlechtliche Gegenbewegung wider die Natur (Bass) der Missetäter«. Diese Aussage wird noch einmal von Sopran (wörtlich), Alt und Tenor (in Gegenbewegung) in den Takten 5 bis 7 wiederholt.

Wohlgemerkt wird das Sagittae-Motiv in Motette Cs 20 nie gegenläufig verwendet, sondern ausschließlich in denjenigen Motteten (Cs 5 und Cs 6), in denen das Ich sich in heftigsten Selbstanklagen ergeht.

Man könnte argumentieren, dass der Ich-Bezug sich darauf bezieht, dass hier Schütz allgemein und unspezifisch seine Sündhaftigkeit bekennt. Doch dem steht der insgesamt inbrünstig-erotische Charakter eines »sehnsuchtsvollen Liebesschmerzes« gegenüber dem »süßesten Knaben« dieser Motette entgegen, der – wie Volckmar-Waschk betont – etwas »schmeichlerisch Unterwürfiges« an sich hat. Der hineinkomponierte Ich-Bezug legt es nahe, die mystisch-homoerotische Atmosphäre mit der Person des Komponisten in Verbindung zu bringen und sie als ein Bekenntnis zu eigenen »sündhaften« Regungen aufzufassen. Doch sündhaft sind diese Regungen nur unter den Menschen auf dieser Welt, nicht aber gegen den Heiland in der jenseitigen Welt. Das ist jedenfalls die Botschaft, die diese Motette übermittelt. Und diese Botschaft wird uns in den noch folgenden Chorsätzen weiter beschäftigen.

Die Motetten der nun folgenden dorischen Modusgruppe versieht Volckmar-Waschk mit der Überschrift. »Gebete gegen die Anfechtung«. Sie weist daraufhin, dass man im Mittelalter, aber auch in der lutherischen Theologie, die Anfechtung als einen Prüfstein ansah. Man unterschied eine Anfechtung, bei der Gott durch »Trübsale« die Glaubensstärke auf die Probe stellt und eine Anfechtung, »bei welcher der Mensch durch Verlockungen der Welt, des Fleisches und der Dämonen dazu verleitet werden soll, Böses zu tun« (ebd., S. 127). Von letzteren Anfechtungen sprechen die Motetten im dorischen Modus, von denen zunächst einmal zwei folgen: *Verba mea auribus* und *Ego dormio*.

Der Motette *Verba mea auribus* liegt der Psalm 5 zugrunde, von dem Schütz nur die ersten Zeilen ausgewählt hat, in denen der Beter zu Gott um Hilfe ruft und über sein Leid klagt.

Cs 9/10

Verba mea auribus percipe Domine	Mit den Ohren vernimm, Herr, meine Worte,
intellige clamorem meum.	Merke auf mein Geschrei.
Intende voci orationis meae,	Wende dich der Stimme meiner Gebete zu,
Rex meus et Deus meus.	Mein König und mein Gott.
Quoniam ad te clamabo, Domine	Denn zu dir rufe ich, Herr.
Mane exaudies vocem meam.	Früh mögest du meine Stimme hören,
Mane astabo tibi et videbo.	Früh will ich mich zu dir wenden und aufmerken.

Auf diese Bitte um Gehör, Aufmerksamkeit und Zuwendung, die der Beter an Gott richtet folgt eine Motette, die in ihrer Bedeutung etwas im Dunkeln verbleibt.

Cs 11/12

Ego dormio, et cor meum vigilat.	Ich schlafe, aber mein Herz ist wach.
Aperi mihi	Öffne mir,
soror mea,	meine Schwester, meine Taube,
columba mea, immaculata mea,	meine Reine,
quia caput meum plenum est rore	denn mein Haupt ist voller Tau,
et cincinni mei guttis noctium.	und meine Locken (sind) voll Nachttropfen.
Vulnerasti cor meum, filia charissima,	Du hast mein Herz verwundet, liebste Tochter,
vulnerasti cor meum	du hast mir mein Herz verwundet
in uno oculorum tuorum	mit einem Blick deiner Augen,
vulnerasti cor meum	du hast mir mein Herz verwundet
in uno crine colli tui.	mit einem Haar deines Nackens.

Cs 11/12 ist die einzige Motette in den *Cantiones sacrae*, in der Schütz auf einen Text aus dem Hohenlied zurückgreift. Offenbar sind diese Verse für den Komponisten von einer besonderen Wichtigkeit gewesen, da er ihnen viel Mühe hat angedeihen lassen und einige bedeutsame Veränderungen am Text vorgenommen hat. Der erste Teil der Motette nimmt Bezug auf das Hohelied Kapitel 5, Vers 2, der zweite Teil auf Kapitel 4, Vers 9. Volckmar-Waschk bemerkt dazu:

> »Bedeutet diese Zusammenstellung und Umstellung zweier getrennter Verse bereits einen eigenständigen Zugriff auf die Textgrundlage, so wiegt doch schwerer, dass in der Vulgata zwischen der Situationsbeschreibung »Ego dormio, et cor meum vigilat« und der Aufforderung »Aperi mihi (...)« der Satz »Vox dilecti mei pulsanti« eingeschoben ist, den Schütz bei seiner Vertonung wegfallen lässt. Dieser Satz stellt im Bibeltext die Rollenverteilung klar: Es ist die Frau, die zunächst von ihrem Gefühl zwischen Schlafen und Wachen berichtet und dann von ihrem Liebhaber mit dem Ruf »aperi mihi« »geweckt« wird. Indem Schütz den Satz herausnimmt, scheint die Rollenverteilung aufgehoben zu sein. In Schütz' Motette ist es offensichtlich der Mann, der von einer Art Traum berichtet und sich darin sehnsuchtsvoll an die Geliebte wendet« (ebd., S. 154).

Wir haben es bei dieser Motette also nicht nur mit einer ungewöhnlichen Textwahl (Hohelied) zu tun, sondern auch noch mit einem sinnverändernden Eingriff des Komponisten, bei dem das Ich des Sprechers anstatt einer Frau einem Mann zugewiesen wird, der hier seine Liebessehnsucht zum Ausdruck bringt. Zum näheren Verständnis dieses äußerst merkwürdigen Rollentausches ist es nützlich zu wissen, dass in der protestantischen Auslegungstradition die Hoheliedverse weniger allegorisch (die Braut als Allegorie der menschlichen Seele), sondern ausgesprochen weltlich als Liebeslieder aufgefasst wurden, die z.T. in Hochzeitsmusiken ihrer Verwendung fanden. Und so ist sich Volckmar-Waschk sicher, dass

> »für Schütz' Hoheliedvertonung (...) eine spezifisch protestantische Auslegungstradition geltend gemacht werden (kann). Danach wurde das Hohelied in seinem buchstäblichen Sinn gedeutet und als Sammlung von realen Liebesliedern interpretiert (...) Vor allem in den vereinzelt überlieferten Hoheliedvertonungen, die Schütz ausdrücklich als »Madrigale« bezeichnet hat, lässt sich die betont weltliche Interpretation des Hoheliedes erkennen. Die Madrigale *Liebster, sagt in süßen Schmerzen* (SWV 441), *Nachdem ich lag in meinem öden Bette* (SWV 451) und *Lässt Salomon sein Bett nicht umgeben* (SWV 452) beruhen auf einer Verdeutschung des Hoheliedes, die Martin Opitz im Jahr 1626 herausgegeben hat. Im Vergleich zu anderen Hoheliedübersetzungen der Zeit sind Opitz' Übertragungen eindeutig als »weltliche Liebeslieder« gestaltet, und ›das erotische Element‹ erscheint hier ›stark hervorgehoben‹« (ebd., S. 156f.).

Wir haben also in dieser Motette ein weltlich-sinnliches Liebeslied vor uns, in dem es nach dem Willen des Komponisten nicht eine Frau, sondern ein Mann ist, der hier seine Liebessehnsucht zum Ausdruck bringt. Aber es wird im neu zusammengestellten Text auch eine Liebesenttäuschung thematisiert, denn die Geliebte hat sein Herz verwundet. Es ist Volckmar-Waschk deshalb zuzustimmen wenn sie anmerkt:

> »hier werden nicht unbeschwert die Freuden einer Vereinigung zweier Liebenden besungen, vielmehr wird die Sehnsucht nach dieser noch nicht erfüllten oder nicht erfüllbaren Liebesvereinigung thematisiert (...) Insofern kann man die Motette *Ego dormio* als ein Lamento über die irdische Liebe bezeichnen, die zwar ihren eigenen Reiz besitzt, in geistlicher Hinsicht aber unvollkommen bleibt und sogar die Gefahr einschließen kann, von der wahren Liebe zu Gott abzulenken« (ebd., S. 157f.).

Nach all diesen Anmerkungen und Erklärungen hängt es förmlich in der Luft und ist mit den Händen zu greifen, dass in diese Motette etwas sehr Persönliches des Komponisten eingeflossen ist. So ist es auch nicht von ungefähr, dass gerade an dieser Stelle Volckmar-Waschk dazu übergeht, vorsichtige hypothetische Bezüge zwischen musikalischem Werk und Biographie des Komponisten herzustellen. Sie äußert die Vermutung, dass mit der »Gefahr« für Schütz' eigenes Leben möglicherweise die Liebesbeziehung zu seiner Frau Magdalena Wildeck gemeint sein könnte. Ausgehend von der Tatsache, dass in der noch folgenden Mottete Cs 15 *Dulcissime et benignissime Christe* von der Ich-Person der dringende Wunsch ausgesprochen wird, »nichts Irdisches noch Fleischliches« mehr zu begehren, sondern nur noch Christus zu lieben und indem Volckmar-Waschk auf eine zahlensymbolische Besonderheit hinweist, dass nämlich die Zahl 40, die sowohl der Anzahl der *Cantiones* wie auch dem Lebensalter des Komponisten im Erscheinungsjahr des Werkes entspricht, als Zahl der Enthaltsamkeit gedeutet wird, äußert sie die Vermutung:

> »Möglicherweise hat Schütz mit dem Übergang ins fünfte Lebensjahrzehnt tatsächlich seinen bisherigen Lebenswandel überdacht und sich für sein weiteres Leben eine intensivere Frömmigkeit und eine Einschränkung im Umgang mit weltlichen Gütern zum Ziel gesetzt.«

Als Fußnote fügt sie an:

> »Hierzu passt auch die damals weitverbreitete Ansicht, nach der Salomo das Hohelied ›mit zuwachsendem Alter‹ und, nach seiner Bekehrung

von dem bisherigen unsittlichen Lebenswandel (...) ›zur Bezeugung seiner Buße‹ verfasst habe« (ebd., S. 159).

Volckmar-Waschks Spürsinn liegt hier wohl richtig, dass sich in dieser Motette ein persönlicher Bezug zum Komponisten herstellt und das Ich des Beters in hoher Affinität oder sogar Identität zum Ich des Komponisten steht. Auch das Thema ist eindeutig: Es geht in dieser Motette um das irdische Liebesleben. Doch die Schlussfolgerung, die Volckmar-Waschk daraus zieht, erscheint mir nicht plausibel. Wo ist – um den Vergleich mit Salomo aufzugreifen – in Schütz' ehelichem Liebesleben der »unsittliche Lebenswandel«? Warum sollte Schütz die eheliche Liebe als einen sündhaften und unsittlichen Lebenswandel auffassen?

Diese Annahme ist schwer nachvollziehbar, schon gar nicht in lutherischer Tradition. Selbst wenn es in dieser Hinsicht Verfehlungen bei Schütz gegeben haben sollte, so rechtfertigen sie nicht das Ausmaß an inbrünstigen Schuldbekenntnissen und Selbstanklagen, wie wir es in den bisherigen und noch mehr der folgenden Motette *Heu mihi Domine* ausgedrückt finden. Die *Cantiones* geben sich durch ihren ins Extrem gesteigerten Dissonanzengebrauch, der die Grenzen des Regelhaften an vielen Stellen mit Vehemenz übertritt, als ein Werk zu erkennen, dass von einer tief beunruhigenden Erschütterung zeugt, der sich der Beter – und in der Identifikation – der Komponist erfasst fühlt. Hier wird keine lässliche Sünde gebeichtet, sondern hier wird möglicherweise eine existenzielle Not ausgedrückt, dessen eigentlicher und persönlicher Sinn aber gleichzeitig im Verborgenen verbleiben soll.

Der unsittliche Lebenswandel ist nach meinem Dafürhalten nicht auf die eheliche Verbindung mit Magdalena Wildeck zu beziehen, wohl aber auf homoerotische Gefühlsregungen. Was hier ausgedrückt und gleichzeitig verborgen gehalten wird, sind jene Regungen, die in der damaligen Zeit und speziell in der Kirche als widernatürlich galten und der gesetzlichen Strafe unterlagen, ja es gibt sogar noch aus Zeit des Barock Menschen, die wegen dieser »widernatürlichen« Veranlagung zum Tode verurteilt wurden. Es war also ausgesprochen bedrohlich, solch eine Regung in sich zu entdecken, die man in dieser Zeit in der Tat als einen teuflischen Dämon erlebte, als eine Versuchung des Bösen. Wie die Hexen, so hatten auch die Homosexuellen den Teufel im Leib, der sie zum Bösen zu verführen versuchte. Das Erwachen dieser Triebregungen ist deshalb eine Erschütterung in doppelter Weise: Es ist eine lustvolle Erschütterung, die beim Anblick eines schönen Körpers eines Jungen oder jungen Mannes auftritt, und es ist ein beängstigende Erschütterung, da sie den Erwachenden zum Außenseiter macht und er – wie wir noch hören werden – verständlicherweise große Angst vor den »Feinden« und den »trügerischen Zungen« haben muss.

In dieser Hinsicht gibt es verständlicherweise eine hohe Identifikation mit dem leidenden Christus, mit dem man sich bezüglich aller Schmähungen und Peinigungen durch die Menschen sehr nahe fühlt. So stellt sich ein Mensch mit homoerotischen Regungen natürlich auch die Frage »Quid commisisti?« Was habe ich verbrochen, dass ich diese Versuchungen des Bösen in mir habe, die mir soviel an Schmach und Pein durch »böse Zungen« bringen würden, wenn sie bekannt werden?

Die Texte der noch folgenden Gesänge lassen es den Hörer wissen, zu welcher Hilfe der Beter in seiner Not Zuflucht gesucht und welchen Lösungsweg er bezüglich seiner inneren Anfechtungen beschritten hat.

Die Indizien sind also zahlreich, die darauf hinweisen, dass die übergroße Sündhaftigkeit, die den Ich-Erzähler quält, nicht die eheliche Beziehung betrifft, sondern sich auf das Erwachen homoerotischer Gefühle bezieht. Ich hatte bereits gesagt, dass der Text dieser Motette im Nebulös-Poetischen verbleibt. Das muss er auch, da er etwas ausspricht, das gleichzeitig ein gehütetes Geheimnis bleiben soll und muss. Dass Schütz die Ich-Person von einer Frau in einen Mann umwandelt, ist bereits verräterisch genug. Und auch das körperlich-sinnliche wird recht offen thematisiert. Es werden etliche Körperteile benannt, das »Haupt«, die »Locken«, das »Haar«, der »Nacken« der »Blick deiner Augen«, das »Herz«, ergänzt um sinnliche Flüssigkeiten, wie der »Tau« und die »Nachttropfen«. Aber die mit diesen körperlich-sinnlichen Elementen in Verbindung stehenden Wünsche bleiben nur angedeutet, allenfalls verständlich für Eingeweihte und Gleichgesinnte. Als Tarnung muss natürlich bestehen bleiben, dass es scheinbar eine weibliche Geliebte ist, auf die sich das sinnliche Begehren richtet.

Doch wem gilt das Begehren wirklich? Schütz nimmt noch eine weitere Veränderung am Text vor, die ich noch nicht erwähnt habe, die aber ausgesprochen ungewöhnlich ist und zu Vermutungen und Deutungen geradezu herausfordert. In der ersten Zeile des zweiten Teils ist es die im Originaltext zu findende Anrede »meine Schwester, liebe Braut« (»soror mea sponsa«), die Schütz umwandelt in »liebste Tochter« (»filia charissimi«). Wie soll man diese Veränderung verstehen?

Die Vermutung von Smallmans (1985), dass diese Anrede als eine »affectionate reference to one of his own, recently-born daughters« aufzufassen ist, hat bereits Volckmar-Waschk als abwegig verworfen (ebd., S. 158). Das wäre wohl auch viel zu platt und praktisch gedacht, befinden wir uns doch in einem Text, der zu poetischen Bildern greift, die gewählt werden, um ein Geheimnis sowohl zu enthüllen als auch verborgen zu halten. So wird auch in der »filia charissimi« vermutlich für alle Gleichgesinnten und Eingeweihten ein Geheimnis thematisiert, das gleichzeitig für alle »Feinde« und »bösen Zungen« verborgen bleiben soll.

Da es sich bei diesem Texteingriff um die Verwandlung einer erwachsenen Frau in eine kindliche Tochter handelt, so erscheint mir ein Rückschluss auf die ausphantasierte Liebe zu einem Knaben naheliegend. In diesem Sinne könnte die »filia charissimi« als das Geheimwort für den »puer dulcissime« fungieren, dessen Nennung in dieser Motette viel zu gefährlich, weil entlarvend gewesen wäre. Und dass diese Liebe dem Beter das Herz verwundet hat, könnte darauf hindeuten, dass die Liebe der Ich-Person zu einem Knaben keine Erfüllung gefunden hat, ganz im Sinne von Volckmar-Waschks Deutung, dass in dieser Motette die Sehnsucht nach einer »noch nicht erfüllten oder nicht erfüllbaren Liebesvereinigung« (S. 157) thematisiert wird.

Schütz hatte in seiner Eigenschaft als Hofkapellmeister tagtäglich mit den Chorknaben zu tun, sie waren ihm anvertraut und bei ihm interniert. Sollte es sein, dass er sich in den »Nacken«, die »Locken« und den »Blick der Augen« eines Chorknaben verliebt hat, diese Liebe jedoch keine Erwiderung fand oder keine Erwiderung finden durfte, weil Schütz selbst alle Kräfte dagegen aufbot, diesen Anfechtungen zu widerstehen, so sehr es ihm auch sein Herz verwundet hat?

Wenn es zutrifft, dass in der Motette *Ego dormio* das Erwachen der homoerotischen Regungen thematisiert ist, und wenn es ebenfalls zutrifft, dass die *Cantiones* so zusammengestellt sind, dass sie einer inhaltlichen Entwicklungslinie folgen, so müsste in den folgenden Motetten eine Antwort darauf zu finden sein, wie der Beter mit seinen »sündhaften« und »widernatürlichen« Regungen umgegangen ist und welche Lösung er für ihre Befriedigung oder aber ihre Überwindung gesucht und gefunden hat.

4.3. Das Sündenbekenntnis

Volckmar-Waschk weist der nun folgenden Motette Cs 13, *Heu mihi, Domine*, im Aufbau der Sammlung eine zentrale Stellung zu. Bezüglich der »Dispositio Modi« bildet sie das symmetrische Zentrum zwischen 5

Motetten davor (3 + 2) und fünf Motetten (3 + 2) danach. Volckmar-Waschk betrachtet dieses Klage- und Bußgebet als inhaltlichen Ausgangspunkt der *Cantiones sacrae*:

> »Mit ihrem Text, der eine durchgehende deprimierte Grundstimmung aufweist, steht diese Motette am Anfang der theologischen Entwicklungslinie, die sich in den Texten der *Cantiones sacrae* aufzeigen lässt: Der Beter ist sich seiner eigenen Sündhaftigkeit so sehr bewusst, dass er an eine Erlösung gar nicht zu denken wagt, sondern nur demütig um Gottes Erbarmen bittet« (ebd., S. 80).

Diese Motette hat in zweifacher Hinsicht eine Ausnahmestellung in den *Cantiones sacrae*: Zum einen ist die Moduswahl (hypolydisch) eine einmalige und ausgesprochen ungewöhnliche und zum anderen kommt dem Text eine Sonderstellung zu, da er weder aus der Bibel noch aus den Andachtstexten des Andreas Musculus entstammt, sondern aus der katholischen Begräbnis-Liturgie, dem *Officium defunctorum*.

Cs 13

Heu mihi, Domine,	Wehe mir, Herr,
quia peccavi nimis in vita mea.	denn ich habe zu sehr gesündigt in meinem Leben.
Quid faciam miser? Ubi fugiam,	Was soll ich Armer tun? Wohin soll ich fliehen,
nisi ad te, Deus meus?	wenn nicht zu dir, mein Gott?
Dum veneris in novissimo	Wenn du erscheinst am Jüngsten Tage,
miserere mei.	erbarme dich meiner.

Während die ersten Motetten zwischen Trauer, Klage und Erotik oszillierten und ihren Höhepunkt in der geheimen Veröffentlichung der homoerotischen Gefühle hatten, beginnt mit *Heu mihi, Domine* sozusagen die Suche eines Weges aus diesem Dilemma. Und am Anfang dieses Weges steht das offene Sündenbekenntnis vor dem allmächtigen Vater: »Wehe mir, Herr, denn ich habe zu sehr gesündigt in meinem Leben«. Im letzten Satz nimmt Schütz eine Umstellung vor. Im Originaltext heißt es: »Miserere mei, dum veneris in novissiomo die«. Schütz setzt das »miserere mei« ans Ende und gewinnt dadurch die Möglichkeit, diese Klage zum Höhepunkt und zur Kernaussage zu machen und sie entsprechend musikalisch eindringlich zu gestalten. Damit beinhaltet diese Motette das offene Bekenntnis, »sehr gesündigt« zu haben und schließt mit der inständigen Bitte, dass Gott sich seiner erbarmen möge.

So wie der hypolydische Modus in seinem Affektgehalt zwischen traurig und fröhlich steht, so steht auch diese Motette im Gesamtgefüge dieser Motettensammlung zwischen den traurigen, das Leidvolle und Unvollkommene irdischer Liebe ausdrückenden Eingangs-Motetten und den hoffnungsvollen Visionen einer himmlischen Liebe, die in den auf das Sündenbekenntnis nun folgenden *Cantiones* besungen wird.

4.4. Die Umwandlung irdischer in himmlische Erotik

Der Beter sieht einen Ausweg aus seiner Not darin, die Hilfe Gottes für sich zu erbitten. Es mutet schon fast wie eine magische Anrufung Gottes an, der als Retter aus der Not in die Pflicht genommen wird: »Eile herbei, um mich zu retten!«

Cs 14

In te Domine speravi	Auf dich, Herr, habe ich meine Hoffnung gesetzt,
non confundar in aeternum,	lass mich doch niemals scheitern,
in justitia tua libera me.	befreie mich in deiner Gerechtigkeit!
Inclina aureum tuam,	Neige dein Ohr,
accelera ut eruas me.	eile herbei, um mich zu retten!

Diese magische Anrufung Gottes findet sich auch bei Schützens *Kleinen geistlichen Konzerten* (1636), wo das »Eile mich Gott zu erretten« zu den profiliertesten Stücken der Sammlung gehört. Dieser Anruf gestaltet sich dort so eindrücklich und intensiv, dass Geck (1999) in ihm nahezu schon eine Nötigung Gottes erblickt, worin sich einerseits die Dringlichkeit und Not des Rufers und andererseits die Funktion dieses Anrufs als eine magische, selbstsuggestive Praktik ausdrückt, die es möglich macht, bereits hier auf Erden von der himmlischen Liebe, der *unio mystico*, zu kosten. Die folgende Motette präsentiert uns dann den vom Beter eingeschlagenen Weg, nämlich die Umwandlung irdischer Sexualität in religiöse Erotik.

Cs 15

Dulcissime et benignissime Christe,	Süßester und gnädigster Christus,
infunde obsecro	inständig bitt' ich dich,
multitudinem dulcedinis tuae	gieße die Fülle deiner Süße

et charitatis tuae pectori meo,	und deiner Liebe in meine Brust,
ut nihil terrenum, nihil carnale	dass ich nichts Irdisches, nichts Fleischliches
desiderem, vel cogitem	begehre oder im Sinn habe,
sed te solum amem, te solum	sondern nur dich liebe, dich allein
habeam in ore et in corde meo.	in meinem Munde und Herzen habe.

Das ist also der befreiende Lösungsweg, den der Beter zu gehen sucht: Er entsagt der irdischen Liebe und gelobt, sie aus seinem Denken und seiner Phantasie auszuschließen (»dass ich nichts Irdisches, nichts Fleischliches begehre oder im Sinn habe«) und erhofft sich dadurch eine Erfüllung und Befriedigung dieser Triebwünsche, indem er die *unio mystico* mit Christus, dem »süßen Heiland« sucht. Es erfolgt gleichsam ein Akt der Sublimierung von Libidio bzw. eine magische Verwandlung sexueller Triebwünsche in religiöse Vereinigungswünsche. Auch Volckmar-Waschk hat ein Gespür für diese erotische Emotionalität, indem sie anmerkt:

> »Die auffällig melismatische Auszierung bei ›infunde‹ mag dabei das Erfülltwerden mit der Liebe Gottes als ein Erschaudern darstellen. Die (...) Vertonung der Worte »multitudinem dulcedinis tuae« (...) konzentriert sich dann auf eine möglichst ausdrucksvolle Gestaltung der erneut erwähnten Süße Christi« (ebd., S. 188).

Die »Dulcedo« des Heilandes, der sich der Beter zuwendet, wird auch in der Motette Cs 17 *Spes mea Christe Deus* ausgedrückt.

Cs 17

Spes mea Christe Deus,	Du meine Hoffnung, Christus mein Gott,
hominum tu dulcis amator,	du süßer Liebender der Menschen,
lux, via, vita et salus,	Licht, Weg, Leben und Heil,
te deprecor, supplico et rogo,	ich bitte dich, flehe dich an und bete,
ut per te ambulem, ad te perveniam	dass ich durch dich wandle, zu dir komme,
in te requiescam.	in dir ruhe.

Die in der Phantasie vorgenommene homoerotische Versenkung in den süßen Christus wird also zum »Licht, Weg, Leben und Heil« des Beters, sie wird zum Königsweg zur Erfüllung seiner libidinösen Wünsche. Die im Irdischen bestehende Not der Homosexualität wird gleichsam auf wunderbare Weise umgewandelt in eine himmlische Köstlichkeit, die jedoch bereits im irdischen Leben in der Phantasie genossen werden kann. So kann er in der folgenden Motette wie befreit aussprechen:

Cs 18

Turbabor,	Ich werde erschüttert,
sed non perturbabor,	aber doch nicht niedergeschmettert werden,
quia vulnerum Salvatoris	weil ich der Wunden meines Retters
mei recordabor.	gedenken werde.

Und so als hätte Gott bereits zugestimmt und den vom Beter gewählten Lösungsweg aus seiner sexuellen Not gut geheißen, spricht der Beter in fester Überzeugung in der folgenden Motette Cs 19 aus:

Cs 19

Ad Dominum cum trubularer clamavi	Zum Herrn rief ich, als ich gepeinigt wurde,
et exaudivit me	und er erhörte mich.
Domine libera animam meam	Herr, errette meine Seele von den Lippen,
a labiis iniquis, et a lingua dolosa.	über die Ungerechtes kommt und von der trügerischen Zunge.

Der Text dieser Motette stammt aus Psalm 119, Verse 1–4. Schütz endet an der Stelle, wo nachfolgend Ort- und Personenangaben (Meschech, die Zelte Kedars etc.) folgen, die einen Bezug zur eigenen Lebenssituation womöglich beeinträchtigt hätten. Volckmar-Waschk fragt sich:

> »Geht man von einer Psalminterpretation unter dem Blickwinkel des eigenen Lebens aus, wie sie zur Zeit Schütz' gang und gäbe war, so stellt sich die Frage, was oder vielmehr wer mit den »labii iniqui« und der »lingua dolosa« gemeint ist, die dem Beter das Leben schwer machen« (ebd., S. 131).

Ich denke, dass eine Antwort auf diese Frage nach den bisherigen Darlegungen nicht schwer zu finden ist: Es sind die gefürchteten Schmähungen und Beschimpfungen und moralischen Verurteilungen, die ein von homosexuellen Regungen erfüllter Mensch von den »Lippen« und »trügerischen Zungen« seiner Mitmenschen zu befürchten hatte.

In seiner hohen Identifizierung und Versenkung in die Person des Heilandes Jesus Christus, mit der er gleichsam verschmilzt, wird der Beter selbst nahezu zum Sohn Gottes:

Cs 21

Aspice Pater piissimum Filium,	Sieh, Vater, deinen so sehr frommen Sohn,
pro me tam impia passum.	der für mich so Schmähliches erlitten hat.
Respice clementissime Rex quis patitur,	Bedenke, sanftester König, wer da leidet,
et reminiscere benignus, pro quo patitur.	und erinnere dich gütig dessen, für den er leidet.

Und in dieser inbrünstigen Versenkung in die Leiden Christi, ist es wiederum möglich und ausgesprochen unverdächtig, das Geheimwort »dulcis« einfließen zu lassen:

Cs 23

Reduc Domine Deus meus oculos	Wende, mein Herr und Gott, die Augen deiner
Super opus ineffabilis pietatis.	Erhabenheit auf dieses Werk unaussprechlicher
Intuere dulcem natum,	Güte. Siehe deinen süßen Sohn,
toto, toto corpore extensum,	am ganzen Körper ausgestreckt,
cerne manus innoxias,	sieh die unschuldigen Hände,
pio manantes sanguine,	von frommem Blut überströmt,
et remitte placatus scelera,	und vergib besänftigt die Freveltaten,
quae patrarunt manus meae.	die meine Hände begangen haben.

Und so ist alle Angst und alle Pein vom Beter gewichen. Glückselig ist er von der neuen Vision erfüllt. Es wirkt fast so, als habe er bereits alles Weltliche hinter sich gelassen und in der Welt der Seeligen Einlass gefunden. Die Motetten Cs 30 und Cs 31 sind erfüllt von diesen hoffnungsvollen Gefühlen.

Cs 30

Inter brachia Salvatoris mei,	In den Armen meines Heilandes will ich leben

Et vivere volo, et mori cupio,	und wünsche ich zu sterben,
Ibi securus decantabo:	in dieser Gewissheit werde ich singen:
Exaltabo te Domine	Ich werde dich, Herr, preisen,
Quoniam suscepisti me,	denn du hast mich aus der Tiefe aufgenommen
nec delectasti inimicos meos	und lässt meine Feinde sich nicht
super me.	mehr über mich freuen.

Cs 31

Veni rogo in cor meum,	Komm, ich bitte dich, in mein Herz
et ab ubertate voluptatis tuae	und berausche es mit der Fülle deiner
inebria illud,	Freude,
ut obliviscar ista temporalia.	damit ich diese zeitlichen Dinge vergesse.
Adjuva me Domine Deus meus,	Hilf mir, Herr, mein Gott,
et da laetitiam in corde meo,	und gib Freude in mein Herz,
veni ad me, ut videam te.	komm zu mir, damit ich dich sehe.

In der zweiten Verszeile von Cs 31 *Veni rogo in cor meum* ist die Übersetzung von »voluptatis tuae« bei Heide Volckmar-Waschk (wie auch in der Schütz-Gesamtausgabe bei Bärenreiter) mit »deiner Freude« doch etwas sehr asketisch ausgefallen. Hier fehlte offenbar der Mut, die Dinge beim Namen zu nennen. Diese Zeile muss richtigerweise lauten: »Komm, ich bitte dich, in mein Herz und berausche es mit der Fülle Deiner Wollust!«

Matteo Messori weist darauf hin, dass in dieser Motette Cs 31 sowohl am Anfang als auch im letzten Teil jeweils in der tiefsten Stimme ein »Chaconne Bass« auftaucht. Und er äußert die Vermutung:

> »Schütz war zweifellos der laszive Ursprung dieses Tanzes wie auch die allgemeine Überzeugung bekannt, dass dieser Tanz ungezügelte sexuelle Instinkte weckt. In dieser Motette wird er dazu benutzt, ein Gefühl des Rausches zu erzeugen, angefüllt mit erotischen – für das 17. Jahrhundert typischen – heilig-profanen Zweideutigkeiten, die einen mystischen Orgasmus andeuten (…) (Veni rogo in cor meum et ab ubertate voluptatis tuae inebria illud (…) Veni ad me ut videam te (…))« (Messori 2004, S. 10, Übersetzung von B.O.).

Ich möchte mit dieser Motette meinen Gang durch die *Cantiones sacrae* beschließen. Die restlichen vier Motetten weisen m.E. keine zusätzlichen

Aspekte mehr auf, die in den bisherigen Darlegungen nicht bereits Erwähnung gefunden haben. Die letzte Motette vor den Tischgebeten Cs 35 *Discedite a me* wiederholt noch einmal die Zuversicht des Ich-Erzählers, dass Gott »das Flehen gehört« und »das Gebet angenommen hat« und schließt mit der Aufforderung: »Es sollen alle meine Feinde sich schämen und gänzlich zuschanden werden, sie sollen eilends umkehren und sich sehr schämen.«

Die ausführliche Besprechung dieser etwas ungewöhnlichen Motettensammlung hatte zum Ziel, weiteren Aufschluss über die in Schützens Musik auffindbare Homoerotik zu erhalten, um sie einer abschließenden Bewertung zuzuführen. Dieser Schritt soll im folgenden Absatz versucht werden.

5. Drei Hypothesen zur Homoerotik in Schützens Musik

Wir stehen am Ende des Kapitels III, das sich mit der Erotik speziell der Homoerotik in Schützens Musik befasst hat. Aufgrund der umfangreichen Analysebeispiele hat sich gezeigt, dass die Homoerotik in Schützens Musik keineswegs nur ein randständiges Phänomen darstellt, sondern eher als ein roter Faden anzusehen ist, der sich durch sein kompositorisches Schaffen hindurchzieht. Wie sind diese Befunde einzuordnen und zu bewerten?

Meines Erachtens bieten sich bezüglich der Homoerotik in den Werken von Schütz drei Hypothesen an:

1. sie ist ein Ausdruck eines allgemeinen barocken Lebensgefühls, einer Lust an der erotischen Phantasie,
2. sie ist Ausdruck der frühkindlichen negativ-ödipalen Vaterliebe, bzw. der sie begleitenden unbewussten Phantasien, oder
3. sie ist Ausdruck homosexueller Regungen des Komponisten.

Dass die Homoerotik in Schützens Musik ein barockes Lebensgefühl, eine Lust an sexuell-mystischer Erregung widerspiegelt, wird ganz sicherlich zutreffend sein. Ich hatte bereits darauf hingewiesen, dass nicht nur die weltliche, sondern auch die geistliche Barockdichtung sich erotischer Symbolik bediente, wobei sich die schwärmerische Sehnsucht dabei vielfach auf die Person Jesu richtete. Es gab eine allgemeine Tendenz und Sehnsucht nach erschütternden Sensationen im Bereich des Erotischen. Vor allem die literarischen Werke der mystischen Bewegungen gefielen sich darin, zu einer sexuellen Erregung beim Leser beizutragen.

Man könnte es bei dieser Bewertung belassen und die in der Schützschen Musik auftauchende Erotik allgemein dem Zeitgeist zuordnen, gäbe es nicht die *Cantiones sacrae*. Durch die *Cantiones sacrae*, die durch einen ausgeprägten Ich-Bezug charakterisiert sind und Schütz als einen bewussten Gestalter von Text und Musik und damit auch der in dieser Sammlung reich enthaltenen Erotik und Homoerotik kenntlich machen, kommt ein Affiziertsein der Person des Komponisten ins Spiel, das über ein allgemeines zeittypisches Lebensgefühl als schöpferischer Hintergrund für diese Motetten hinausweist. Die aufgeführten Befunde lassen biographische Zusammenhänge zumindest als möglich, wenn nicht sogar als wahrscheinlich erscheinen. Man kann sich bei dieser Motettensammlung mitunter des Eindrucks nicht erwehren, einem musikalischen »Coming out« zu lauschen.

Trotzdem sollte man in dieser heiklen Frage die gebotene Vorsicht walten lassen. Allein auf der Grundlage einer tiefenhermeneutischen Analyse von Text und Musik im Sinne der dritten Hypothese von einer manifesten homosexuellen Orientierung des Komponisten zu sprechen, erscheint mir gewagt. Deshalb sollte die Annahme einer manifesten Homosexualität solange hypothetisch bleiben, wie nicht andere Hinweise auftauchen, die die hier vorgetragenen Befunde in gleichsinniger Weise unterstützen und bestätigen.

Immerhin ist solch einer Hypothese aber ein gewisser heuristischer Wert inhärent, indem sie dazu anregt, auf einige Ereignisse im Leben von Schütz noch einmal mit veränderten Blick zu schauen. Ich denke z.B. an die Tatsache, dass Schütz zu einer Hochzeit mit Magdalena Wildeck den überlieferten Quellen zufolge offenbar gedrängt werden musste und nur mit Bedacht auf seine berufliche Stellung zur Heirat überredet werden konnte, wie auch die Tatsache, dass er nach dem frühen Tod seiner Frau (nach sechs Ehejahren) entgegen den Geflogenheiten der Zeit sich keiner anderen Frau mehr zugewandt hat.

Auch eine andere kleine Szene bekommt unter diesem Blickwinkel eine nicht uninteressante Bedeutung. Wir waren im Zusammenhang mit dem Negativ-Ödipalen in Schützens Musik auch auf das Thema »Kastration« gestoßen, das von einigen Probanden zur Motette *Da pacem, Domine* assoziiert wurde. Unabhängig von diesen frühkindlichen Phantasien spielt das Thema Kastration auch für einen erwachsenen homosexuellen Mann eine Rolle, vor allem dann, wenn er der homoerotischen Neigung keine sexuelle Praxis folgen lässt. Denn »nicht dürfen« bedeutet letztendlich genau soviel wie »nicht können«. Folglich bildet sich oftmals ein latentes Gefühl aus, kastriert zu sein.

Aus Schützens Briefen und autobiographischen Angaben ergibt sich nicht wirklich ein Bild von seiner Persönlichkeit. Zu glatt und neutral sind die entsprechenden Äußerungen gehalten und zudem in einer Sprache, die in ihrer Gestelztheit und Floskelhaftigkeit schwer zu verstehen ist. Es gibt nur eine einzige Stelle, die auf etwas eindeutig Konflikthaftes in seinem Leben hindeutet, wo wir den ansonsten sehr besonnenen Schütz äußerst echauffiert erleben und das Wort »kastriert« eine Rolle spielt.

Im Jahre 1653 hatte der Kurfürst Johann Georg I. die Anordnung erlassen, dass sich Schütz in der Leitung der Kirchenmusik mit dem Italiener Bontempi, der Direktor der italienischen Kapelle des Kurprinzen war, abwechseln solle. Das empfand Schütz offensichtlich als eine Herabwürdigung seiner Person, gegen die er sich heftig zur Wehr setzte. Was ihn daran so kränkte, macht er in einem Brief an den Hofmarschall deutlich, in dem er sich darüber beklagt, dass »ich mit des Herrn Kurprinzen Direktore als einen 3 mal jüngeren als ich, und hierüber kastrierten Menschen, ordentlich und stetig umwechseln (...) soll«. Er schließt mit dem Satz, dass er »lieber den Tod als länger so thanen bedrängten Zustand beiwohnen« (Müller 1922, S. 238f.) möchte.

Schütz ist der Passus, der das Kastratentum von Bontempi zum Thema macht, von einigen seiner Biographen als eine bedauerliche Entgleisung ausgelegt worden. Aber jenseits einer moralischen Bewertung weist diese Äußerung wohl daraufhin, dass Schütz das Thema »Kastration« innerlich bewegt hat. Gleiches wissen wir auch von Thomas Mann, der seine diesbezüglichen Ängste und Unsicherheiten von seinen Romanhelden ausdrücken ließ. So fragt etwa Tonio Kröger: »Ist der Künstler überhaupt ein Mann oder ähnelt er nicht vielmehr jenen päpstlichen Kastraten, die zwar rührend schön singen, jedoch – –« (Mann, GW VIII, 296f.).

Da die Annahme einer manifesten Homosexualität bei Schütz nicht eindeutig zu verifizieren ist, sondern allenfalls eine Möglichkeit darstellt, halte ich mich weiterhin an die eingeschränktere zweite Hypothese, die davon ausgeht, dass Schütz in seiner Musik unbewusste Phantasien der negativ ödipalen Entwicklungsphase musikalisch zur Darstellung bringt. Auch solche Phantasien können von einem Menschen des 17. Jahrhunderts bereits recht konkretistisch als Versuchungen des Teufels angesehen werden, wie der Exkurs über die Teufelsneurose des Malers Haitzmann hat deutlich werden lassen. Wenn es stimmt, dass die Menschen des Barock in besonderer Weise mit der Integration negativ ödipaler Phantasien in ihr Selbst beschäftigt waren, so ist es durchaus vorstellbar, dass bereits das vorsichtige Auftauchen solcher Phantasien im Bewusstsein eines Menschen Ängste aufkommen ließ, von einer Anfechtung durch den Teufel heimgesucht worden zu sein. Zur Reduzierung dieser Ängste wurde dann vielfach der Weg einer verstärkten Zuwendung zu Gott gesucht. Und gegenüber Gott, als einem vollkommenen Vater, durfte man auch seine geheimsten seelischen Regungen offenbaren, so lange man gleichzeitig versprach, sich seinen Gesetzen zu unterwerfen. Denn Gott ist ein vollkommener Vater, ein erhöhter Vater, der nicht straft, sondern den reuigen Sünder lieb hat.

So ist es meine Auffassung, dass Schütz aus persönlichen und zeitgeschichtlichen Tendenzen heraus sehr mit dem musikalischen Ausphantasieren von idealisierenden und homoerotischen Bildern erfüllt war, so wie sie der kleine Junge am Übergang von der präödipalen zur ödipalen Entwicklungsphase erlebt. Schütz hat in seinen Werken diesen unbewussten Phantasien und Gefühlen einen lebendigen Ausdruck verliehen und das besonders Anrührende seiner Musik bezieht sich auf diese Tiefenebene, die in uns allen zur Mitresonanz bereit liegt.

Diese frühkindliche Erotik erfährt bei Schütz nicht nur in den *Cantiones sacrae*, sondern insgesamt in seinen Kompositionen eine Verschiebung auf das Feld des Religiösen, wobei die erotische Beziehung anstatt zum leiblichen Vater zum himmlischen Vater bzw. zu Jesus Christus gesucht wird. Von dieser Wendung des libidinösen Begehrens gen Himmel hat seine Musik in hohem Maße profitiert. Für Schütz war Gottvater dadurch zur wichtigsten Person überhaupt geworden, dem all sein musikalisches Schaffen gewidmet war. Nicht von ungefähr lautete sein Lebensmotto: »Deine Rechte sind mein Lied in dem Hause meiner Wallfahrt« (nach Psalm 119).

Schütz hat sich ganz auf Gott geworfen und die reiche Fülle an leidenschaftlicher Emotionalität und sehnsuchtsvoller Erotik in diese Beziehung einfließen lassen, wovon seine Musik uns in eindrucksvoller Weise Kunde gibt. Seine Werke sind zu einem Spiegel dieser affektiven Leidenschaft geworden. Es sind Werke, die mit viel schwärmerischem Gefühl und sublimer Erotik angefüllt sind. Wer möchte diese Affektivität in Schützens Werken missen?

IV. Schlussgedanken

Heinrich Schütz – ein »eisgrauer Senior« oder ein »schwärmerisches Kind«?

Die Person des Komponisten Heinrich Schütz, so wie sie sich in den überlieferten Schriften, Briefen, Vorworten und Dokumenten darstellt, bleibt vage und wird nicht wirklich griffig. Es ist vermutlich der enorme zeitliche Abstand – immerhin sind es gut vier Jahrhunderte –, der diese Schwierigkeit begründet. Vielleicht aber hat auch Schütz das Seinige dazu getan, als Person unauffällig und uneinsehbar zu bleiben und nur durch seine Musik zu wirken. Entsprechend beschränken sich die Schützbiographien bei den Angaben zur Person auf die Rekonstruktion seines Berufsweges, die Benennung der Orte, in denen Schützens Aufenthalt und Wirken nachgewiesen ist, sowie in wessen Diensten er stand und mit welchen Personen er im Kontakt war.

Wenn das Material wenig hergibt, so tritt unweigerlich die Phantasie in Aktion, um die bestehenden Lücken auszufüllen. Man hält sich z. B. an die überlieferten Portraits und so assoziiert der Schützbiograph Hans Eppstein zu einem Altersbild von Schütz: »Hier vereinigt sich Melancholie mit Weisheit, Müdigkeit mit der Haltung eines Aristokraten, Nach-innen-Gewandtheit mit einer beinahe magisch zu nennenden Ausstrahlung – ein Faust, der das ganze Erdenleben erfahren hat und den es nicht länger berührt« (Eppstein 1975, S. 43). Aufgrund der Tatsache, dass die überkommenen Dokumente über die »persönlichen Züge (...) nur spärliche Auskunft geben«, verzichtet Eppstein darauf, »ein eigentliches Portrait Schützens zu zeichnen«, wenngleich er hinzufügt: »Es wäre interessant und reizvoll, mehr über den Mann Schütz zu wissen« (ebd. S. 180).

Angesichts dieser spärlichen Fakten über seine Persönlichkeit haben offensichtlich die wenigen Portraits eine umso größere Bedeutung für die Formung eines Schützbildes erlangt. Es handelt sich ausnahmslos um Abbildungen des gealterten Schütz, meist im Ornat als Hofkapellmeister. In der Grabrede des Oberhofpredigers Martin Geier zur Beisetzung Schützens im November 1672 in Dresden wird Schütz als der »eisgraue Senior der deutschen Musikanten« tituliert. Allem Anschein nach sind Geiers Metapher eines »eisgrauen Seniors« und die Altersbilder von

Schütz bei vielen Schützfreunden und -interpreten eine unheilige Allianz eingegangen, aus der sich im Laufe der Jahrzehnte und Jahrhunderte das Schützbild eines altersweisen, verklärten Heiligen geformt und verfestigt hat. Dieses Bild durchzieht nicht nur die Schützbiographien, wie wir oben bei Eppstein gesehen haben, sondern wird mangels anderer Darstellungen und Quellen auch in außermusikalischen Schriften kolportiert. Ich denke hier vor allem an die beiläufigen Portraits, die Schütz in der Romanliteratur bei Ricarda Huch und Günter Grass erfahren hat.

In Ricarda Huchs Roman-Trilogie über den Dreißigjährigen Krieg *(Der große Krieg in Deutschland)* aus dem Jahre 1912 taucht Heinrich Schütz als eine »ernste und ehrwürdige Erscheinung« einige Male in seiner Funktion als sächsischer Hofkapellmeister auf. Seine Person und seine Musik umschwebt bei Huch eine gewisse Heiligkeit und Göttlichkeit. In seinen Vokalkompositionen erlebt die Schriftstellerin einen »Durchbruch unmittelbarer Beziehung zum Göttlichen« und eine »Verwurzelung des einzelnen Ich im Ewigen«. Einen Sänger seiner Hofkappelle lässt sie Schütz mit »göttlicher Meister« anreden. Diese Göttlichkeit bescheinigt ihm ebenfalls Fürst Eggebrecht, der an einer Stelle dieses Romans die folgenden Worte an Schütz richtet:

> »Mein Freund, Ihr seid nur ein bescheidener Kapellmeister, und doch seid Ihr mehr als irgendeiner von uns, wie mir scheint, den Göttern ähnlich. Ihr lasst Licht werden und zaubert tönende Geschöpfe aus dem Abgrund und verbindet die chaotischen Stimmen zu einer geregelten, in Vollkommenheit schwebenden Harmonie« (ebd., S. 184).

Immerhin bescheinigt Huch Schützens Musik eine Art »musikalischen Individualismus«, und jeder Hörer habe die Möglichkeit, sich in seiner Musik wie in einem Zauberspiegel selbst zu erblicken.

In einer ähnlich übermenschlichen Heiligkeit und Verklärtheit tritt uns Schütz in Günter Grass' Roman *Das Treffen in Telgte* (1979) entgegen. Zu einer illustren Gesellschaft barocker Poeten, die vor den Toren Münsters in einem fragwürdigen Etablissement Quartier bezogen haben, »um das dichterische Wort in schwerer Zeit ertönen zu lassen«, tritt Heinrich Schütz in Begleitung von Heinrich Albert verspätet und auch nur für kurze Zeit hinzu. Schütz wird charakterisiert als »ein Mann von entrückter Autorität und strenger Größe, die niemand (auch Albert nur annähernd) fassen konnte«. Ferner wird über Schütz gesagt: »Da keiner wie er aufs Wort setzte und seine Musik einzig dem Wort zu dienen hatte, es deuten, beleben, seine Gesten betonen und in jede Tiefe, Weite und Höhe versenken dehnen erhöhen wollte, war Schütz streng mit Wörtern und hielt sich entweder an die überlieferte lateinische Liturgie oder an Luthers Bibelwort«.

Die Dichter fühlten sich einerseits geehrt, solch hohen Besuch erhalten zu haben, und es gab etliche Lobreden über »des Meisters schwierigen Tonsatz«. Man brachte ihm sogar eigens einen bequemen Lehnstuhl mit breiten Armstützen, worauf er erhöht saß und »der Versammlung seine besorgte Stirn bot«. Doch Schützens entrückte Autorität und strenge Größe wurde von den versammelten Dichtern zunehmend als lästig empfunden. So spart Grass nicht mit abwertenden Äußerungen zu Schützens Person: »Jemand, den keine Gruppe aushalten konnte war zu uns gekommen« und »merkwürdig, wenn nicht ein wenig albern berührte jener Anflug von Kindlichkeit, mit dem der in allem zuchtvolle Mann jedem am Tisch einen Ring an seiner linken Hand zeigte«, den er von Giovanni Gabrieli verliehen bekommen hatte.

Als Schütz sich abfällig über das Niveau der zeitgenössischen Dichtung äußerte und die meisten der an diesem Tage vorgetragenen Dichtungen negativ beurteilte, trat eine Verstimmung unter den Poeten ein, und man empfand die Äußerungen Schützens als arrogant und anmaßend. So war man allgemein erleichtert, dass dieser anstrengende Gast die Versammlung am nächsten Tage wieder verließ und nach Hamburg weiterreiste.

Das Bild, das Grass hier von Heinrich Schütz entwirft, ist wenig schmeichelhaft, ja, im Grunde ehrenrührig: Schütz, ein Gast, den keine Gruppe aushält, ein entrückter Heiliger, der fernab von allen weltlichen Genüssen bereits in einer anderen Welt weilt, wohin ihm keiner zu folgen vermag und der sich gleichzeitig durch ein arrogantes und anmaßendes Verhalten auszeichnet. Kann es sein, dass sich hier die Gekränktheit eines Dichters artikuliert, der, in Identifikation mit den Kollegen der »Fruchtbringenden Gesellschaft«, deren Texte Schütz damals verschmähte, mittels dieses unvorteilhaften und abträglichen Persönlichkeitsportraits eine späte Revanche am Komponisten zu nehmen gedenkt?

Wir erleben sowohl bei Huch als auch bei Grass jene bedenkliche Perpetuierung eines Schützbildes, das ihn als den entrückten »eisgrauen Senior« darstellt. An diesem Punkt wird einem schmerzlich bewusst, dass es von Schütz nur Altersbilder und kein Portrait aus jüngeren Jahren gibt. Dieser

Mangel hat offenbar bei vielen Menschen den Eindruck entstehen lassen, dass Schütz und seine Musik etwas mit »alt« und »ergraut« zu tun haben. Entsprechend hört und interpretiert man oftmals seine Werke. Es fällt schwer, sich vorzustellen, dass Schütz auch einmal jung war und noch schwerer, dass in seiner Musik ein hohes Maß an Sinnlichkeit und kindlich affektiver Lebendigkeit enthalten ist. Es ist schon bemerkenswert, wie sehr bildliche Darstellungen das Image einer Person und die Hörgewohnheiten bezüglich seiner künstlerischen Schöpfungen beeinflussen und prägen können.

Eine Ahnung von diesem anderen Schütz, dem in diesem Buch Raum gegeben wurde, scheint Friedrich Blume gehabt zu haben. Zwar erscheint auch Blume Schütz »wie ein Sendbote aus einer anderen Welt, selbständig, durchdacht, gänzlich unsentimental, (...) von distanzierter Kühle«. Aber das ist nur die eine Seite. Blume betont gleichzeitig die kraftvolle Affektivität in seiner Musik:

> »Das Mitreißende seines Werkes macht sich nur dann geltend, wenn Solosänger und Chöre entsprechend angeleitet und zum Verständnis erzogen sind. Andernfalls wirkt die Musik von Schütz wie ein ständiges »understatement«. Das ist nur an der Oberfläche so. Wenn man anfängt, sich in seine Welt tiefer einzuarbeiten, dann bekommt man ein Empfinden dafür, dass unter der Oberfläche, kaum versteckt, die kostbaren Kristalle zu finden sind, dass die wortgezeugte musikalische Einkleidung ein sehr persönliches Bekenntnis eines Menschen darstellt, dem »nil humanum alienum est« (Blume zit. nach Heinemann 1994, S. 142).

Blume belässt es bei dieser »blumigen« Andeutung. Aber die vorliegende musikpsychoanalytische Studie hat einiges von diesem verborgenen Menschlichen, Allzumenschlichen benannt, das in der bewussten und unbewussten Psyche des Heinrich Schütz virulent war und in seiner Musik einen Ausdruck gefunden hat.

So wäre es angemessen, das weithin kolportierte Schützbild einmal einer Überprüfung zu unterziehen. Wollen wir diejenigen Facetten der Musik von Schütz, die in dieser musikpsychoanalytischen Recherche zu Tage gefördert worden sind, auf einen Begriff bringen, so bietet sich als eine alternative Metapher zum »eisgrauen Senior« das Bild eines »schwärmerischen Kindes« an. Schütz war als Person natürlich weder das Eine noch das Andere, weder ein »eisgrauer Senior« noch ein »schwärmerisches Kind«. Es kann sich bei diesen Metaphern also nicht um eine konkrete Persönlichkeitsbeschreibung, wohl aber um ein Leitbild für das Hören und Verstehen seiner Musik handeln. Wie wäre es also, einmal das »schwärmerische Kind« als eine neue Leitmetapher für das Hören und das Musizieren von Schützens Musik zu verwenden?

Das »schwärmerische Kind« als ein junges und frisches Portrait hätte eine Chance verdient. Die »Capella augustana« (Leitung: Matteo Messori) hat es uns in ihrer neuen Schütz-Edition (bei »Brilliant Classic«) bereits vorgemacht, wie anders man Schützens Opus 1 singen kann: statt akademisch-kompliziert singt dieses Ensemble schwärmerisch, leidenschaftlich und dramatisch. Dieses italienische Kolorit ist nicht für alle Schützwerke die angemessene Singweise, aber für seine *Italienischen Madrigale* auf jeden Fall.

Dem Leser wird sicherlich aufgefallen sein, dass weder auf dem Cover noch im Buch selbst ein Konterfei von Schütz zu sehen ist. Dies ist natürlich nicht zufällig, sondern mit Bedacht geschehen. Vielleicht vermag dieses Buch ja einen Beitrag zu einem neuen Schützbild zu leisten, das uns seine Musik nicht nur in seiner geistigen und geistlichen Potenz, sondern auch in seiner sinnlichen Kraft und kindlich schwärmerischen Affektivität nahe bringt, wozu das Gambe spielende muntere Kerlchen auf dem Buchcover vielleicht die geeigneten Assoziationen zu liefern vermag.

Literatur

Abert, Anna Amalie (1935): Die stilistischen Voraussetzungen der »Cantiones sacrae« von Heinrich Schütz. Wolfenbüttel – Berlin: Kallmeyer.

Ariès, Philippe (1971): Geschichte der Kindheit. München: dtv 1994.

Arnold, Denis (1955): Giovanni Gabrieli. In: Blume (Hg.): Musik in Geschichte und Gegenwart, Bd. 4, Sp 1194–1209. Kassel: Bärenreiter.

Arnold, Denis (1979): Giovanni Gabrieli and the Music of the Venetian High Renaissance. Oxford.

Blume, Friedrich (1974): Renaissance und Barock. In: Epochen der Musikgeschichte in Einzeldarstellungen, S. 104–232. Kassel: Bärenreiter 1975.

Buck, August (1952): Camerata. In: Blume, Fr. (Hg.): Musik in Geschichte und Gegenwart, Bd. 2, Sp. 719–722. Kassel: Bärenreiter.

Chijs, A. van der (1926): Über das Unisono in der Komposition. Beitrag zur Psychoanalyse der Musik. In: Oberhoff, B. (Hg.): Psychoanalyse und Musik. Eine Bestandsaufnahme. Gießen: Psychosozial-Verlag 2002.

Eggebrecht, Hans Heinrich (1961): Monodie. In: Blume (Hg.): Musik in Geschichte und Gegenwart, Bd. 9, Sp. 475–479. Kassel: Bärenreiter.

Eggebrecht, Hans Heinrich (1998): Musik im Abendland. Prozesse und Stationen vom Mittelalter bis zur Gegenwart. München Zürich: Piper.

Ehrmann, Sabine (1989): Claudio Monteverdi. Die Grundbegriffe seines musiktheoretischen Denkens. Pfaffenweiler: Centaurus.

Einstein, Alfred (1931): Heinrich Schütz. Kassel: Bärenreiter.

Engel, Hans (1952): Concerto grosso. In: Blume (Hg.): Musik in Geschichte und Gegenwart, Bd. 2, Sp. 1604–1614. Kassel: Bärenreiter.

Eppstein, Hans (1975): Heinrich Schütz. Stuttgart: Hänssler.

Fonagy, Peter, Gergely, György, Jurist, Elliot L., Target, Mary (2002): Affektregulierung, Mentalisierung und die Entwicklung des Selbst. Stuttgart: Klett-Cotta.

Freud, Sigmund (1923): Eine Teufelsneurose im siebzehnten Jahrhundert. GW XIII, S. 317–353. Frankfurt/M.: S. Fischer.

Freud, Sigmund (1927): Die Zukunft einer Illusion. GW XIV, S. 326–380. Frankfurt/M.: S. Fischer.

Freund, Winfried (2004): Abenteuer Barock. Kultur im Zeitalter der Entdeckungen. Darmstadt: Wissenschaftliche Buchgesellschaft.

Friedrich, Hugo (1964): Epochen der italienischen Lyrik. Frankfurt/M.

Geck, Martin (1999): »Eile mich, Gott zu erretten«. Heinrich Schütz – Musicus Melancholicus? Archiv für Musikwissenschaft LVI, Heft 1, S. 1–8.

Geier, Martin (1672): Kurze Beschreibung des Herrn Heinrich Schützens/Chur-Fürstl. Sächs. ältern Capellmeisters/geführten müheseeligen Lebens-Lauff. Faksimile-Nachdruck. Kassel: Bärenreiter 1972.

Grass, Günter (1979): Das Treffen in Telgte. Eine Erzählung und dreiundvierzig Gedichte aus dem Barock. München 1997: dtv.

Gregor-Dellin, Martin (1984): Heinrich Schütz. Sein Leben, sein Werk, seine Zeit. München: Pieper.

Hanheide, Stefan (1998): Musikalische Kriegsklagen aus dem Dreißigjährigen Krieg. In: Bußmann, Klaus und Schilling, Heinz (Hg.): 1648 Krieg und Frieden in Europa.

Textband II Kunst und Kultur zur 26. Europaratsausstellung »1648 – Krieg und Frieden in Europa« in Münster und Osnabrück.

Harnoncourt, Nikolaus (1982): Musik als Klangrede. Wege zu einem neuen Musikverständnis. Salzburg: Residenz-Verlag.

Heinemann, Michael (1994): Heinrich Schütz. Rowohlts Monographien. Reinbek: Rowohlt.

Huch, Ricarda (1912): Der große Krieg in Deutschland. Roman. GW Bd. 3. Köln: Kiepenheuer & Witsch.

Junghänel, Konrad (1998): Heinrich Schütz: Psalmen Davids. Cantus Cölln und Concerto Palatino. Harmonia mundi HMC 901652.53.

Klauber, J. (1974): Bemerkungen über die psychischen Wurzeln der Religion, unter besonderer Berücksichtigung des westlichen Christentums. In: Nase, E,/Scharfenberg, J.: Psychoanalyse und Religion. Darmstadt: Wissenschaftliche Buchgesellschaft 1977.

Klein, Melanie (1929): Frühkindliche Angstsituationen im Spiegel künstlerischer Darstellungen. In: Melanie Klein: Gesammelte Schriften. Teil 1. Stuttgart-Bad Cannstadt: frommann-holzboog 1995.

Klein, Melanie (1945): Der Ödipuskomplex im Lichte früher Ängste. GS Bd. 1, S. 362–432. Stuttgart-Bad Cannstadt: frommann-holzboog 1996.

Klein, Melanie und Riviere, Joan (1937): Seelische Urkonflikte. Frankfurt/M.: S. Fischer 1989.

Kurzke, Hermann (1999): Thomas Mann. Das Leben als Kunstwerk. München: Beck 2001.

Küster, Konrad (2004): Schütz' Madrigale in der zeitgenössischen italienischen Musikkultur. In: W. Werbeck (Hg.): Schütz-Jahrbuch 2004, S. 71–88. Kassel: Bärenreiter.

Leikert, Sebastian (2005): Die Vergessene Kunst. Der Orpheusmythos und die Psychoanalyse der Musik. Gießen: Psychosozial-Verlag.

Leikert, Sebastian (2005a): Der Ursprung des musikalischen Symbols – der Orpheusmythos als Grundparadigma der Oper. In: Oberhoff, B. (Hg.): Die seelischen Wurzeln der Musik. Psychoanalytische Erkundungen. Gießen: Psychosozial-Verlag.

Loewald, Hans (1986): Psychoanalyse: Aufsätze aus den Jahren 1951–1979. Stuttgart: Klett-Cotta.

Lorenzer, Alfred (1986): Kultur-Analysen. Frankfurt/M.: S. Fischer.

Magyar, J., Gergely, G. (1998): The obscure object of desire: »Nearly, but clearly not, like me.« Perceiving self-generated contingencies in normal and autistic children. Poster, International Conference on Infant Studies. Atlanta, GA.

Mann, Thomas (1903): Tonio Kröger. GW VIII. Frankfurt: S. Fischer 1974 und 1990.

Marcard, Micaela von (1994): Rokoko oder das Experiment am lebenden Herzen. Galante Ideale und Lebenskrisen. Reinbek: Rowohlt.

Meltzoff, A. N., Gopnik, A. (1993): The role of imitation in understanding persons and developing a theory of mind. In: Baron-Cohen, S. et al. (Hg.): Understanding other minds: Perspectives from Autism. New York: Oxford Univ. Press, S. 335–366.

Messori, Matteo (2004): Italo-Teutonica Musa. In: Booklet zu CD »Cantiones sacrae«. Heinrich Schütz Edition, Volume II. Brilliant Classics 92440.

Mitchell, Stephen A. (2003): Bindung und Beziehung. Auf dem Weg zu einer relationalen Psychoanalyse. Gießen: Psychosozial-Verlag.

Moser, Hans Joachim (1936): Heinrich Schütz. Sein Leben und Werk. Kassel: Bärenreiter 1954.

Müller, Erich H. (Hg.) (1922): Heinrich Schütz. Gesammelte Briefe und Schriften. Regensburg: Bosse

Müller-Pozzi, Heinz (1981): Gott – Erbe des verlorenen Paradieses. Ursprung und Wesen der Gottesidee im Lichte psychoanalytischer Konzepte. Wege zum Menschen, S. 191–203.

Müller-Pozzi, Heinz (1991): Psychoanalytisches Denken. Eine Einführung. Bern Stuttgart Toronto: Verlag Hans Huber.

Oberhoff, Bernd (Hg.) (2002): Psychoanalyse und Musik. Eine Bestandsaufnahme. Gießen: Psychosozial-Verlag.

Oberhoff, Bernd (Hg.) (2002a): Das Unbewusste in der Musik. Gießen: Psychosozial-Verlag.

Oberhoff, Bernd (2002b): Die doppelchörige Motette »Da Pacem, Domine« von Heinrich Schütz – eine »politische« oder eine »psychologische« Musik? Ergebnisse eines Gruppenassoziationsexperimentes. In: Ders. (Hg.): Das Unbewusste in der Musik. Gießen: Psychosozial-Verlag.

Oberhoff, Bernd (2003a): Chr. W. Gluck: Orpheus und Eurydike. Ein psychoanalytischer Opernführer. Gießen: Psychosozial-Verlag.

Oberhoff, Bernd (2003b): W. A. Mozart: Die Zauberflöte. Ein psychoanalytischer Opernführer. Gießen: Psychosozial-Verlag.

Oberhoff, Bernd (Hg.) (2003c): Die Musik als Geliebte. Zur Selbstobjektfunktion der Musik. Gießen: Psychosozial-Verlag.

Oberhoff, Bernd (2003d): »Diese Musik versteht mich!« – Die Musik als Selbstobjekt. In: Ders. (Hg.): Die Musik als Geliebte. Zur Selbstobjektfunktion der Musik. Gießen: Psychosozial-Verlag

Oberhoff, Bernd, Leikert, Sebastian, Tenbrink, Dieter (Hg.) (2004): Musik als Ausdruck unbewusster Phantasien. Zeitschrift Psychosozial Heft 96. Gießen: Psychosozial-Verlag.

Oberhoff, Bernd (2004a): W. A. Mozart: Don Giovanni. Ein psychoanalytischer Opernführer. Gießen: Psychosozial-Verlag.

Oberhoff, Bernd (2004b): W. A. Mozart: Così fan tutte. Ein psychoanalytischer Opernführer. Gießen: Psychosozial-Verlag.

Oberhoff, Bernd (2005): C. M. von Weber: Der Freischütz. Ein psychoanalytischer Opernführer. Gießen: Psychosozial-Verlag.

Oberhoff, Bernd (Hg.) (2005a): Die seelischen Wurzeln der Musik. Psychoanalytische Erkundungen. Gießen: Psychosozial-Verlag.

Oberhoff, Bernd (2005b): Die Musik als Spenderin des narzisstischen Wohlgefühls. Eine experimentelle Untersuchung. In: Ders. (Hg.): Die seelischen Wurzeln der Musik. Psychoanalytische Erkundungen, S. 123–151. Gießen: Psychosozial-Verlag.

Oberhoff, Bernd (2005c): Die fötalen Wurzeln der Musik. Musik als »Das Große Bewegende« und als »Die Göttliche Stimme«. In: Ders. (Hg.): Die seelischen Wurzeln der Musik. Psychoanalytische Erkundungen, S. 41–64. Gießen: Psychosozial-Verlag.

Oberhoff, Bernd (2007): Handlungsdialoge und Affektspiegelungen im barocken Concerto grosso. (In Vorbereitung).

Pirrotta, Nino (1960): Madrigal. In: Blume (Hg.): Musik in Geschichte und Gegenwart, Bd. 8, Spalte 1420–1424. Kassel: Bärenreiter.

Racek, Jan (1965): Stilprobleme der italienischen Monodie. Ein Beitrag zur Geschichte des einstimmigen Barockliedes. Praha: Statni Pedagogicke Nakladatelstvi.

Reitter, Lumir (1937): Doppelchortechnik bei Heinrich Schütz. Derendingen: Habegger.

Robertson, Alec, Stevens, Denis (1964): Geschichte der Musik. Band II: Renaissance und Barock. München: Prestel-Verlag.
Salmen, Walter (2002): Sinnbildliche Darstellungen der Musik am Freiburger Münster. In: Schmider, Chr. (Hg.): Musik am Freiburger Münster. Freiburg: Rombach.
Schick, Hartmut (1998): Musikalische Einheit im Madrigal von Rore bis Monteverdi. Phänomene, Formen und Entwicklungslinien. Tübinger Beiträge zur Musikwissenschaft, Bd. 18. Tutzing: Schneider.
Schmalzriedt, Siegfried (1972): Heinrich Schütz und andere zeitgenössische Musiker in der Lehre Giovanni Gabrielis. Stuttgart: Hänssler-Verlag.
Schönau, Walter (2003): Lyrik als Muttersprache. Eine ontogenetische Theorie der Dichtkunst. Freie Assoziation, 6, Heft 1, S. 31–40.
Schütz, Heinrich (1960): Neue Ausgabe sämtlicher Werke. Herausgegeben im Auftrag der Internationalen Heinrich-Schütz-Gesellschaft. Kassel: Bärenreiter.
Smallman, Basil (1985): The Music of Heinrich Schütz 1585–1672. Leeds.
Spitta, Philipp (1894): Heinrich Schütz' Leben und Werke. Berlin.
Starobinski, Jean (1971): Rousseau. Eine Welt von Widerständen. Frankfurt/M.: S. Fischer 1993.
Stein, Ingeborg (Hg.) (1996): Diesseits- und Jenseitsvorstellungen im 17. Jahrhundert. Bd. IV der Sonderreihe »Monographien« der Forschungs- und Gedenkstätte des Heinrich-Schütz-Haus, Bad Köstritz. Jena: quartus-Verlag.
Stern, Daniel (1993): Die Lebenserfahrungen des Säuglings. Stuttgart: Klett-Cotta.
Thomsen-Fürst, Rüdiger (1996): Venedig, Gabrieli und San Marco. Booklet zur CD »Gabrieli in San Marco«. Sony Classical SBK 62426.
Volckmar-Waschk, Heide (2001): Die »Cantiones sacrae« von Heinrich Schütz. Entstehung, Texte, Analysen. Kassel: Bärenreiter.
Winnicott, Donald Wood (1965): Reifungsprozesse und fördernde Umwelt. Frankfurt/M.: S. Fischer 1990.
Zarlino, Gioseffo (1558): Istitutioni harmoniche. Venedig.
Zenger, Erich (2003): Psalmen. Auslegungen. 4 Bände. Freiburg: Herder.

Anhang I

Die *Italienischen Madrigale* von Heinrich Schütz

Die Originaltexte in italienischer Sprache

1.
O Primavera, gioventù de l'anno,
Bella madre di fiori,
D'herbe novelle, di novelli amori,
Tu torni ben, ma teco
Non tornano i sereni
E fortunati di delle mie gioie;
Tu torni ben, tu torni,
Ma teco altro non torna
Che del perduto mio caro tesoro
La rimembranza misera e dolente.
Tu quella sé, tu quella
ch'eri pur dianzi si vezzosa e bella;
Ma non son' io già quel ch'un tempo fui
Si caro à gli occhi altrui.

O dolcezze amarissime d'amore,
Quanto è piu duo perderui, che mai
Non v'hauer o provate o possedute!
Come saria l'amar felice stato,
Se'l già goduto ben non si perdesse;
O quando egli si perde,
Ogni memoria ancora
Del dileguato ben si dileguasse.

2.
Ride la Primavera,
Torna la bella Clori,
Odi la Rondinella,
Mira l'herbette e i fiori.
Ma tu Clori piu bella
Ne la stagion novella
serbi l'antico verno,
Deh, s'hai pur cinto il cor di ghiaccio eterno,
Perche ninfa crudel quanto gentile
Porti ne gl'occhi il sol, nel volt' Aprile.

3.
Selue beate,
Se sospirando in flebili susurri
Al nostro lamentar ui lam,entaste,
Gioite anco al gioire,
e tante lingue sciogliete,
quante frondi scherzano al suon di queste,
Piene del gioir nostro aure ridenti.

4.
Quella Damma son io,
Crudelissimo Siluio,
Che senza esser attesa
Son da te uinta e presa,
Viua se tu m'accogli,
Morta se mi ti togli.

5.
Mi saluta costei
Ma nel soaue inchino
Nasconde à gli occhi miei
Gli occhi leggiadri el bel volto diuino.
O pietosa in aspetto
E crudele in effetto,
Auara hor che farete,
S'usando cortesia scarsa mi siete.

6.
Fiamma ch'allaccia e laccio
sei tu, ch'infiamma, o caro
Dolce vezzo d'Amor pregiato e raro
ch'auampandomi il cor circond' il braccio
Fosti ancor rete al meno
che m'accogliesse a la mia donna in seno,
ch'alhor uedrebbe il ciel in ogni parte
Vener piu bella e piu gagliardo Marte.

7.
Sospir che del bel petto
Di Madonna esci fore,
Dimmi che fa quel core,
Serba l'antico affetto,
O pur messo se' tu di novo amore?
Deh nò, piu tosta sia
Sospirata da lei la morte mia.

8.
Alma afflitta che fai,
Chi di darà piu vita,
Se colei, per sui viui, hoggi è partita.
Ah, son ben folle e cieco
Con l'alma a ragionar che non è meco.

9.
Di marmor siete uoi,
Donna, à i colpi d'Amore, al pianto mio,
E di marmo son io
A le vostr'ire & à gli strat' i suoi,
per amor, per natura
Io costante e uoi dura.
Ambo siam sassi, e l'un e l'altro è scoglio,
io di fè, uoi d'orgoglio.

10.
D'orrida selce alpina
cred'io Donna nacesti,
E da le Tigre ircane il latte hauesti,
s'inessorabil sei
si dura a' prieghi miei;
O se' pur Tigre anzi pur selce, ai lasso,
ch'entro un petto di fera hai cor di sasso.

11.
Fuggi fuggi o mio core.
Non vedi la man bella,
che congiurata co' begli occhi, anch'ella
Per farti prigionier vien ti à ferire,
Ma lasso, ecco un sospir nuntio infelice,
ch'esce del petto e dice,
che piu gioua il fuggire,
Egli è già preso e gli conuien morire.

12.
Cosi morir debb'io,
Ne sarà chi m'ascolti o mi difenda,
Cosi da tutti abandonata e priua
D'ogni speranza, accompagnata solo
Da un' estrema infelice
E funesta pieta che non m'aita.

13.
Io moro Ecco ch'io moro,
Bella nemica mia t'offes' assai,
Leuar tropp' alto i miei pensieri osai,
Perdon ti chieggio, in pegno
Bramo di pac' un segno.
In quest' estrema mia dura partita
Non vò senza il tuo bacio uscir di uita.

14.
Tornate o cari baci
A ritornarmi in uita,
Baci al mio cor digiuno esca gradita,
uoi di quel dolce amaro,
Per cui languir m'è caro,
di quel uostro non meno
Nettare che ueneno
Pascete i miei famelici desiri,
Baci in cui dolci prouo anco i sospiri.

15.
Feriteui ferite,
viperette mordaci,
Dolci guerrere ardite
Del dilett' e d'Amor, bocche sagaci,
Saettateui pur vibrat' ardenti
l'armi vostre pungenti,
Ma le morti sien vite,
Ma le guerre sien paci,
sien saette le lingue,
e piaghe i baci.

16.
Giunto è pur Lidia il mio,
Non sò se deggia dire
O partire o morire,
Lasso dirò ben io,
che la morte è partita,
Poiche lasciando te lascio la vita.

17.
Dunque à Dio Care selue,
Care mie selue à Dio,
Riceuete questi ultimi sospiri,
Fin che sciolta da ferro inguisto e crudo
torni la mia fredd' ombra
a le vostr' ombre amate,
che nel penoso inferno
non puo gir innocente,
né puo star tra beati
disperata e dolente.

18.
Vasto Mar, **nel cui seno**
Fan soaue armonia
D'Altezza e di uirtu concordi uenti,
Questi deuoti accenti
T'offre la musa mia.
Tu gran Mauritio lor gradisci e in tanto
Farai di rozo armonioso il canto.

Anhang II

Assoziatives Hören der Motette »Herr, nun lässest Du Deinen Diener in Frieden fahren« von Heinrich Schütz

Ein Gruppenassoziationsexperiment (mit insgesamt 37 Teilnehmern)

Assoziationen zur Schütz-Motette »Herr, nun lässest du deinen Diener in Frieden fahren« (SWV 281)

S 1) Aufbruch, Ermutigung, Kraft, Ansporn, ich werde getragen und gehe meinen Weg. Die anderen bleiben zurück und wünschen mir alles Gute, ich habe Vertrauen in gutes Gelingen und begrüße die Ungewissheit mit gutem Gefühl, mir ist wohl im Herz, starke Durchblutung.

S 2) Große Sehnsucht. Gegensätze – verschiedene Ebenen des Seins. Materielle und geistige Welt in Korrespondenz. Weltliches und Überweltliches schützen sich? Oder sprechen miteinander, bilden eine gemeinsame Komposition. Deutliches Gefühl: Sehnsucht nach Einheit.

S 3) Kindliches Spiel, Schlittenfahren, Freude, Winter – Jahreszeiten, Dichte Natur, Drachensteigen, Bewegung.

S 4) Bedeutungsschwankungen, viele hellere Stimmen, dunkle Stimmen eher bedrohlich. Kurzzeitig zog ein Volk über Berge und Täler. Vertreibung/ Verkündigung, auf etwas warten.

S 5) Erst bedrohlich, überraschender Wechsel, Gespräch, Dialog, Streitgespräch – von Gruppen. Mittelalter – Kampf, keine Beruhigung. Wann hört es auf? Sorge um die Frauen.

S 6) Energie, Dynamik, Aufbruch, Neues entdecken, Beginn, Vollständigkeit, höhere Atemfrequenz, Weitung des Brustkorbes, Tatkraft, Dialog.

S 7) Leitton. Kirche, aber offen von oben im Raum betrachtet. Gefühle werden nach oben gebracht. Langeweile stellt sich nach einiger Zeit ein.

S 8) Abneigung, klerikales Oratorium, gemischter Chor o.k., aber sich quälende Tenöre, mag ich nicht (Vorurteil?!), kaum zu ertragen, würde ich abschalten, zu anstrengend.

S 9) Gänsehaut. Herzklopfen. Aufgeregtheit. Fühlte mich an die Zeit erinnert, in der ich auch in einem Chor gesungen habe. Lustgefühl (es ist mir ein sehr angenehmes Körpergefühl, zu singen, zu »tönen« mit Hilfe meines Körpers); unser gelegentlich angetrunkener Chorleiter.

S 10) Kraftvoll, mächtig vorausschreiten, immer wieder ruhigere Pausen, die Ruhe und Entspannung bieten, dann umso überraschender und eindringender, fordernder, übertönender, fast beängstigend, stürmisch-brausend.

S 11) Gedanken: Wechselnder Chorgesang, zwei Chöre, Männer- und Fraunestimmen.
Gefühle: feierlich, getragen, ich fühle mich geborgen, schön. Körpergefühl: feierliches Kribbeln.

S 12) Kirche, purpurrot, König und Kirche gehören die Macht, Kerzenschein, Geruch von Weihrauch, Taufbecken. Chorale Preisung. Dunkle Gemäuer nur mit Kerzenlicht erhellt.

S 13) Genervt: »können die nicht deutlicher artikulieren. Ich verstehe kaum den Text«. Sollen das Profis sein. Ausprobieren des Individualismus in geordneter, fugierter Form. Jedoch Ergebnis: »Gemeinsam sind wir stark«. Hin- und hergerissen zwischen differenziertem Einlassen auf Einzelstimmen und mich hingeben dem Fluss des »Tutti«. Unentschlossenheit, Hüh-Hot.

S 14) Sterben. Trauer, Verzweiflung, Starre, Phantasie von Bedrohung.

S 15) Wechselgesang, Kirche, Feiertag, beschwingt.

S 16) Lebendig, schwungvoll, belebend, Sommer, Kornfeld, Frauen und Männer bei der Arbeit auf dem Feld.

S 17) Chormusik, Weihnachten, Stücke angenehm warm, Vielfalt. Das Leben ist bunt und facettenreich.

S 18) Kraftvoll, raumfüllend, vielfältig, Gotteslob, Kirche mit vielen Bildern und Verzierungen (Barock/Rokoko); erfüllt, ergriffen.

S 19) Das tiefe Einatmen erst am Ende des Stückes, beim Nachlassen der Anspannung, die ich gleich zu Beginn deutlich als Druck/Klopfen im Bauch- und Herzbereich spüre. Viele Wechsel, die leichten Frauenstimmen, die starken, z.T. druckvollen Männerstimmen, ständig dringt etwas Neues ein, wird dann im gemeinsamen Chorsingen + Solo wieder zusammengebracht und wieder auseinander gerissen.

S 20) Korrespondenz; Mann/Frau; Austausch; Sexualität; miteinander – gegeneinander; Natur – Weizenfeld – Gold – Dynamik; gewinnen/verlieren; Dominanz/Unterwerfung; laut- schwach; dunkel – hell.

S 21) Beschwingt, Rhythmik, gemischter Chor, Kirchenraum, ein Konzert zur Erbauung; eine Springmaus, ein Staffellauf.

S 22) Botschaft, Zusammenspiel, gemeinsames Thema. Freude, Aufbruch.

S 23) Dynamik, Wirbelstürme, Schlund, Abgrenzung, Widerstand, Enge.

S 24) Große Kirche, großer Chor, Körperspannung.

S 25) Erinnert mich an Kirche, man versteht nicht, was gesungen wird. Gemischte Chöre gefallen mir nicht.

S 26) Großer Chor unruhig, mein Atem konnte sich dem ..., wunderschöne klare Stimmen, die sich gegenseitig abheben und auch tragen. Phantasie: Chor steht auf einer Treppe (evtl. im Freien?).

S 27) Orgel-Chor-Konzert, Oratorium, Messe; Kirche; gemischter Chor; Wacht auf; aufrütteln.

S 28) Immer noch: Kirche, mächtig, noch verspielter, kraftvoll, lebendig, mystisch.

S 29) Bewegt, mitnehmend, dialogisch, Aufbruch, Bewegung, Tod, Wechsel, Veränderung, Losgehen, Weihnachten, Licht.

S 30) Sommerreigen, ein Sommerfest im Grünen, Kinder, Männer + Frauen tanzen, lachen. Fröhlichkeit, Lebenslust, eine volle Einkaufsstraße in der Innenstadt, pulsierendes Leben, Infostände einer religiösen Gruppe, die Passanten ansprechen; viele Menschen.

S 31) Tauchen, in Zeitlupe, Drehungen, auftauchen, Luftholen, an Land schwimmen, auf Kieselsteinen liegen, aufstehen, laufen, einen Hügel erklimmen, Rundumperspektive, hinunterrennen, die Lungen schmerzen.

S 32) Ich fühle mich angesprochen als stünde ich inmitten der Musikgruppe und aus allen Richtungen klingt diese zu mir und entwickelt ihre Aspekte. Mein gesamter Körper findet sich in der Musik wieder. Freude aber auch trauernde Gefühlsaspekte finde ich wieder. Der erste/assoziierte Raum ist abgegrenzt und überschaubar.

S 33) Anregend, sensibel, facettenreich, berührend, ich und die anderen; individuell + gemeinsam; gefühlvoll, temperamentvoll, rhythmisch, schnell + langsam, laut und leise; Tanzen und Schwitzen, dabei in Kontakt/ Berührung sein; gehalten sein, zärtlich; lebendig; In Kontakt mit mir und dem anderen; Lust, mitzusingen.

S 34) Choral, Kirche; Worte kommen größere Bedeutung zu. Dynamik laut und leise ist heftiger. Mann-Frau-Beziehung wird Thema.

S 35) Fordernd, dramatische Abschnitte, Abschied, wegweisend. Es löst ein ähnliches beklemmendes Gefühl aus, wie bei einer schweren Entscheidungsfindung.

S 36) Frühlingshaft, Heiterkeit, Gelassenheit, abschweifende Gedanken, Parklandschaften.

S 37) Antwort im Dialog, Befreiung, höhere Sphären, Leid und Freude, Sehnsucht (nach Erlösung).

Anhang III

Assoziatives Hören der Motette *Da pacem, Domine* von Heinrich Schütz

Ein Gruppenassoziationsexperiment (mit insgesamt 47 Personen in drei Gruppen)

Gruppe A: 20 TeilnehmerInnen, Forschungslabor im Rahmen des »1. Coesfelder Symposiums Musik und Psyche« am 11.08.2001; es handelt sich um schriftliche Aufzeichnungen der GruppenteilnehmerInnen nach dem Anhören der Musik; Gruppenleiterin Dr. Rosemarie Tüpker.

Gruppe B: 22 TeilnehmerInnen, Forschungslabor im Rahmen des »1. Coesfelder Symposiums Musik und Psyche« am 11.08.2001; kurzgefasste Protokollierung der Assoziationen der Gruppenteilnehmer nach dem Anhören der Musik in der Reihenfolge der Nennungen (Protokollierung durch den Gruppenleiter); unstrukturiertes Gruppensetting auf der Grundlage des Freien Assoziierens; Gruppenleiter Dr. Bernd Oberhoff.

Gruppe C: 5 TeilnehmerInnen, Supervisionsgruppe aus StudentInnen der Musiktherapie an der Uni Münster; es handelt sich um schriftliche Aufzeichnungen der SupervisandInnen nach dem Anhören der Musik; Supervisorin Dr. Rosemarie Tüpker

Assoziationen zur Motette »Da pacem, Domine«

(Anmerkung: Die Zeichen »…« geben an, dass die handschriftlichen Angaben an dieser Stelle unleserlich waren)

Gruppe A

A1) Ich komme aus einer Angespanntheit in große Ruhe; ein körperlich gutes entspanntes Gefühl; plötzlich eine Ruhe und Gelassenheit durch harmonische Ordnung.
Spannend ist es, den Dialog der Frauen- und Männerstimmen zu verfolgen; ein angenehmer Wechsel von Anspannung und Entspan-

nung; mich beruhigt die Transparenz und Ausgewogenheit der Stimmen.

A2) Melancholische Frauenstimme, durchgehend melodisch, traurig.
einhämmernde Männerstimmen, in die sich ein Sopran einhakt
der Ablauf scheint schließlich zu einer gewissen Verständigung zu führen.
Ich denke ein wenig an die »Düstern Metten« der Karwoche.

A3) Kirche; Frauenstimme – meditativ-beschaulich-auskostend, Frau alleine
plötzliches Bedrängtwerden von beiden (allen) Seiten; etwas hektisch
Wechselspiel 1:3 Engel – Menge, Volk, Männer
»vivat« taucht immer wieder auf, Rest unverständlich
Einfinden zu einer gemeinsamen Figur: Quartett, Einigung, Miteinander
Männer entfernen sich; fast demütig nach hinten tretend
Frau »siegt« mit ihrer Ruhe; bekommt wieder Raum für sich

A4) Die Musik hat sowohl provozierende als auch »einschläfernde« Aspekte
Provozierend ist der helle Ton des Soprans, der immer eine Note neben der Begleitmusik zu schweben scheint
Gut einfühlen konnte ich mich in den Dialog der drei Stimmen. Es hatte etwas sehr Lustvolles und Kraftvolles.
Insgesamt beruhigt mich das Stück, ich hätte gerne weitergehört!

A5) schweben, Weite, begleitete Freiheit, Phasen der Ruhe, Langgezogene Linien der Klarheit fokussieren im Wechsel auf Aktivität und Kommunikation mit anderen
Alleinsein + Begleitetsein + Zusammensein

A6) Ich höre: H. Schütz. Eine auf Weite und Ewigkeit gerichtete Melodie gesungen von einer hellen Frauenstimme (Individuum, trauernde Seele), sie steht in einer alten Kirche allein im Wechsel mit einer mehrstimmig gesungenen dynamischeren und schnellen Passagen. Beides wird von Gamben und Cembalo begleitet, die eher die Position der Engelstimme verstärken (lange Töne). Die ursprüngliche Melodie scheint mir horizontal, in die Weite, himmlisch vielleicht.

Die impulsiveren Zwischenrufe der drei Männerstimmen sind Unterbrechungen!
vertikal – kurz schlagend, rhythmisch (Ich dachte an Tod, Knochenmann, wie Violinkonzert von Alban Berg Tod + Mädchen)
Ich hörte: es lebe, vivat pax, es lebe, vivat mors.
Die Frau singt schließlich bei den schnellen Teilen mit, wird sich einig mit ihnen. Gegen Ende singen sie einen gemeinsamen Choral (Beerdigungsmusik?)
Zugeständnis an die Tradition? Beruhigung? Einigung?
Das Ende, der Abspann (Engelstimme + Streicher?) ließ mich im Takt vor dem Schlussakkord tief seufzend Ausatmen. Entspannung, Erlösung im Tod.

A7)	Schrill heftig	grau blauweiß heftig
	Frau	
	verführend fordernd	störende Männer
	Kirche, sphärisch	Aktivität, kleine?
	sich…	Vitalität
	schön weich	hektisch
	auskosten	…(unleserlich)
	oben Engel	aktuelles Leben
	Vergangenheit	…(unleserlich)
	jenseitige Zukunft	körperlich
	…(unleserlich)	

A8) Kirchenräume
klare entschlackte Stimmen, schwebender Klang
kleinteilige Struktur: Wechsel der Stimmungen
Pachelbel: Vorhaltsharmonik, vor dem Streichersatz
Vivat:

A9) Distanz + Verführung
Schrille Frauenstimme – übertönt – findet sich ein – dis-harmonisch/schrill-schön/fern – nah
»Berggesang« – »Gleichklang«
auf einer Freilichtbühne – Insel – beguck- und hörbar = fern von mir

A10) Bild:
von Begegnung und Abschied
Begegnung = Dialog = Vital aber weniger Gefühl/plötzlich
Abschied/Zurückbleiben = elegisch,...
– insgesamt wenig dynamisch – (in den Dialogstellen etwas langweilig
– die viel Tiefe und Leidenschaft eher verspielt, »läppisch«, »plötzlich«)
Der Gesang der Zurückbleibenden wirkt mit deutlich mehr Tiefe und Gefühl

A11) – tragisch, Konkurrenz, voneinander entfernt – zusammen
– auf und ab; Wechselspiel trotzdem gleichbleibend
– 3 verschiedene Charaktere (Stimmen) verschiedene Zusammengehörigkeiten
– Mittelalter
– steigendes Thermometer/...

A12) Gesang der Frau – Männerchor; unterschiedliches Tempo
– langsam elegisch die Frau
– die Männer »ruppig«, vielstimmig
– seltsame Diskrepanz weil Text ähnlich oder gleich
die ... – wollen die Männer die Frau betr..., umstimmen,...
die Stimme der Frau klingt einsam, melancholisch
– irgendwie nervt mich was = Kirchenlied(?) – Doppelmoral – Harmoniescheiße
– Zum Schluss – alles wieder stimmig = Gleichstimmig

A13) Den Einsatz der Bässe (Stimmen) empfand ich auffallend angenehm
Die »Rhythmusverschiebungen« (Vorhaltsharmonik) im Anschluss anstrengend.
Der Beginn des Stückes löste harmonische Empfindungen aus, später fand ich die Musik anstrengend.
Wechselweise harmonisierend und spannungsgeladen.
Abwehr Herzschmerz.
Harmonie
2 Beschreibungsarten
a) im Ganzen (Adjektive)
b) Dualität Vivat – Da pacem
Zwiegesang Streicher – Stimmen, kleinteilige Struktur, starke Kontrapunktik, Vorhaltsharmonik meint Stau, Alles wird auf Eins/1 Ton

zusammengeführt
Vivat: Störgeister Männerstimmen, Aktivität, kleine Bewegungen, plätschernd, Vitalität
melancholische Frauenstimmen traurig
einhämmernde Männer
da pacem fröhliches Miteinander, gelbstrahlend, fordernd, verführerisch
Kirche sphärisch
dominante
sich selbst genug, größenwahnsinnig,
distanzverhindernd, angenehm berührt!

Stocksauer, Harmoniescheiße, heftige Affekte,
oben Engel, gefangen-Gefühl, rauswollen, Vergangenheit, Refugium jeweilige Gegenwart, vor + nach dem Leben, Unendlichkeit-Begrenztheit, Kirche – Irdisch versus Männlich-weiblich, Stofflich-Nichtstofflich, Haus geschützt+gefangen. Tod als 2 Aspekte: Selbstauflösung – rasender Säbelmann

A14) Anfang
Solostimme: rein, sphärisch, himmlisch
– Verbindung zwischen Himmel und Erde
– ... Geborgenheit
– sich vertrauensvoll hineinfallen lassen können
– Bilder: Kirche, Himmel, wohliges im Arm liegen
Männerstimmen: Störgeister, Unruhe, Stimmen fehlt Seele, Ruhe
– Erdung und Anbindung an Himmel geschieht durch mitsingen der Frauenstimme
Allmähliches Aufeinandereinlassen; Prozess bis ein gemeinsames Singen möglich ist.
Erst zum Schluss einigermaßen integriert oder angenähert. Innigkeit vom Anfang nicht erreicht

A15) Bei den ersten Klängen Vibration im ganzen Körper
es ging dann in Pulsation über
als Bild Wellen die langsam steigen, Lebendigkeit zeigen und verebben
als Farbe kam in den langsameren Phasen der Musik gelb, die lebendigeren eher blau-grau-weißlich
Feuchtigkeit

A16) Störung beim ersten Ton/...der Streicher – aha sakral und schwupps sah ich Menschen in einer gotischen Kathedrale und ich irgendwie beobachtend dabei;
ich kam aus der hohen Höhe nicht wieder raus, obwohl ich das wollte.
Zog eine Zwischendecke ein, bei Sopranstimmen bewegten sich oder schwebten auf der oberen Ebene Engel. aber dicke Putten
Viel Bewegung. Männer und Frauen bewegten sich aufeinander zu...
ich kam nicht raus aus dieser Kirche...
verschiedener Rhythmus irritierte mich
war ich bei den sich bewegenden Menschen, oder guckte zu von oben, von der Seite? auf jeden Fall in der Kathedrale...
auch vom Wort »Vivat« kam ich nicht wieder runter...
die Musik berührte meine Seele nicht besonders (im Unterschied zu Rachmaninoff)

A17) Nach oben öffnend, beruhigend, integrierend, Heimat, Ordnung, die Gefühle eher bindende + nicht zu mächtig werden lassend.

Gruppe B
(z.T. mehrere Beiträge einzelner Probanden)

B1) Ich empfand zwei Bewegungen in mir: ein Öffnen und ein Schließen. Das Schließen passierte vor allem bei den aggressiven Vivat-Rufen.

B2) Die Musik begann und sofort fiel Continuo- und Gambenklang (vor allem Gambenklang) in meinen Körper, von oben nach unten. Als dieser Wohlklang meinen Körper verließ, formte sich daraus eine große dunkelbraune Amphore aus rauhem Ton, in deren Boden ich hockte. Alles um mich herum war erfüllt von Klang (Dieser Erlebnisabschnitt war sehr kurz, blitzlichtartig).

Dann erklangen verschiedene Stimmen von oben. Mein Blick richtete sich ebenfalls nach oben zur Öffnung der Amphore. Über mir strahlte ein klarer blauer mediterraner Himmel mit kleinen weißen Schönwetterwölkchen. Der Gesang war von Klang und Rhythmus mir sehr positiv, verheißungsvoll.

Nun vernahm ich einzelne Worte: pacem (Frieden), Vivat (Leben). Also wurde mein Empfinden bestätigt. Nun glaubte ich auch zu wissen, was außerhalb meiner Amphore zu sehen, zu erleben sei. Wahrscheinlich lag ich mit meiner Amphore in einem wunderschönen pastellfarbenen Sommergarten, Rosen, deren schwerer süßer Duft sich in der Mittagssonne verströmte.

Wenn sich die Amphore nun öffnen würde, von außen, durch die Menschen, die singend mir entgegenkamen, verheißungsvoll. Ich war in froher Erwartung.

Doch der Klang der Musik, der Gesang wurde ruhiger, leiser. Sie hatten die Amphore nicht gesehen.

Mein Blick richtete sich erneut nach oben. Über mir war es Nacht geworden; ein wunderschöner blitzklarer Sternenhimmel breitete sich aus.

Durchaus zufrieden rollte ich mich wohlig auf den Boden der Amphore zusammen. Es war schön. (Dieser Text wurde nachträglich von der Teilnehmerin ergänzt und ausgeweitet)

B3) Ich habe mich nach Punk gesehnt, ich hatte einen Widerstand gegen diese Musik. Die haben sich bemüht, kastriert zu singen.

B4) Schöner Schall

B5) die Musik war erhaben. Die Männer haben mich total gestört.

B6) Die Männer waren wie Marktschreier. Die übrige Musik hatte etwas weiches, ich fühlte mich in etwas eingeschwungen.

B7) Zwei konkurrierende Männer. Die Frau war über allem dominant. Am Schluss Harmonie

B8) Die Musik war sehr geordnet. Es waren da Jagdmotive, ein Tanz im Hof. Außerdem liturgisch, wie in einem Claustrum

B9) Jetzt gehts ins Mittelalter. Ich war erinnert an die Geschichte mit Abelard und Eloise, wobei Abelard schwach ist und Eloise stark. Sie droht, ihn zu kastrieren. Das ganze spielt in einem Kloster, eng und freundlich-harmonisch. Die beiden können zum Schluss auf Grund ihrer Ordensregeln nicht zueinander kommen.

B10) Mich erinnerte die Musik an Oma, Dutt, altmodisch. Außerdem an einen Kotten mit Selbstversorger und Ursprünglichkeit.

Die Musik hatte etwas Einengendes, Vorschriften, Kopfstimme, etwas Gezwungenes.

B11) Es klang nach Kastration. Die Musik klang wie eine Salbe, ein Trostpflästerchen, etwas süßlich.

B12) Bei mir ist der Wechsel der Ebenen nicht gelungen

B13) Es war angenehm, gemeinsam zuzuhören. Eine Verbindung von oben nach unten, ein großer Raum.

B14) Bei den Männern: du musst gar nicht aufpassen.
Solistin: sie arbeitete

B15) Ich habe mich gefühlt wie auf einer Wolke, die mich trägt. Als ein anderes Bild tauchte ein dunkles Kirchenschiff auf. Ein aufkommender Sturm (Männer); sie haben sich aber irgendwie geeinigt

B16) Ich konnte mich nicht reinfinden. Ich war immer durch äußeres abgelenkt.

B17) Ich habe die Musik ganz professionell verfolgt. Es waren dort Kastraten. Es war keine richtige Rollenzuweisung.

B18) Mir ist saumäßig kalt im Gebäude. Ich hab kein Frühstück gekriegt und gestern kein Abendessen. Ja, so sind die Katholen.

B19) Die Musik war eine heile Welt, die aber nicht stimmt. Etwas Weihevolles.

B20) Original oder nachgeahmt? Ich bin da misstrauisch, warum uns diese Musik vorgespielt wird.
Dazu (21): Nachher kommt raus, dass das gar keine Musik ist. (Allgemeines Lachen)

B21) Ich empfand es wie eine Provokation.

B22) Ich hatte Angst, dass uns »heavy metal« vorgespielt wird.

B23) Die Musik war genau das, wonach ich mich gesehnt habe.

B24) Die Gambe hat mich in die Horizontale gezogen.

B25) Hier macht die Musik etwas mit mir. Seziertisch – Geschmack.

B26) Das Eine hat das Andere gestört.

B28) Das war eine Musik zum Sitzen und Zuhören, nicht zum Tanzen.

B29) Schade, dass die Musik so schnell vorbei war.

B30) Frage an den Leiter: Wozu Gruppendynamik?

B31) Hochzeit. Amphore mit Einengung.

B32) Das Ganze war eine Harmoniesoße.

B33) Die Männer waren gar nicht so schlimm. Ich fand sie sehr belebend.

B34) Ich fand die Musik auf jeden Fall schöner als moderne Musik. Schönberg ist doch Scheiße. (Allgemeines Lachen)

B35) Die Musik ist nur schön, die Scheiße bleibt außen vor.

B36) Für mich war da ein Paar, das nicht zusammenkommen konnte.

B37) Es war nicht so befreiend

B38) Ich habe bei dem Dozenten L. nichts verstanden, das war mir zu schwer. Habe aber aus Angst unten nichts gesagt.

B39) Das Zerstörerische und Lustvolle muss bei dieser Musik draußenbleiben

B40) Ich hab keine Lust mehr, will Feierabend machen.

Gruppe C

C1) Ein Klostergarten, die Dame in Lila sitzt zwischen Rosen und wildem Wein; wandelt dann – träumend vom Schloss des Vaters – durch den lichtdurchfluteten Garten.

Heimweh, Gedanken, Erinnerungen, Tagträume, immer wiederkehrende Bilder einer glücklicheren Zeit. Damals lebte der Vater noch –

– das Schloss hallte wider vom Disput der Ritter, die den König krönen wollen...

– oder der große Saal zum Pfingstfest, als abends die Musikanten zum Tanz aufspielten...

– Abendstille beim Verlassen der heimatlichen Kirche nach dem Abendgebet...

– All dies Bilder im schnellen Wechsel: Die Vergangenheit hallt nach in der Gegenwart des Klostergartens. Die Gegenwart wartet auf Zukünftiges.

C2) Ein ewiger Wechsel zwischen Ruhe und Bewegung, repräsentiert durch verschiedene Kräfte; sie hören sich gegenseitig zu, unterbrechen sich, nähern sich an, entfernen sich wieder, nähern sich neuerlich an; das Ende zeigt offenbar eine Einigung in der Ruhe – vielleicht ist aber auch nur das letzte Notenblatt mit einem weiteren »Vivat« Ausbruch verlorengegangen!

C3) Himmel und Erde

Zuerst ist der Himmel da, sanft schwebend auf einer Wolke, viel Licht und Klarheit, Sonne. Die Person, die den Himmel verkörpert, wandelt einsam in einer weiten, lichtdurchfluteten Halle aus Sandstein. Sieht so das Paradies aus?

Dem Himmel tritt die Erde gegenüber, auf der das pralle Leben herrscht, viele Menschen tummeln sich fröhlich, haben prachtvolle Gewänder an und laben sich an leckeren Speisen, festliche Ritterspiele.

Himmel und Erde nähern sich an und beginnen, miteinander zu tanzen. Schließlich verneigt sich die Erde vor dem Himmel, der jetzt nicht mehr einsam erscheint. Gemeinsam sind Himmel und Erde glücklicher als getrennt.

C4) Beschreibung einer »normalen« Musik
Eine Kirche, eine sehr große Kirche, erstrahlt im Sonnenlicht. Ich sitze auf einer Kirchenbank, genieße die mich umgebende Ruhe, schaue mir die vielen bunten Fenster an. Die Sonne lässt sie in ihren Farben glitzern: In einer Nische ein rotes Fenster, eine große rote Rose wirkt noch röter als bei normalem Tageslicht. In einer anderen Ecke leuchtet es grün, dann blau und gelb. Plötzlich höre ich Musik, erst ruhig, fast feierlich, dann lebhaft und bewegt. Ich habe das Gefühl, zu schweben, ganz nach oben an die Decke. Ich genieße diesen schwerelosen Zustand. Dann wird es wieder ruhig, ich sitze immer noch in meiner Bank und höre der Musik zu. Plötzlich denke ich an die Zeit zurück, in der diese Kirche gebaut wurde. Mir fällt ein Buch ein, »Die Säulen der Erde«, in dem der Bau einer großen Kathedrale beschrieben wird mit viel Mühen und auch Intrigen (Das Buch ist ein Roman, in dem Intrigen nicht fehlen dürfen!), mit der jahrelangen Arbeit und dem Kraftaufwand der Menschen. Und irgendwann ist die Kirche fertig in ihrer Größe und Schönheit, und sie erstrahlt im Sonnenglanz. Ich verlasse die Kirche und nehme die Ruhe und den Frieden mit.

C5) Mittelalterlicher Text
Zwei Gruppen treten auf

a) Junge Recken, heldenhaft strahlend, auf reich geschmückten Pferden und zu Fuß. Sie bewegen sich stolz, aber auch behindert hölzern wegen der Rüstungen, die jede Geschmeidigkeit der Bewegung in gehacktes sperriges Rucken verwandeln. Besonders schwer fällt der Tempowechsel, wo sie schnellere Schritte machen sollen und die Pferde sich sträuben, weil sie unnatürlich rückwärts trippeln sollen.

b) Die Gruppe der lieblichen Maiden in zarten pastellfarbenen Gewändern hingegen bewegen sich weich und scheinen fast über den Boden zu schweben. Manchmal sind sie zwischen den Recken, aber die Pferde tun ihnen nichts, obwohl sie ganz dicht durch sie hindurch schweben. Die Pferde und die Frauen verstehen sich in ihren Bewegungen. Aber im letzten Teil haben sich in die Gruppe der lieblichen Maiden Frauen in schwarzer Trauerkleidung gemischt. Es sind die Mütter und Frauen der jungen Männer, die im Krieg geblieben sind.

Personenregister

Juli 2006 · ca. 160 Seiten · Broschur
EUR (D) 18,– · SFr 31,90
ISBN 3-89806-466-2

Die Fortführung der Zwischenschritte in neuem Gewand:

Frank G. Grootaers: Gruppenmusiktherapie im Wochenlauf – ein flacherhabenes Drama

Wilhelm Salber: Zur Psychästhetik

Rosemarie Tüpker: Musikalische Alltagsimprovisationen

Ulrich West: Psychotherapie mit Musik. Eine Einführung

Ulrich West: Fagott üben – Wie sich Seelisches in Wiederholungen bildet.

Eckhard Weymann: Der Wirkungsraum der musikalischen Improvisation

Juni 2006 · ca. 200 Seiten · Broschur
EUR (D) 19,90 · SFr 34,90
ISBN 3-89806-512-X

»Wenn das Haus fertig ist, kommt der Tod.« *(türk. Sprichwort)*

Das Haus verbinden wir mit Geborgenheit und Sicherheit. Es ist Teil unserer Sehnsuchtsliebe nach der idealisierten Kindheit im Elternhaus, und gleichzeitig symbolisiert es eigene Zukunftswünsche nach Selbständigkeit im eigenen Haus. Das eigene Haus bedeutet aber auch ein Festgelegtsein, ein Stück Unfreiheit: Individualität wird zur Konformität, Freiheit zur Festlegung, Sicherheit zur Abhängigkeit. Möchte man sich im Haus selbst eine mütterliche Hülle schaffen, entdeckt man über kurz oder lang mit unheimlichem Gefühl, dass es auch den Charakter des Grabes annehmen kann. So symbolisiert das Haus einen basalen ambivalenten Autonomie-Abhängigkeitskonflikt, dem Mathias Hirsch nachgeht: witzig und hintergründig – kulturwissenschaftlich und psychoanalytisch.

PBV
Psychosozial-Verlag

Goethestr. 29 · 35390 Gießen · Tel. 0641/9716903 · Fax 77742
bestellung@psychosozial-verlag.de
www.psychosozial-verlag.de

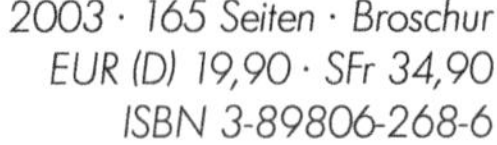
2003 · 165 Seiten · Broschur
EUR (D) 19,90 · SFr 34,90
ISBN 3-89806-268-6

Oftmals fühlen wir uns von Musik zutiefst persönlich angesprochen und in einer Weise verstanden, wie wir es sonst nur von geliebten Menschen kennen. Musik kann offenbar zu einem symbolischen Ersatzobjekt, gleichsam zu einer Geliebten werden. Mit Hilfe von Erkenntnissen aus der Narzissmusforschung und der Selbstpsychologie wird in den Aufsätzen dieses Bandes jene Beziehung in den Blick genommen, in der die Musik die Qualität eines menschlichen Selbstobjekts gewinnt. Dabei kommt der Stimme eine besondere Bedeutung zu. Der vorliegende Sammelband enthält sämtliche Beiträge zum »2. Coesfelder Symposium Musik & Psyche« sowie die Ergebnisse einer experimentellen Pilotstudie zum Erleben narzisstischer Qualitäten in der Musik. Somit wird der neueste Kenntnisstand zur Thematik präsentiert.

2005 · 155 Seiten · Broschur
EUR (D) 19,90 · SFr 34,90
ISBN 3-89806-280-5

Das Verlangen nach Musik geht auf Erfahrungen aus der Fötalzeit zurück, in der ein sensorisches Erleben von körperlichen und von stimmlichen Reizen eine grundlegende musikalische Kompetenz ausbildet. Diese erfährt ihre erste Anwendung in der vorsprachlichen Kommunikation des Säuglings mit der Primärperson. Die Beiträger des »4. Coesfelder Symposium Musik & Psyche« – Michael B. Buchholz, Ludwig Janus, Sebastian Leikert und Bernd Oberhoff – untersuchen die Ursprünge unserer musikalischen Fähigkeiten.

PsV Goethestr. 29 · 35390 Gießen
Psychosozial-Verlag

Wir haben Ihr Interesse geweckt? Das freut uns!
Sie erhalten unsere Bücher in jeder Buchhandlung oder direkt unter www.psychosozial-verlag.de

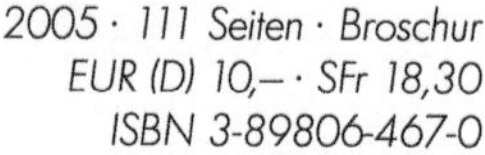
2005 · 111 Seiten · Broschur
EUR (D) 10,– · SFr 18,30
ISBN 3-89806-467-0

Mit Webers Der Freischütz wird die Reihe der »psychoanalytischen Opernführer« fortgeführt. Anschaulich schildert Oberhoff die verborgene, unbewusste Thematik in der Musik dieser einzigartigen Oper von Carl Maria von Weber: Es geht um ein Drama mit einer hochexplosiven Mischung aus sexuellen und aggressiven Triebregungen.

Bernd Oberhoff
Christoph W. Gluck
Iphigenie in Aulis
Ein psychoanalytischer Opernführer

2006s · 98 Seiten · Broschur
EUR (D) 10,– · SFr 18,–
ISBN 3-89806-440-9

Gluck gelingt es in »Iphigenie in Aulis« in genialer Weise, dem in diesem Mythos angelegten Doppelsinn einen eindringlichen Ausdruck zu verleihen. Seine Musik ist weniger ein tönendes Zeugnis einer Erwachsenenpsychologie, sondern ihre Eindringlichkeit und ihr Vermögen, emotional anzurühren, liegen darin begründet, dass sie vor den Zuhörern eine vergessene, unbewusste frühkindliche Erlebniswelt wiedererstehen lässt. Derjenige Zuhörer, der ein Berührtwerden auf dieser Tiefenebene als eine kostbare Erfahrung zulassen kann und der bereit ist, sich der emotionalen Wirkung Gluckscher Musik auszusetzen, wird »Iphigenie in Aulis« mit großem Gewinn und Genuss erleben können.

www.ingramcontent.com/pod-product-compliance
Ingram Content Group UK Ltd.
Pitfield, Milton Keynes, MK11 3LW, UK
UKHW040024200726
13854UKWH00001B/346

9 783898 064378